MISSION: Yozakura family

9

Der Aussaat-Plan

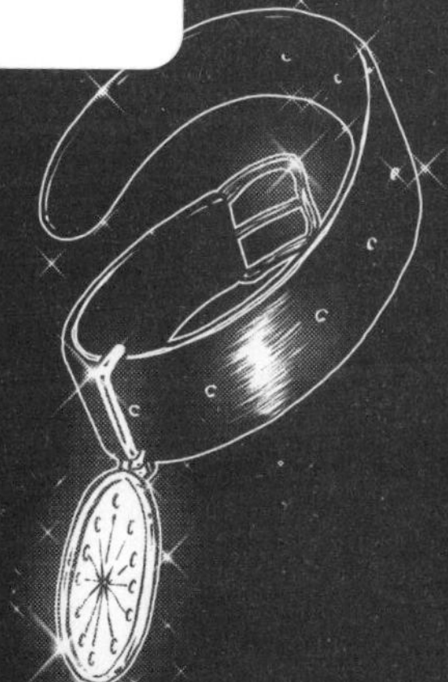

Hitsuji Gondaira

Mission: Yozakura Family

Charaktere

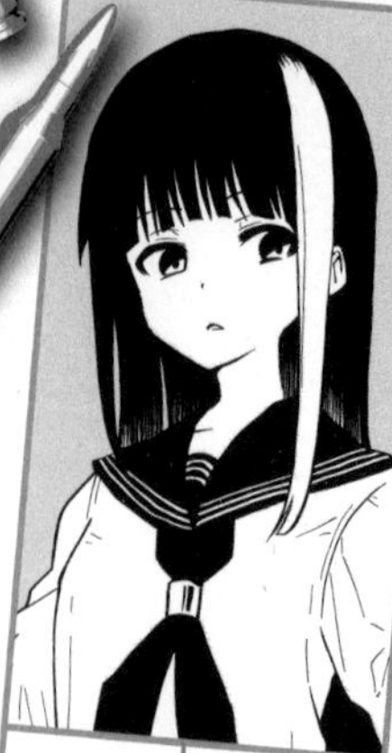

MUTSUMI YOZAKURA

Drittälteste Tochter der Yozakuras. Als Oberhaupt ihrer Familie, die etliche Übermenschen hervorgebracht hat, wird sie rund um die Uhr von ihren Geschwistern beschützt.

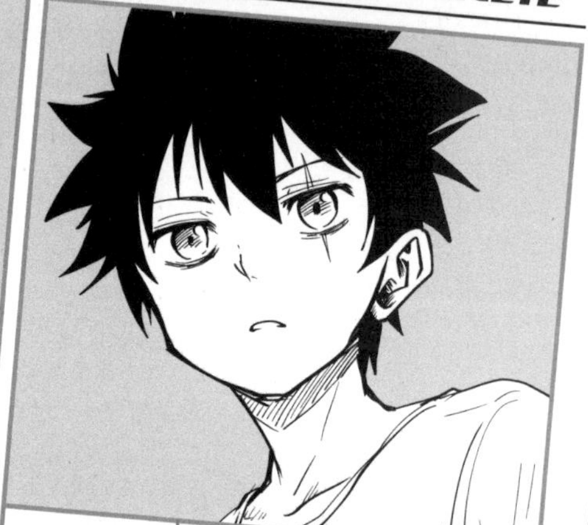

TAIYO ASANO

Der Oberschüler hat seine Familie bei einem Verkehrsunfall verloren und ist seitdem sehr menschenscheu. Sein Herz öffnet er lediglich seiner Frau und Kindheitsfreundin Mutsumi.

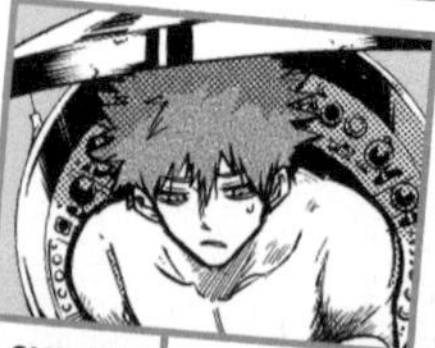

SHINZO

Der zweitälteste Sohn der Familie ist ein Waffenspezialist.

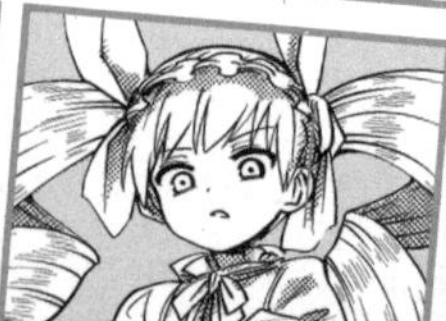

FUTABA

Die älteste Tochter der Yozakuras ist eine Meisterin in Aikido und Jiu-Jitsu.

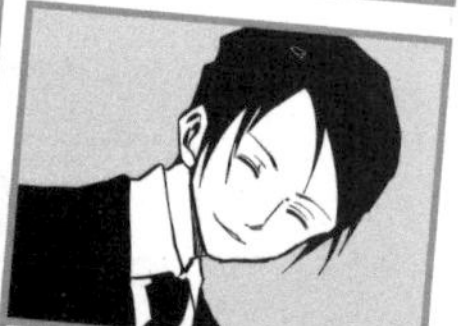

KYOICHIRO YOZAKURA

Der älteste Sohn der Familie Yozakura ist der beste und beliebteste Spion weit und breit.

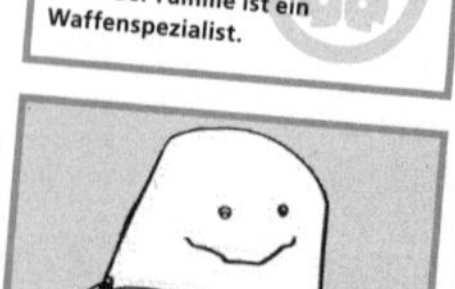

NANAO

Viertältester Sohn der Yozakuras. Nanao ist medizinisch bewandert und hat Bärenkräfte.

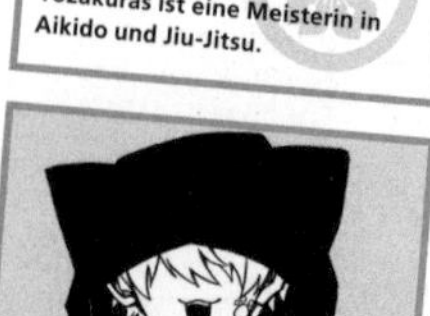

KENGO

Der Verkleidungskünstler und drittälteste Sohn der Familie kann sich in alle möglichen Personen verwandeln.

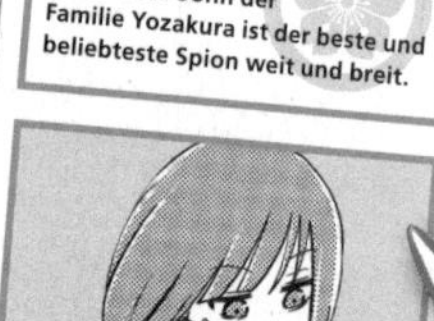

SHION

Die zweitälteste Tochter der Yozakuras ist Gamerin und begnadete Hackerin zugleich.

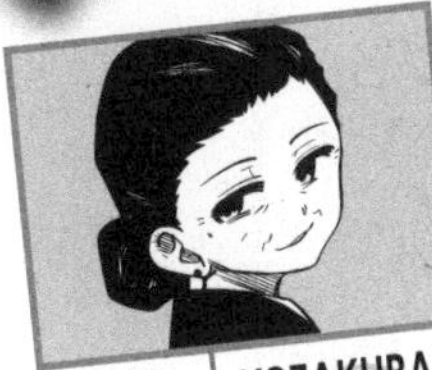

KEIKO YOZAKURA

Mutsumis Großmutter.
Sie war das achte Oberhaupt der Familie.

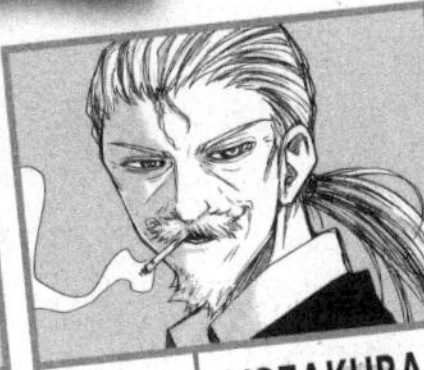

BAN YOZAKURA

Mutsumis Großvater. Der Spion sitzt im Rahmen einer Undercover-Mission normalerweise im Gefängnis.

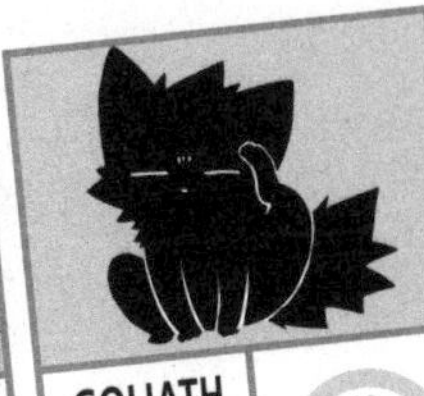

GOLIATH

Haustier der Familie Yozakura

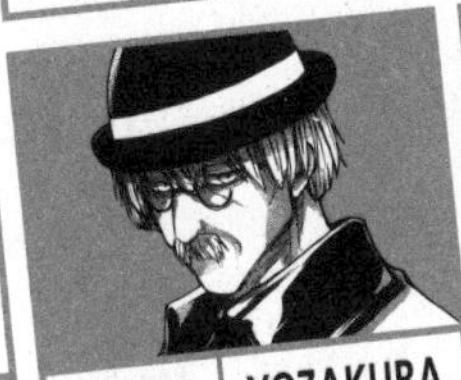

MOMO YOZAKURA

Der Vater der Geschwister Yozakura hat die Familie verlassen und arbeitet mit »Tanpopo« zusammen.

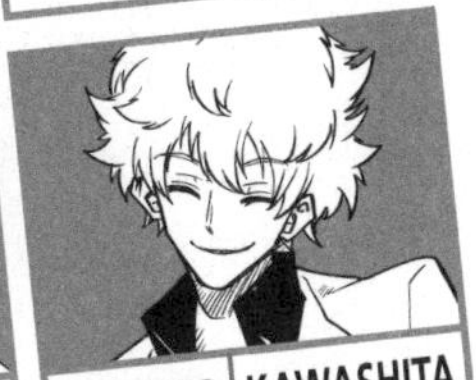

MAKOTO KAWASHITA

Direktor der Kawashita-Klinik und Mitglied von »Tanpopo«. Er trachtet nach Mutsumis Herz.

Story.

Seit Taiyo seine Familie durch einen Verkehrsunfall verloren hat, spricht er einzig und allein mit seiner Kindheitsfreundin Mutsumi Yozakura. Doch dann entpuppen sich die Yozakuras als Spione, deren Ursprünge in der Ninjakultur der Edo-Zeit liegen! Taiyo heiratet Mutsumi, wodurch er Teil der Familie wird. Seine Karriere als Spion beginnt. Eines Tages erhält er die Information, dass die rätselhafte Organisation »Tanpopo« und der Arzt Makoto Kawashita bei dem Tod seiner Familie ihre Finger im Spiel gehabt haben sollen. Um Kawashita das Handwerk zu legen, startet die Familie eine Operation: die »Yozakurafront«. Taiyo, der Mutsumis Blut erhalten hat, trainiert mit seinem Großvater Ban, um seine neuen Kräfte zum Aufblühen zu bringen. Nun stürzen sich die Yozakuras auf die Knocheninsel, dem Versteck von »Tanpopo«! Als Erstes schlägt Futaba das feindliche Führungsmitglied Akai! Wie werden die nächsten Kämpfe ausgehen?!

Mission: Yozakura Family – Inhalt

9 Der Aussaat-Plan

To Do Mission

Mission:
Yozakura Family

Mission 71 Shinzo versus Kurosawa

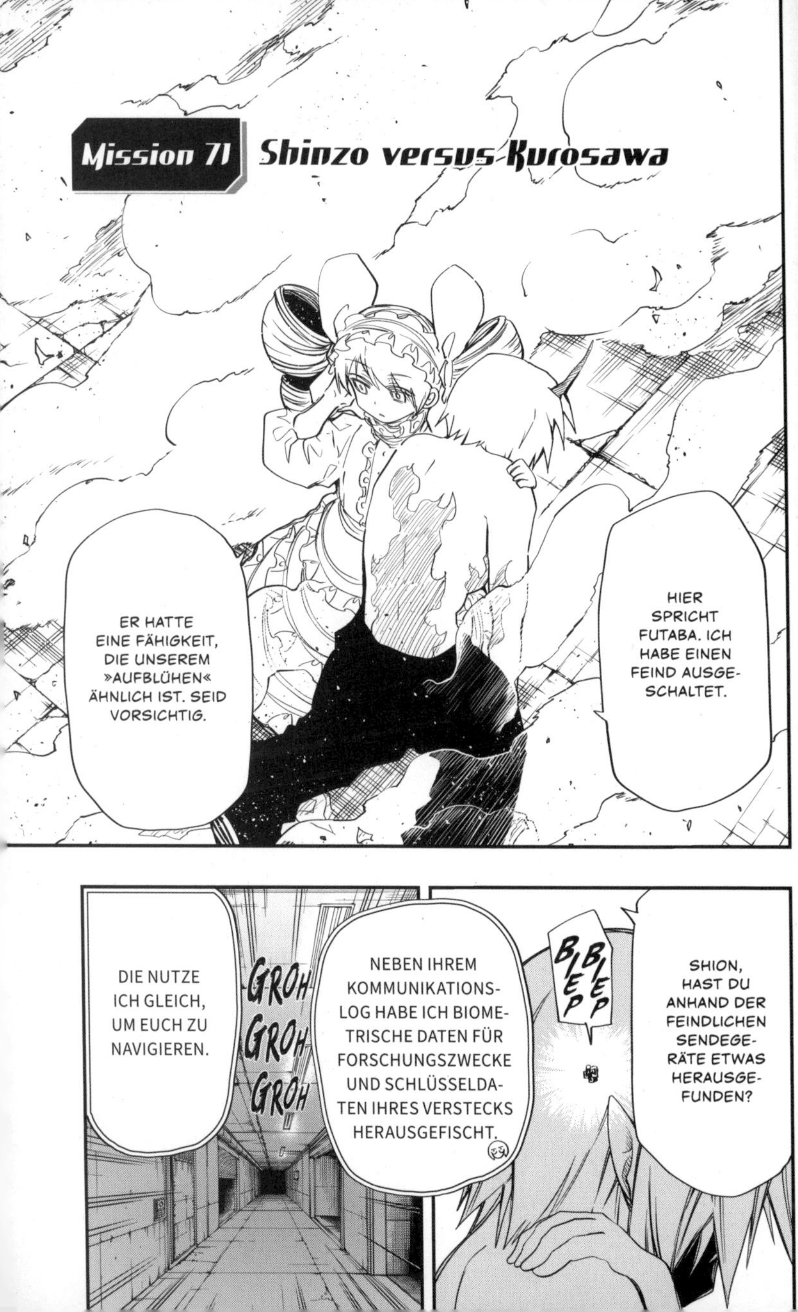

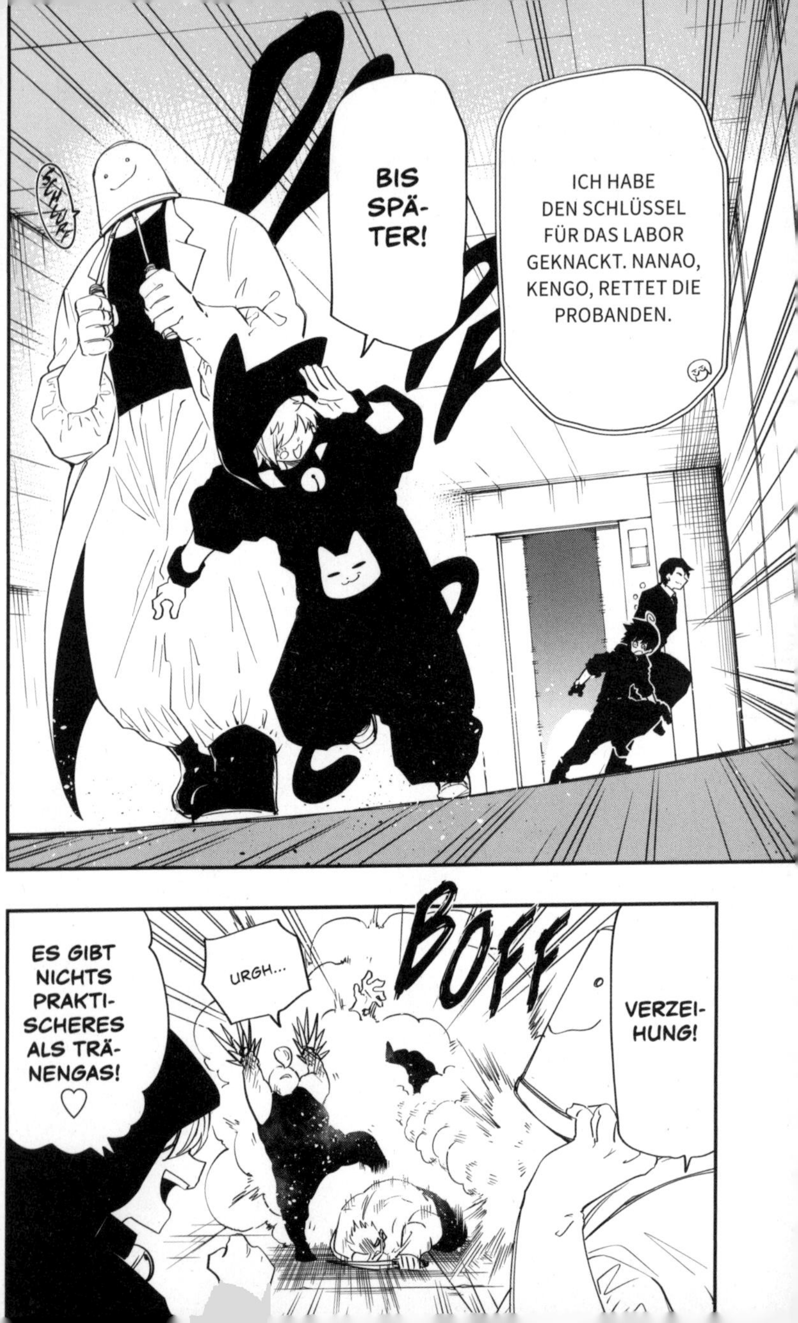
ICH HABE DEN SCHLÜSSEL FÜR DAS LABOR GEKNACKT. NANAO, KENGO, RETTET DIE PROBANDEN.
BIS SPÄ-TER!
VERZEI-HUNG!
BOFF
URGH...
ES GIBT NICHTS PRAKTI-SCHERES ALS TRÄ-NENGAS! ♡

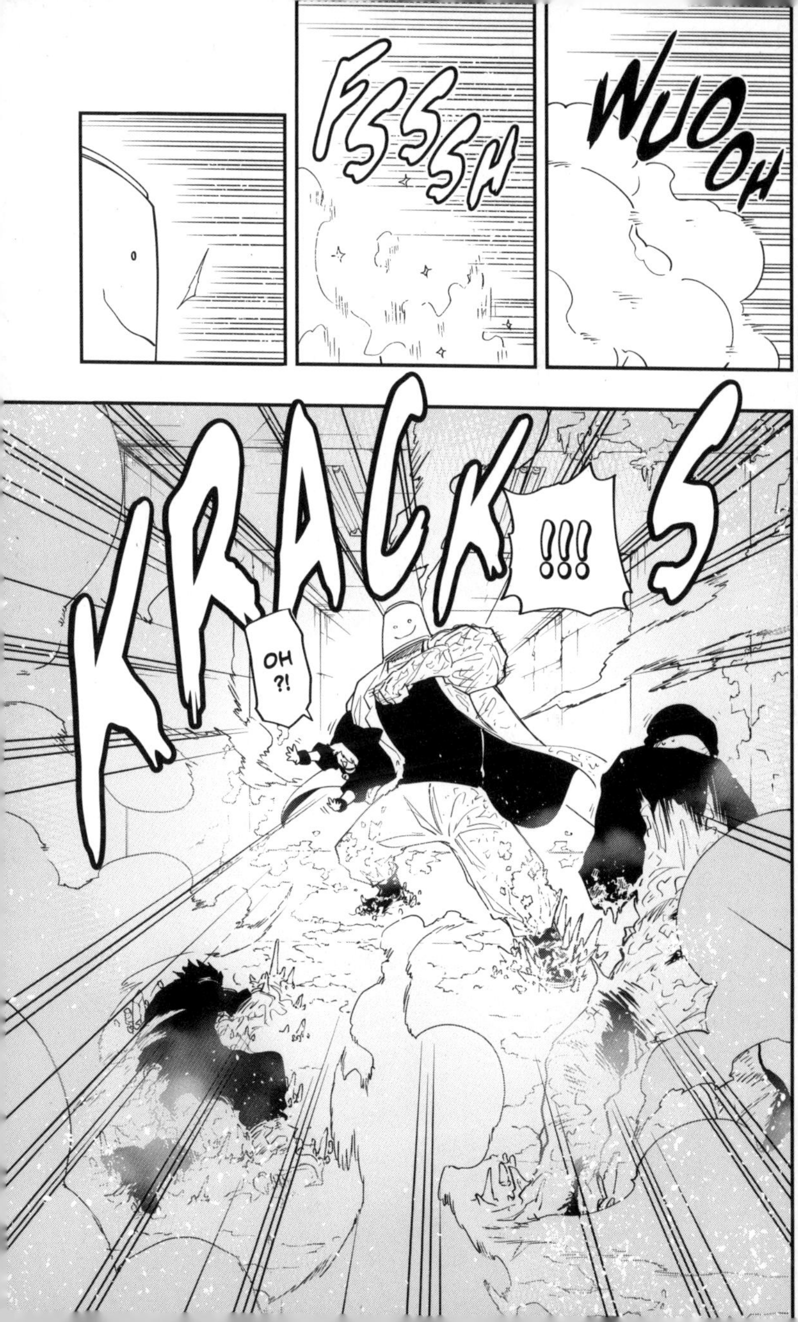
FSSSH
WUOOH
KRACKS
!!!
OH ?!

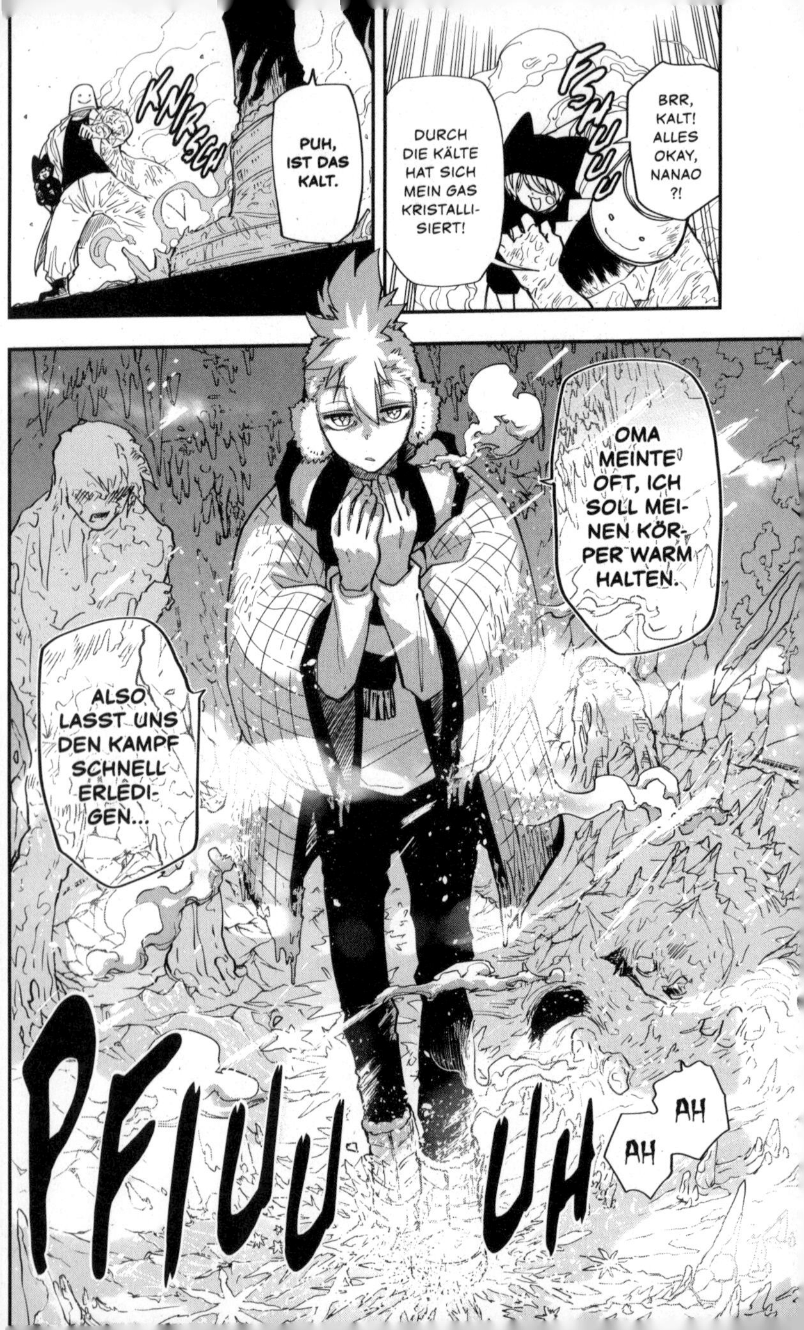
BRR, KALT! ALLES OKAY, NANAO?!
DURCH DIE KÄLTE HAT SICH MEIN GAS KRISTALLI-SIERT!
PUH, IST DAS KALT.
OMA MEINTE OFT, ICH SOLL MEI-NEN KÖR-PER WARM HALTEN.
ALSO LASST UNS DEN KAMPF SCHNELL ERLEDI-GEN...
PFIUU UH
AH
AH

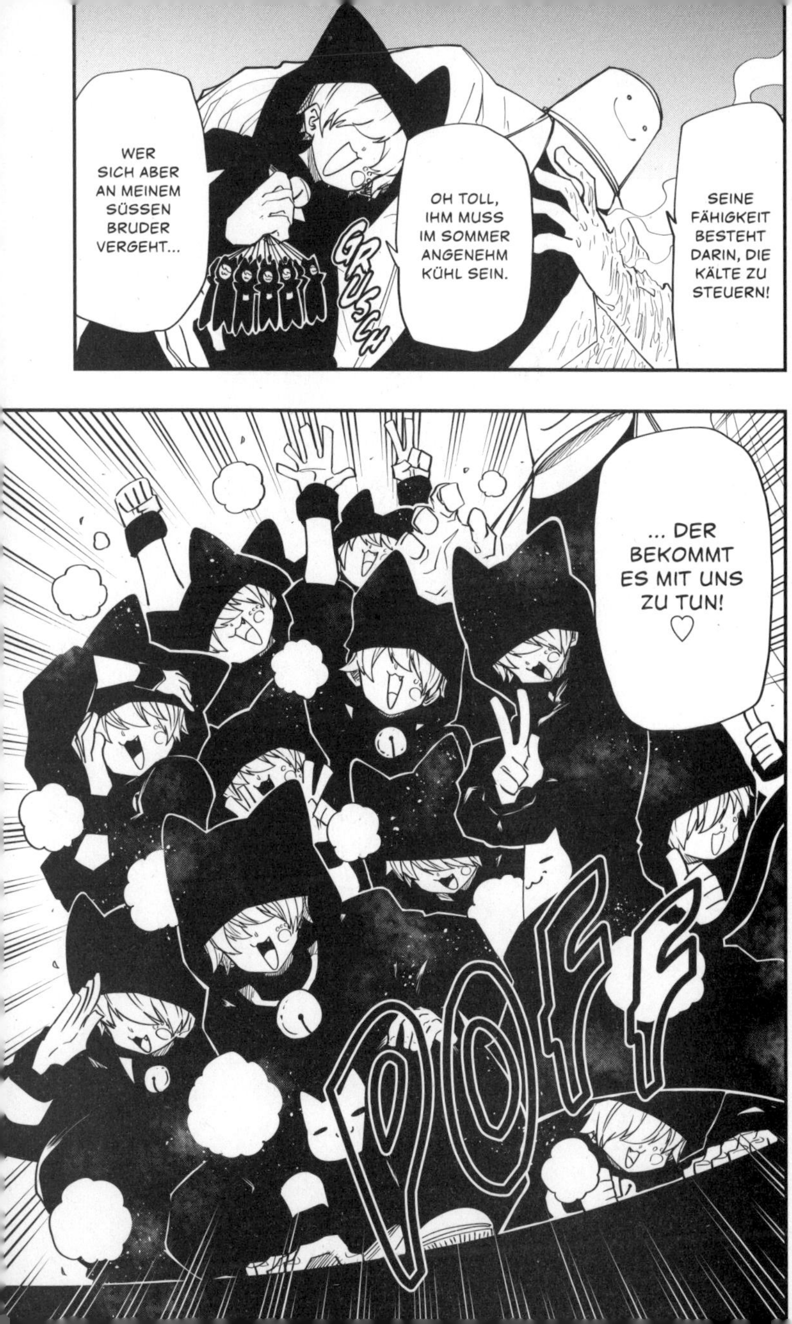
SEINE FÄHIGKEIT BESTEHT DARIN, DIE KÄLTE ZU STEUERN!
OH TOLL, IHM MUSS IM SOMMER ANGENEHM KÜHL SEIN.
WER SICH ABER AN MEINEM SÜSSEN BRUDER VERGEHT...
... DER BEKOMMT ES MIT UNS ZU TUN! ♡
POFF

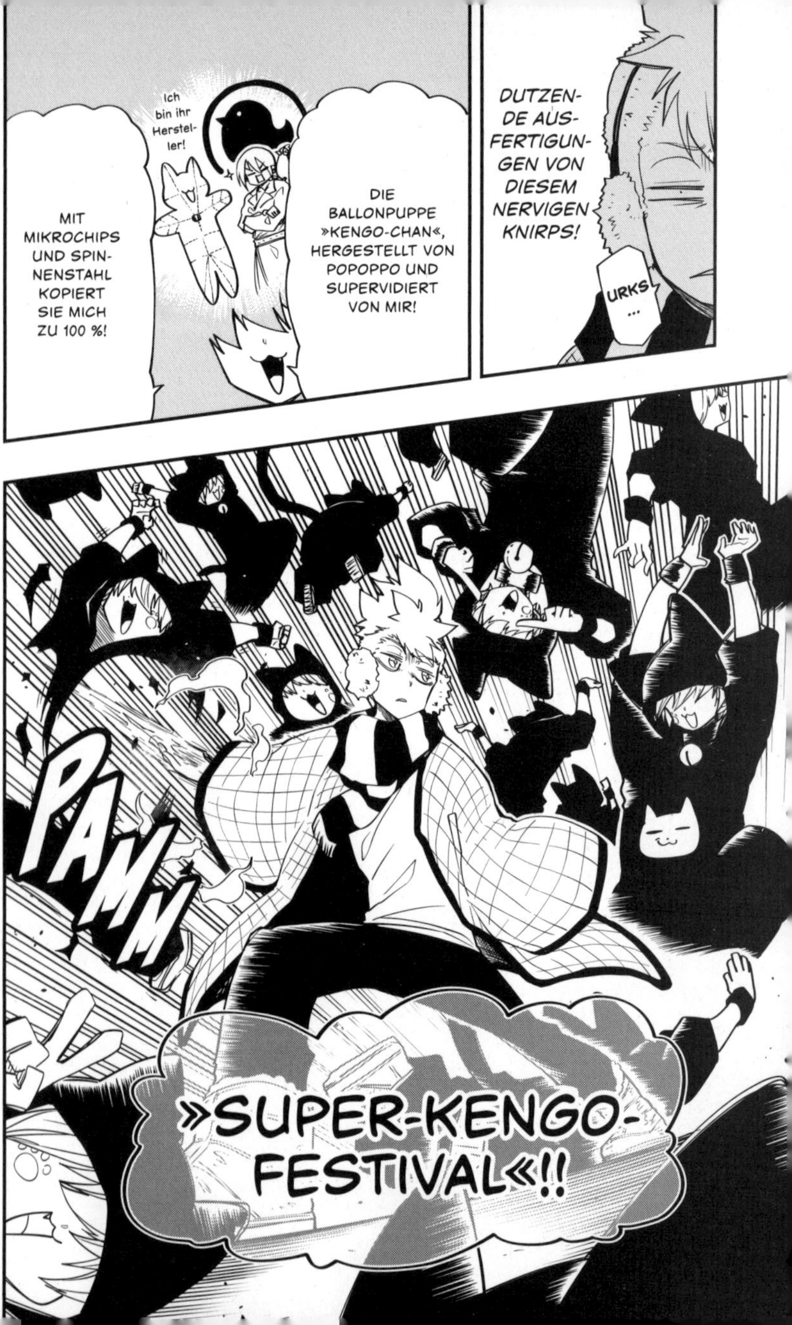
DUTZENDE AUSFERTIGUNGEN VON DIESEM NERVIGEN KNIRPS!
URKS ...
DIE BALLONPUPPE »KENGO-CHAN«, HERGESTELLT VON POPOPPO UND SUPERVIDIERT VON MIR!
Ich bin ihr Hersteller!
MIT MIKROCHIPS UND SPINNENSTAHL KOPIERT SIE MICH ZU 100 %!
PAMM
»SUPER-KENGO-FESTIVAL«!!

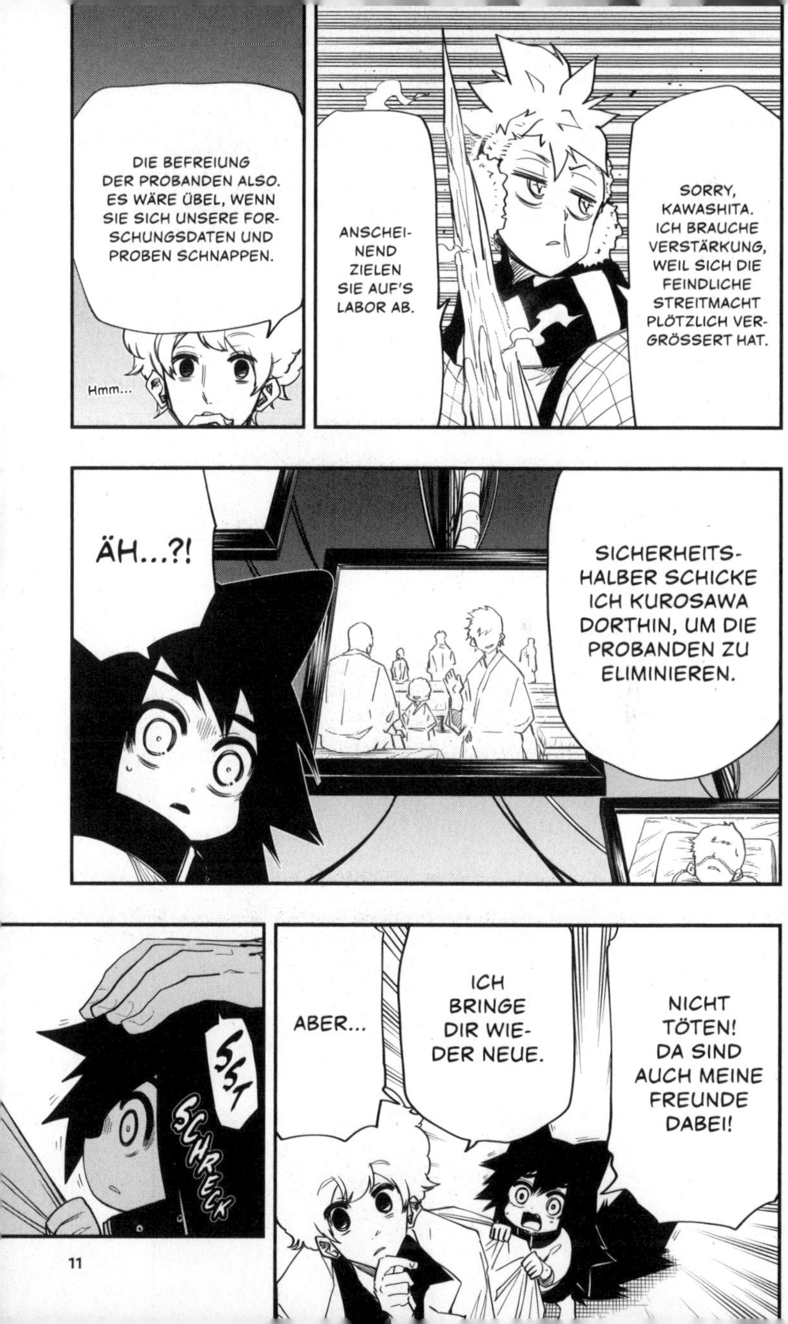
SORRY, KAWASHITA. ICH BRAUCHE VERSTÄRKUNG, WEIL SICH DIE FEINDLICHE STREITMACHT PLÖTZLICH VERGRÖSSERT HAT.
ANSCHEINEND ZIELEN SIE AUF'S LABOR AB.
DIE BEFREIUNG DER PROBANDEN ALSO. ES WÄRE ÜBEL, WENN SIE SICH UNSERE FORSCHUNGSDATEN UND PROBEN SCHNAPPEN.
Hmm...
SICHERHEITSHALBER SCHICKE ICH KUROSAWA DORTHIN, UM DIE PROBANDEN ZU ELIMINIEREN.
ÄH...?!
NICHT TÖTEN! DA SIND AUCH MEINE FREUNDE DABEI!
ICH BRINGE DIR WIEDER NEUE.
ABER...
SCHRECK

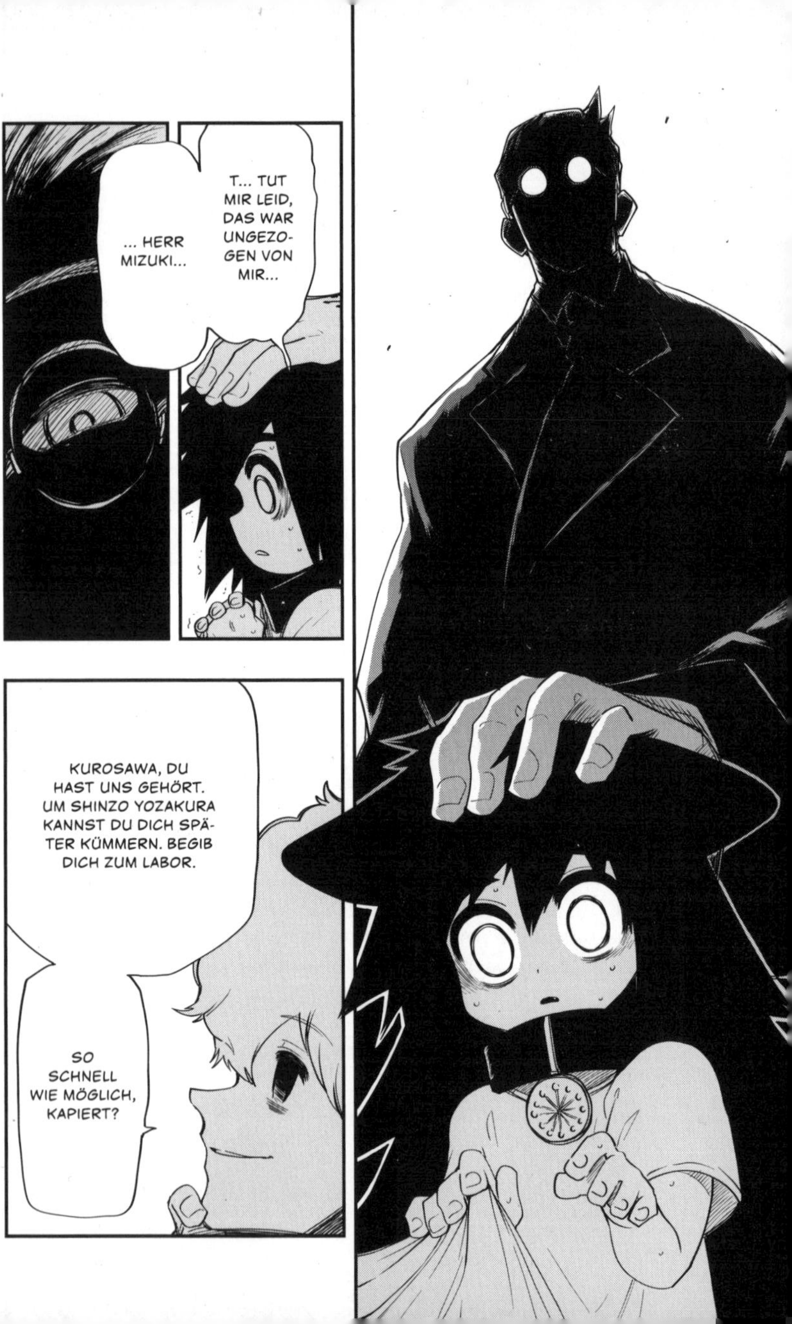
T... TUT MIR LEID, DAS WAR UNGEZOGEN VON MIR...
... HERR MIZUKI...
KUROSAWA, DU HAST UNS GEHÖRT. UM SHINZO YOZAKURA KANNST DU DICH SPÄTER KÜMMERN. BEGIB DICH ZUM LABOR.
SO SCHNELL WIE MÖGLICH, KAPIERT?

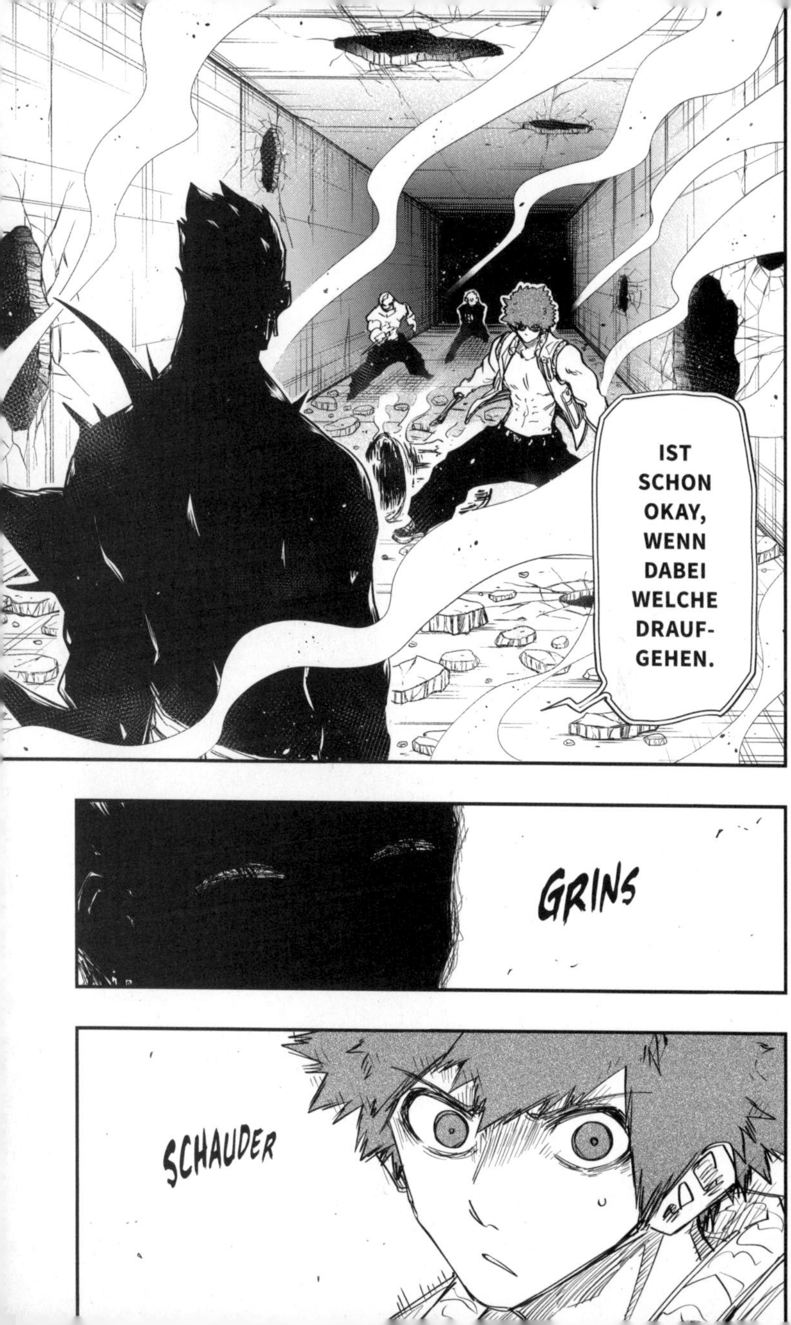
IST SCHON OKAY, WENN DABEI WELCHE DRAUF-GEHEN.
GRINS
SCHAUDER

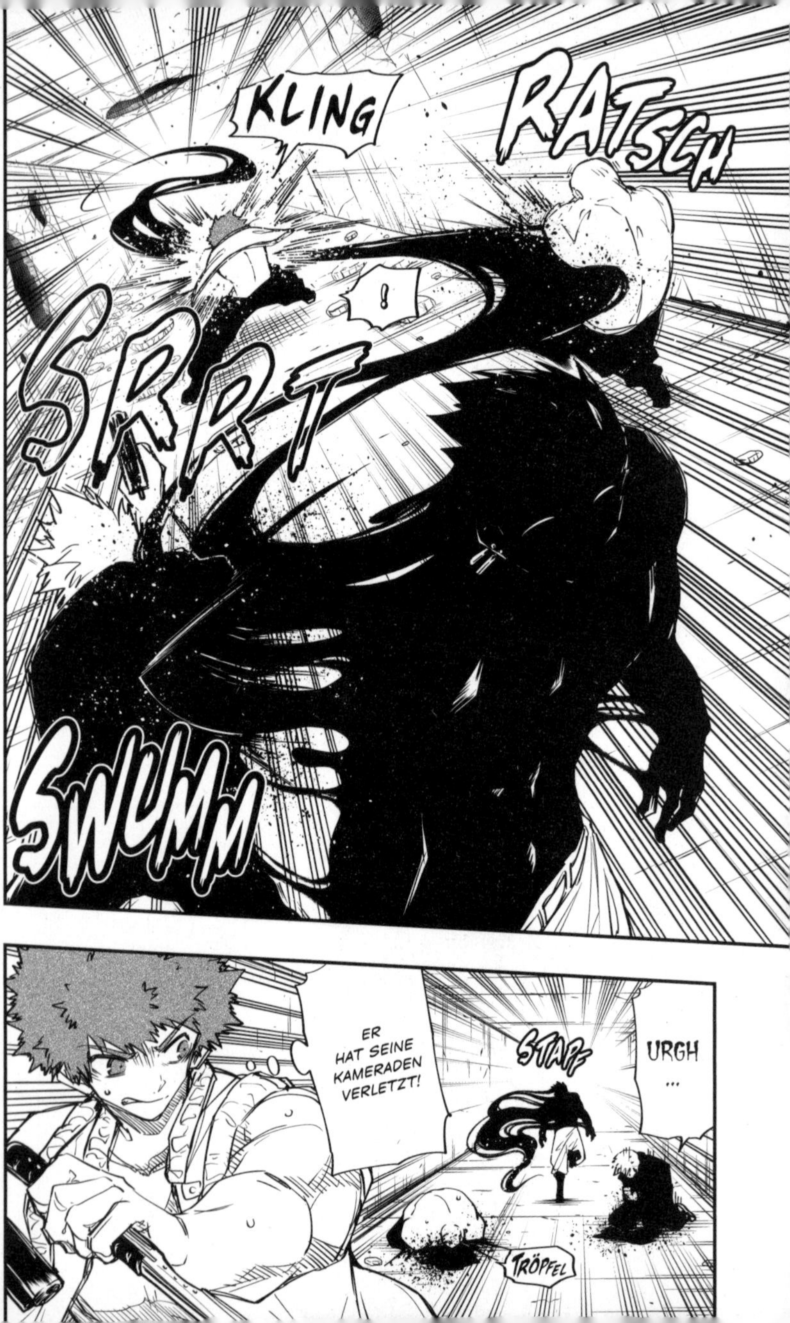

RATSCH
KLING
!
SRRT
SWUMM
URGH ...
STAPF
ER HAT SEINE KAMERADEN VERLETZT!
TRÖPFEL

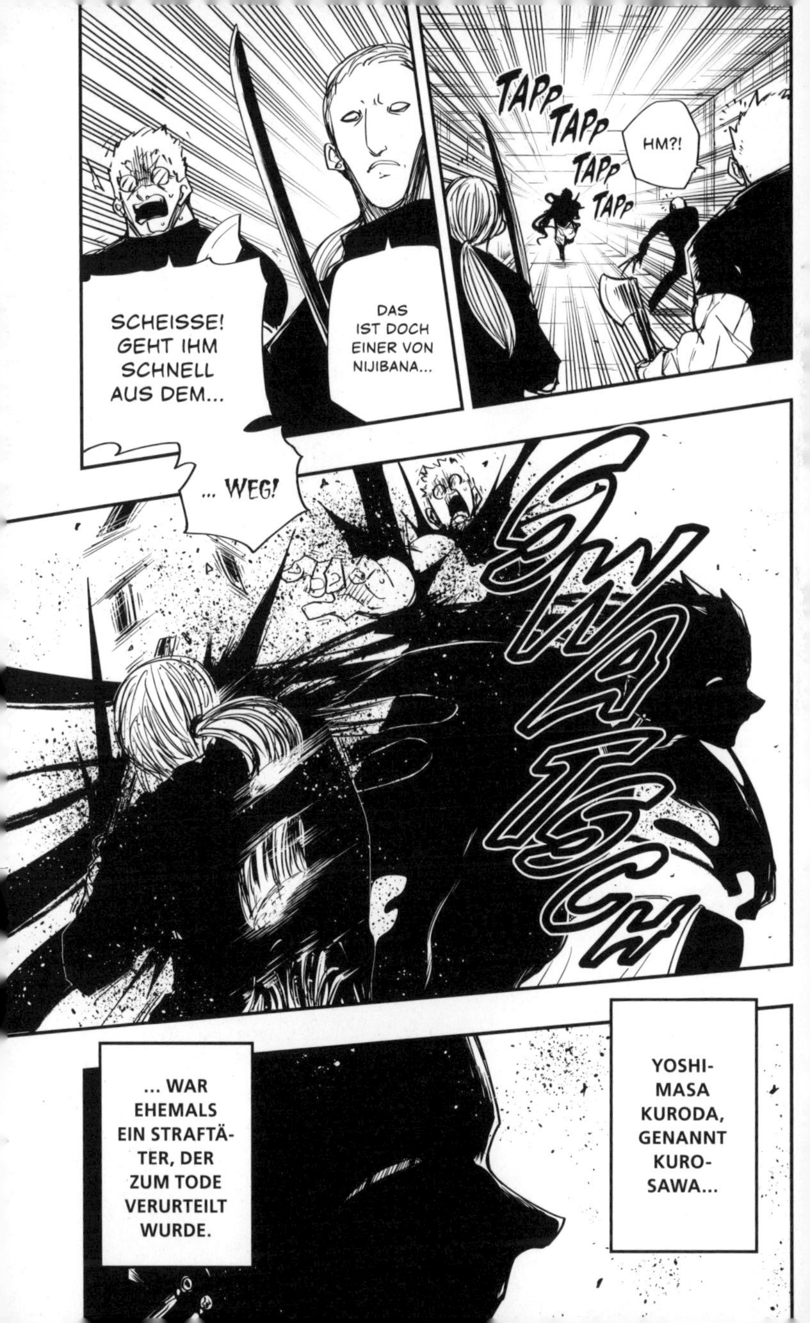

TAPP TAPP TAPP TAPP
HM?!
DAS IST DOCH EINER VON NIJIBANA...
SCHEISSE! GEHT IHM SCHNELL AUS DEM...
... WEG!
SWATSCH
YOSHI-MASA KURODA, GENANNT KURO-SAWA...
... WAR EHEMALS EIN STRAFTÄ-TER, DER ZUM TODE VERURTEILT WURDE.

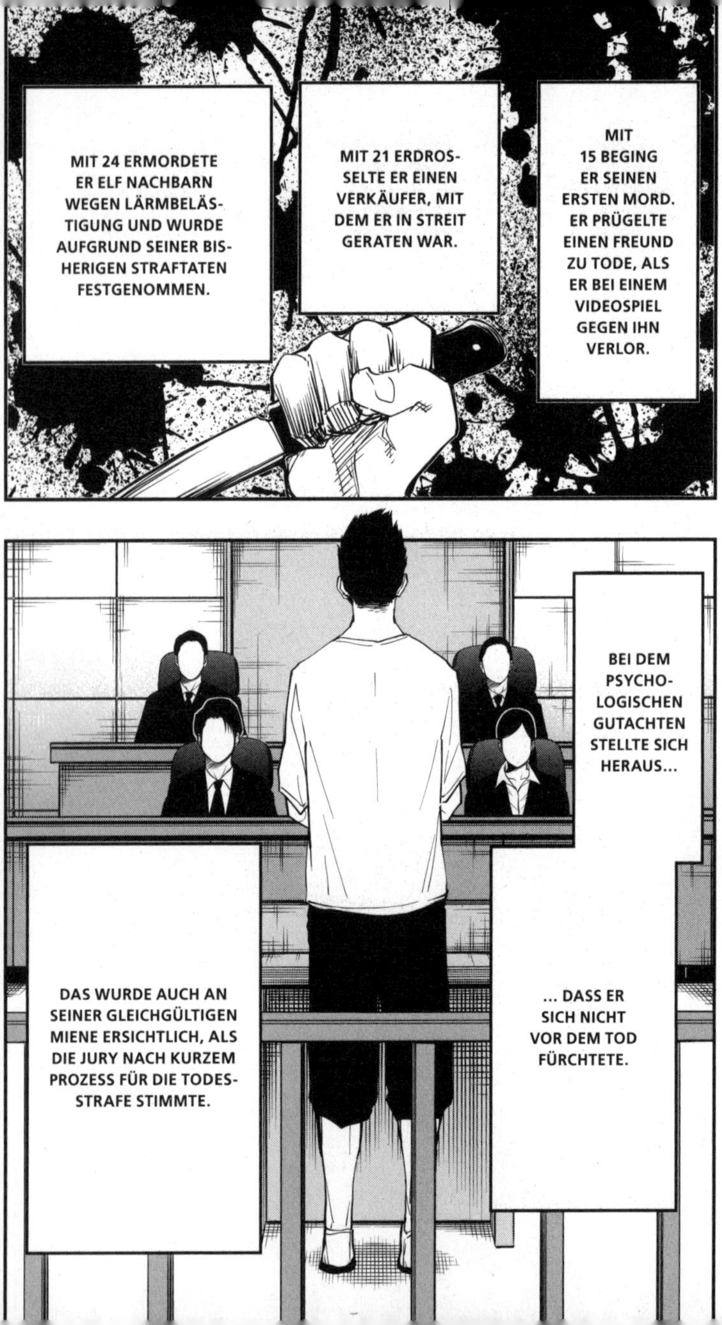
MIT 15 BEGING ER SEINEN ERSTEN MORD. ER PRÜGELTE EINEN FREUND ZU TODE, ALS ER BEI EINEM VIDEOSPIEL GEGEN IHN VERLOR.
MIT 21 ERDROSSELTE ER EINEN VERKÄUFER, MIT DEM ER IN STREIT GERATEN WAR.
MIT 24 ERMORDETE ER ELF NACHBARN WEGEN LÄRMBELÄSTIGUNG UND WURDE AUFGRUND SEINER BISHERIGEN STRAFTATEN FESTGENOMMEN.
BEI DEM PSYCHOLOGISCHEN GUTACHTEN STELLTE SICH HERAUS...
... DASS ER SICH NICHT VOR DEM TOD FÜRCHTETE.
DAS WURDE AUCH AN SEINER GLEICHGÜLTIGEN MIENE ERSICHTLICH, ALS DIE JURY NACH KURZEM PROZESS FÜR DIE TODESSTRAFE STIMMTE.

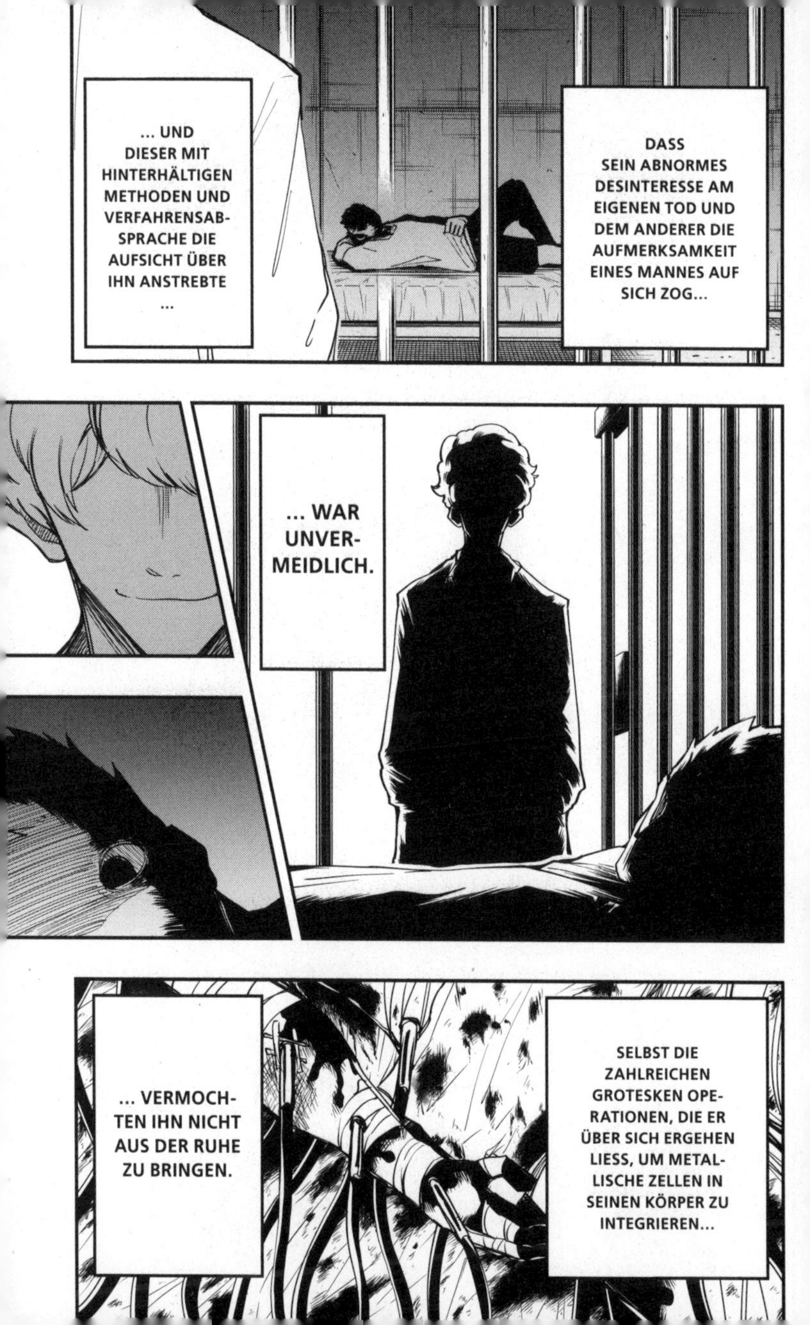
DASS SEIN ABNORMES DESINTERESSE AM EIGENEN TOD UND DEM ANDERER DIE AUFMERKSAMKEIT EINES MANNES AUF SICH ZOG...
... UND DIESER MIT HINTERHÄLTIGEN METHODEN UND VERFAHRENSABSPRACHE DIE AUFSICHT ÜBER IHN ANSTREBTE ...
... WAR UNVERMEIDLICH.
SELBST DIE ZAHLREICHEN GROTESKEN OPERATIONEN, DIE ER ÜBER SICH ERGEHEN LIESS, UM METALLISCHE ZELLEN IN SEINEN KÖRPER ZU INTEGRIEREN...
... VERMOCHTEN IHN NICHT AUS DER RUHE ZU BRINGEN.

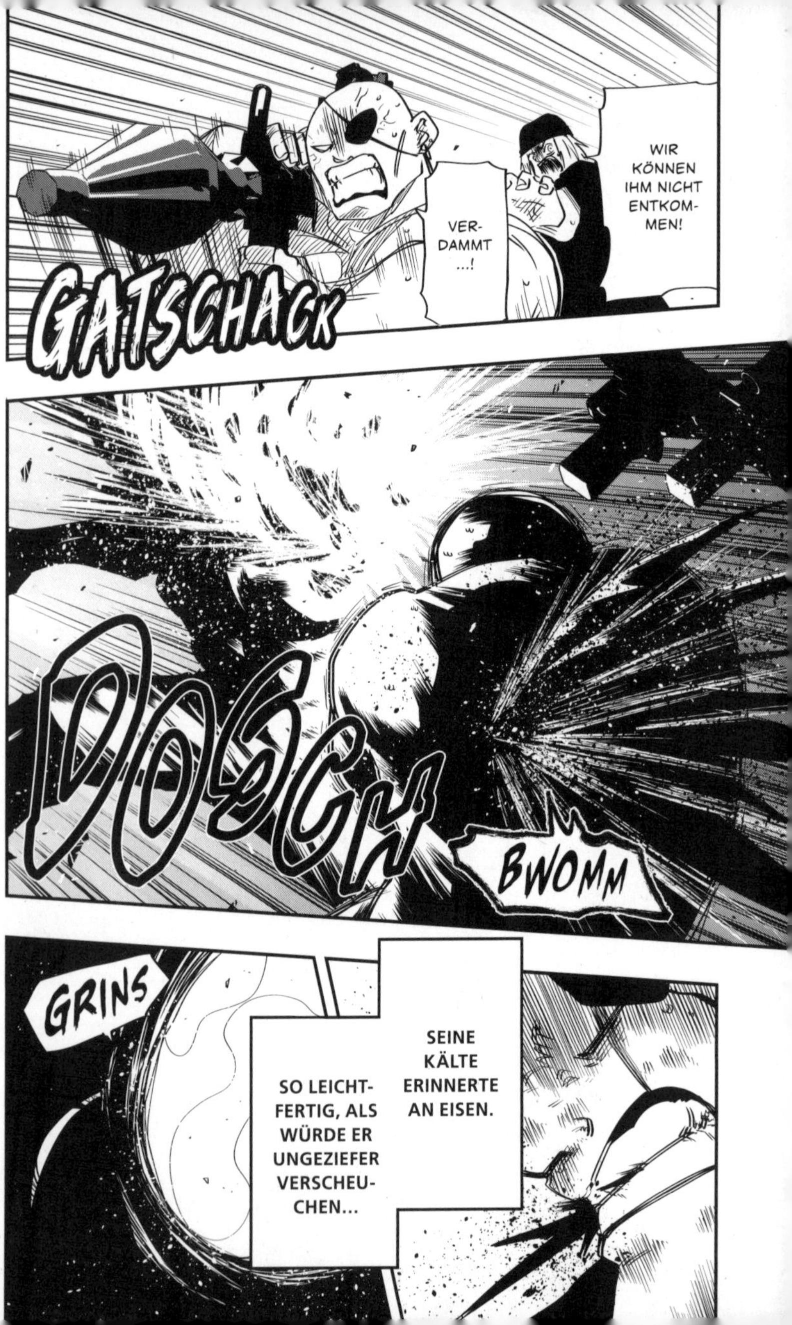
WIR KÖNNEN IHM NICHT ENTKOMMEN!
VER-DAMMT ...!
GATSCHACK
BWOMM
GRINS
SEINE KÄLTE ERINNERTE AN EISEN.
SO LEICHT-FERTIG, ALS WÜRDE ER UNGEZIEFER VERSCHEU-CHEN...

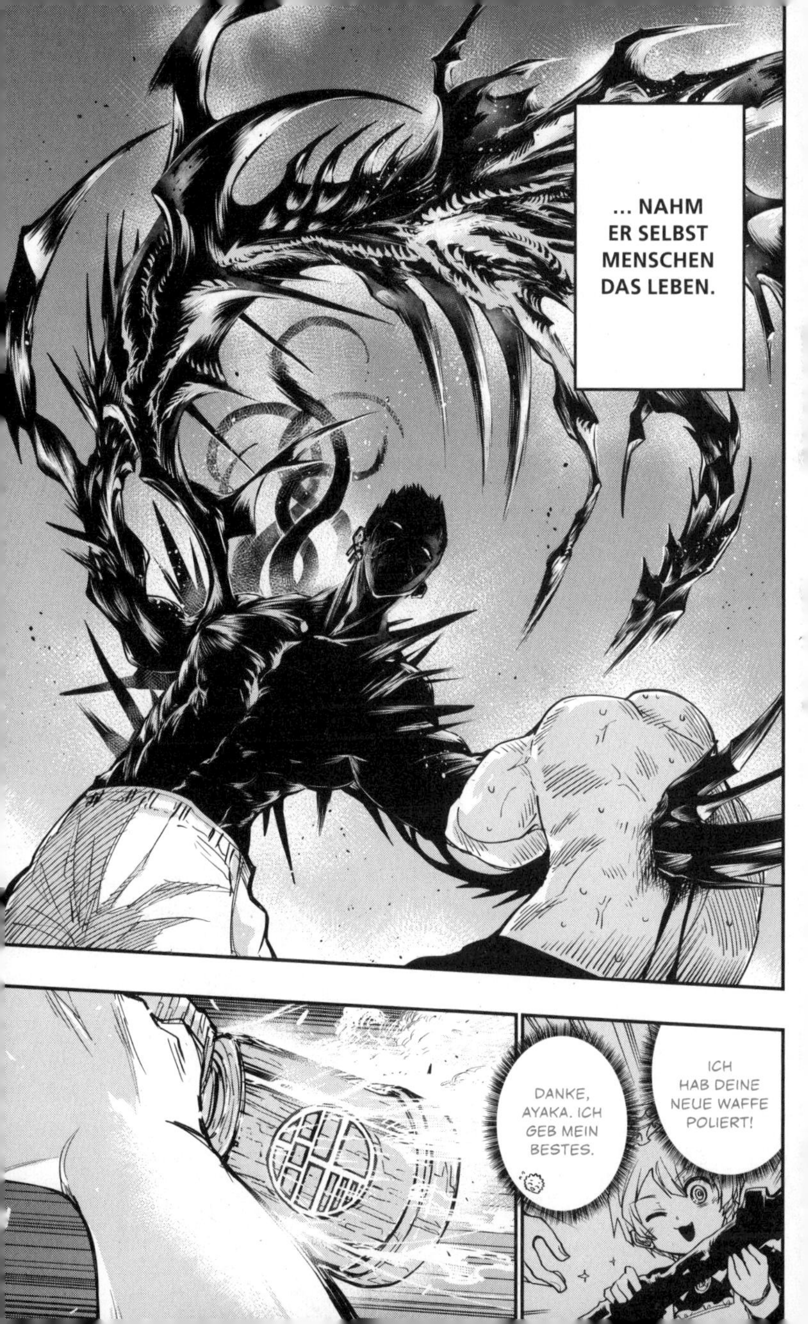
... NAHM
ER SELBST
MENSCHEN
DAS LEBEN.
ICH
HAB DEINE
NEUE WAFFE
POLIERT!
DANKE,
AYAKA. ICH
GEB MEIN
BESTES.

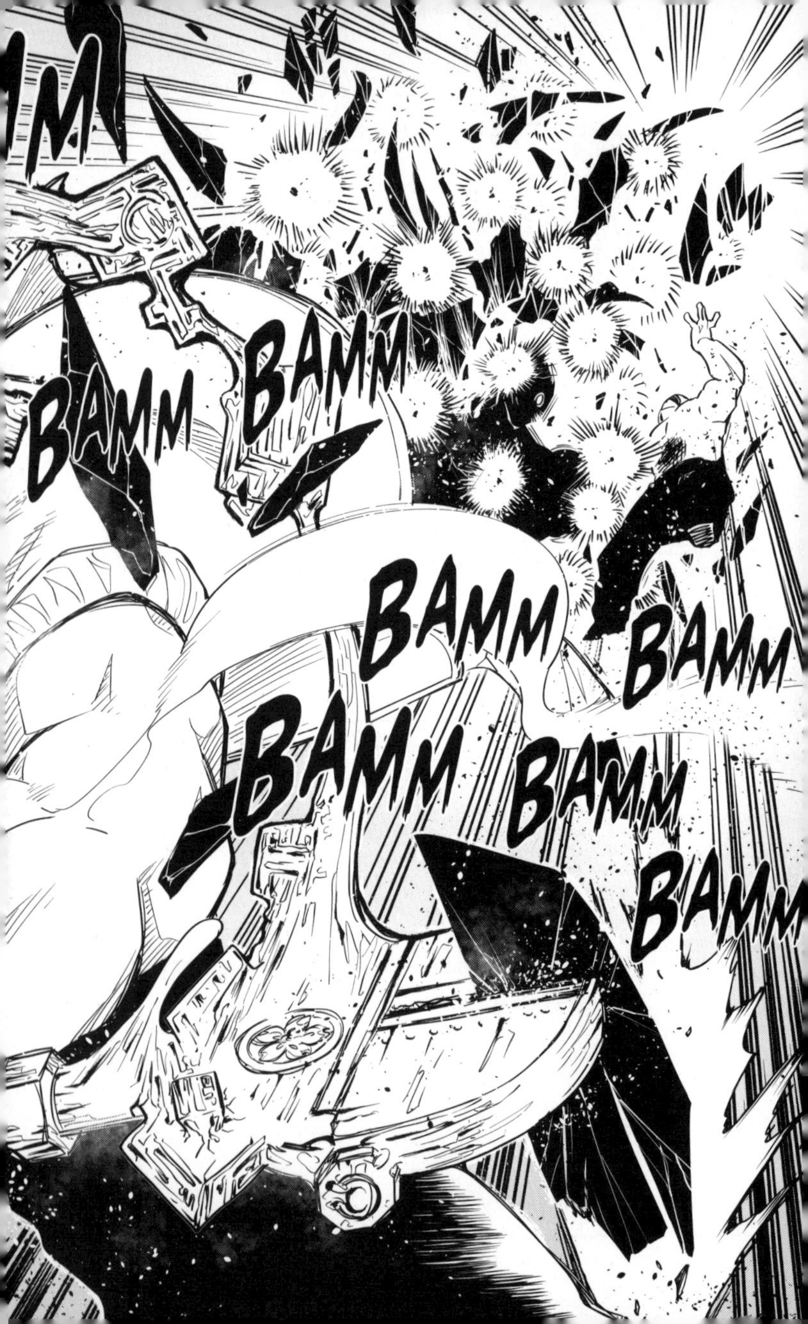
BAMM
BAMM
BAMM
BAMM
BAMM
BAMM
BAMM

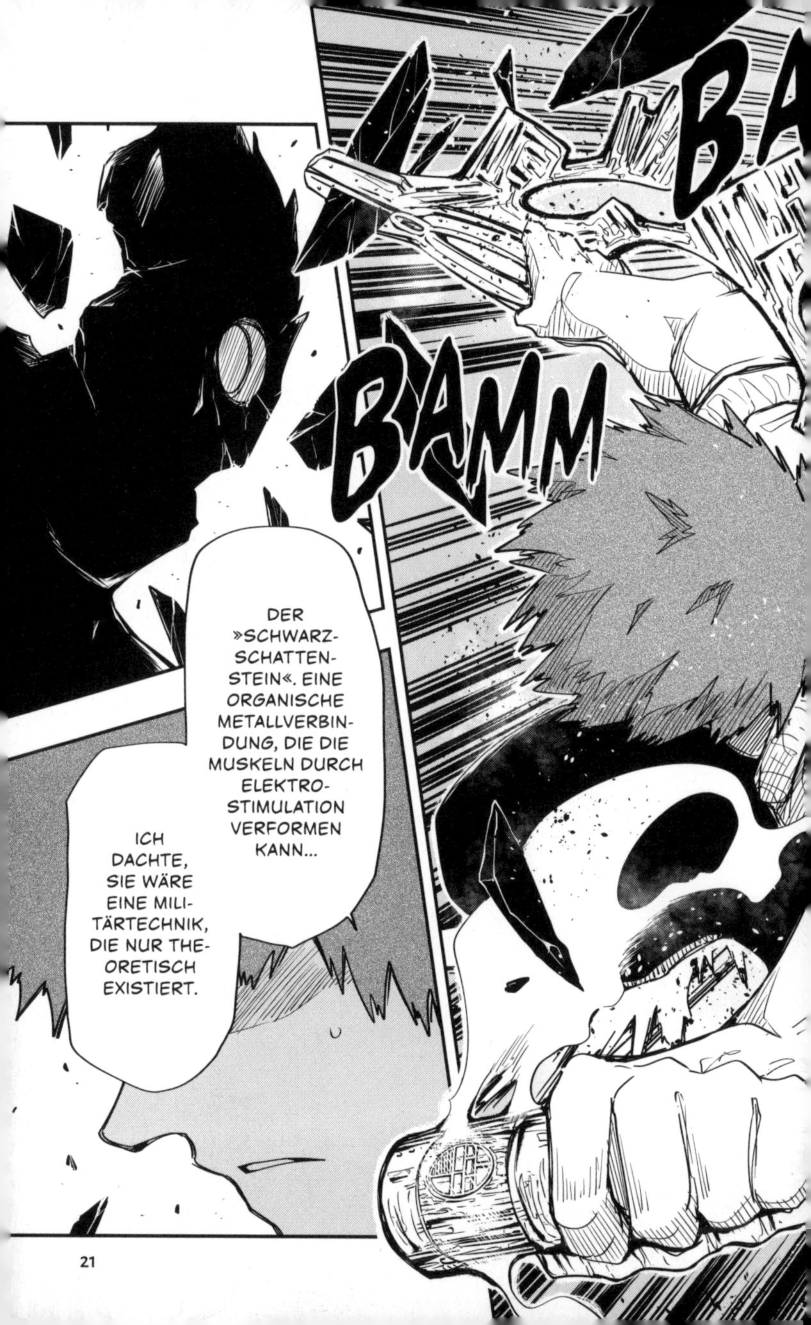
BAMM
DER »SCHWARZ-SCHATTEN-STEIN«. EINE ORGANISCHE METALLVERBIN-DUNG, DIE DIE MUSKELN DURCH ELEKTRO-STIMULATION VERFORMEN KANN...
ICH DACHTE, SIE WÄRE EINE MILI-TÄRTECHNIK, DIE NUR THE-ORETISCH EXISTIERT.

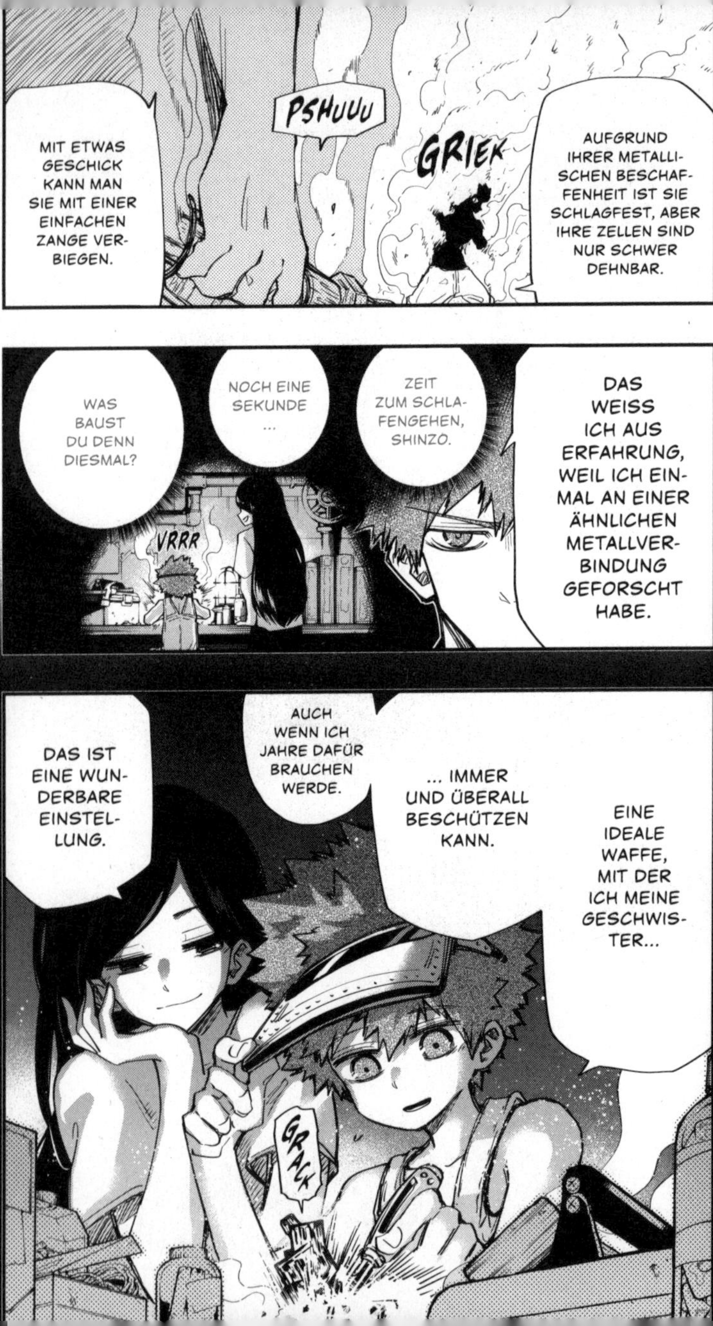
AUFGRUND IHRER METALLISCHEN BESCHAFFENHEIT IST SIE SCHLAGFEST, ABER IHRE ZELLEN SIND NUR SCHWER DEHNBAR.
GRIEK
PSHUUU
MIT ETWAS GESCHICK KANN MAN SIE MIT EINER EINFACHEN ZANGE VERBIEGEN.
DAS WEISS ICH AUS ERFAHRUNG, WEIL ICH EINMAL AN EINER ÄHNLICHEN METALLVERBINDUNG GEFORSCHT HABE.
ZEIT ZUM SCHLAFENGEHEN, SHINZO.
NOCH EINE SEKUNDE ...
WAS BAUST DU DENN DIESMAL?
VRRR
EINE IDEALE WAFFE, MIT DER ICH MEINE GESCHWISTER...
... IMMER UND ÜBERALL BESCHÜTZEN KANN.
AUCH WENN ICH JAHRE DAFÜR BRAUCHEN WERDE.
DAS IST EINE WUNDERBARE EINSTELLUNG.
GRACK

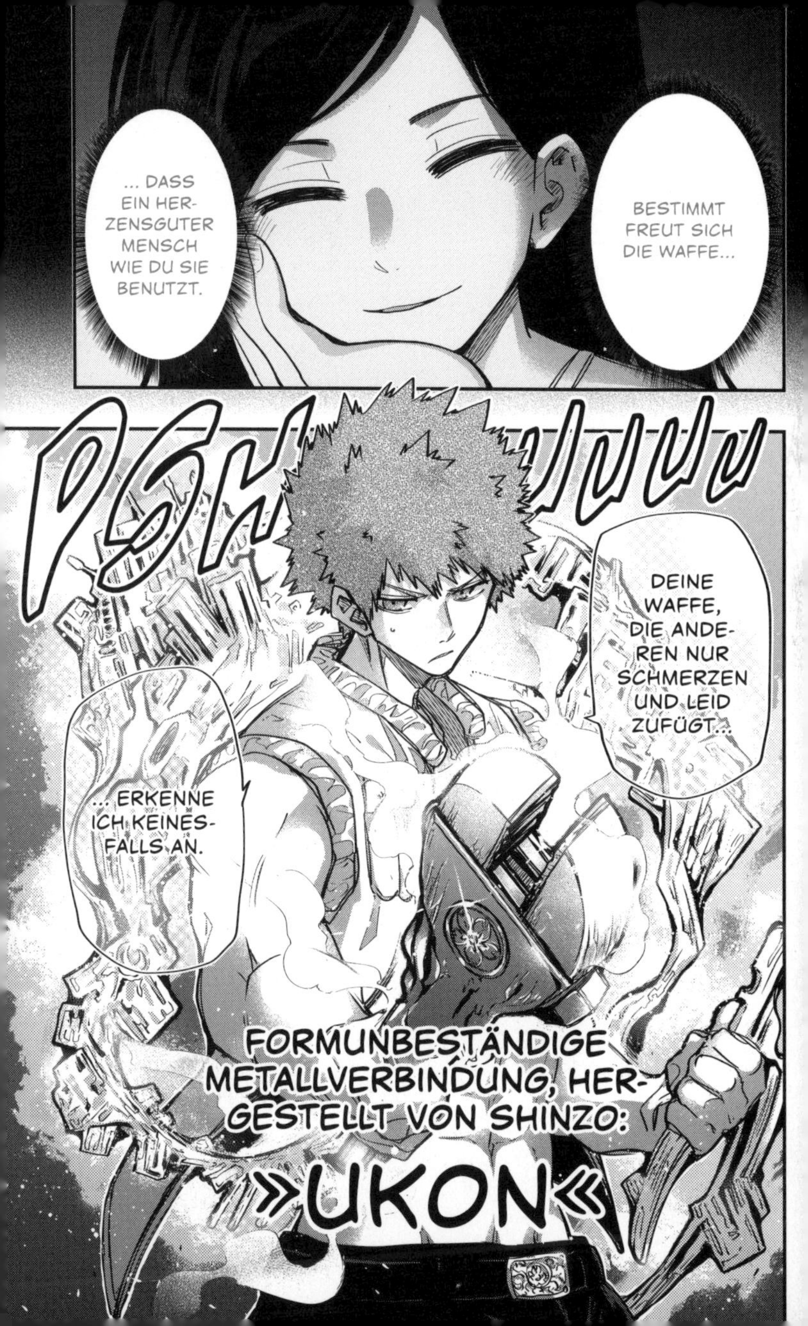
BESTIMMT FREUT SICH DIE WAFFE...
... DASS EIN HER-ZENSGUTER MENSCH WIE DU SIE BENUTZT.
DEINE WAFFE, DIE ANDE-REN NUR SCHMERZEN UND LEID ZUFÜGT...
... ERKENNE ICH KEINES-FALLS AN.
FORMUNBESTÄNDIGE METALLVERBINDUNG, HER-GESTELLT VON SHINZO:
»UKON«

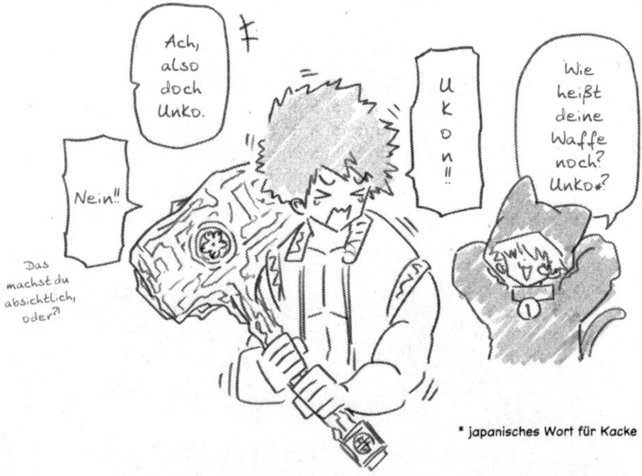

* japanisches Wort für Kacke

Mission 72 Waffen

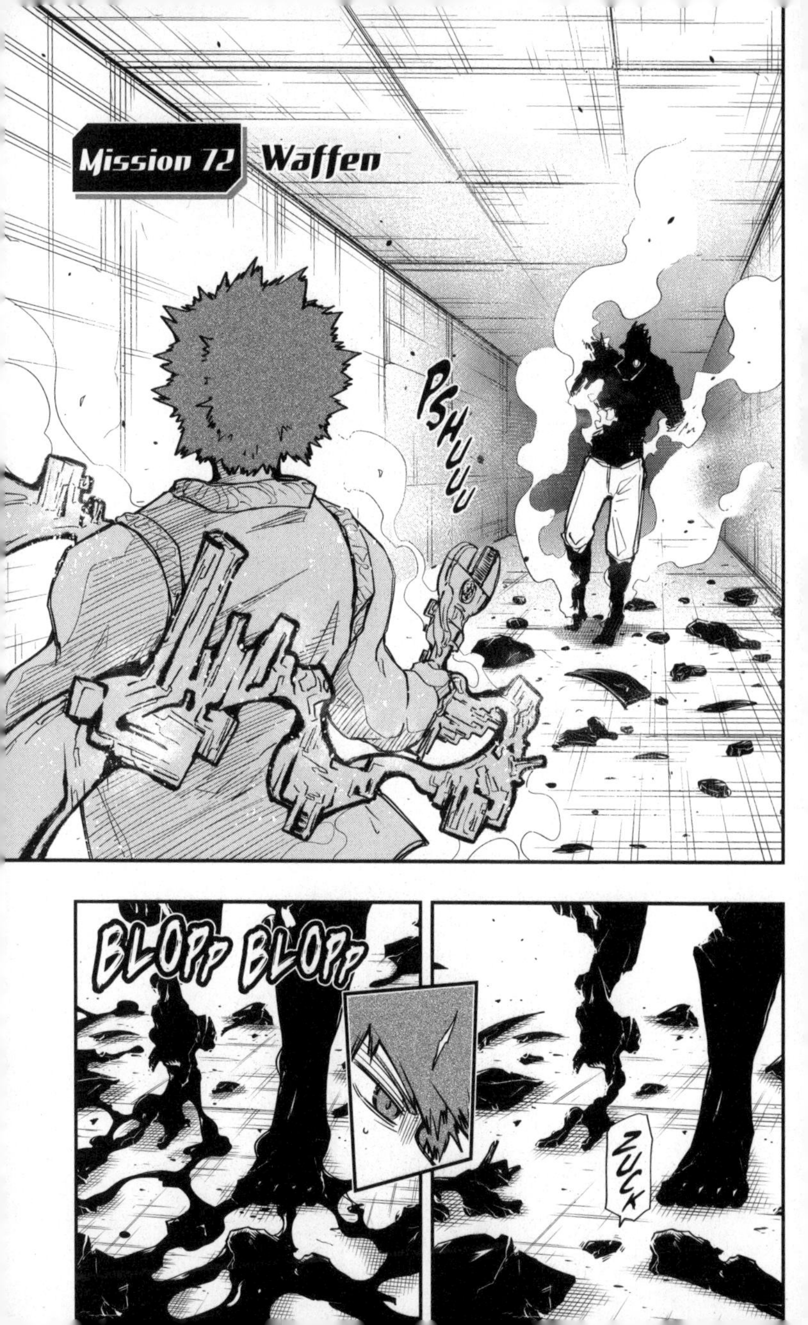

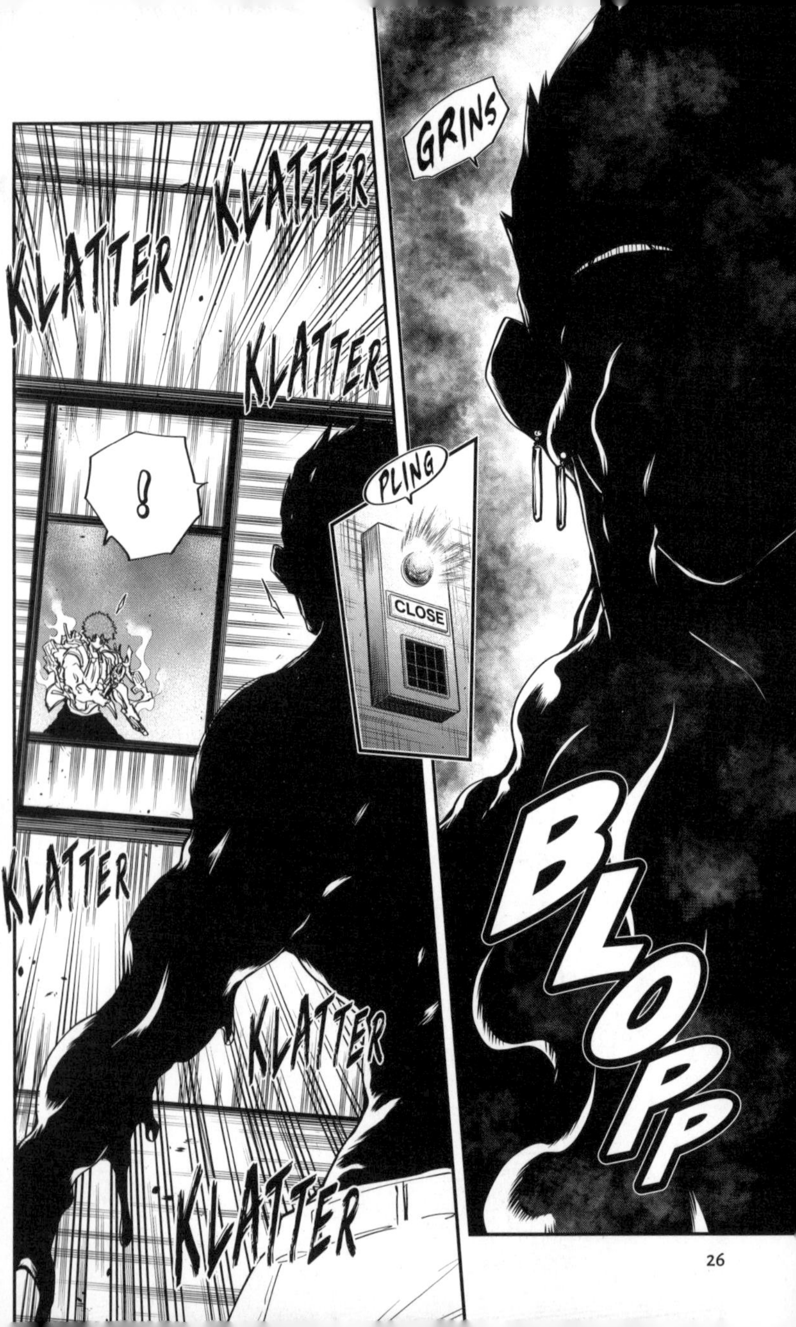
GRINS
PLING
CLOSE
BLOPP
KLATTER
KLATTER
KLATTER
!
KLATTER
KLATTER
KLATTER

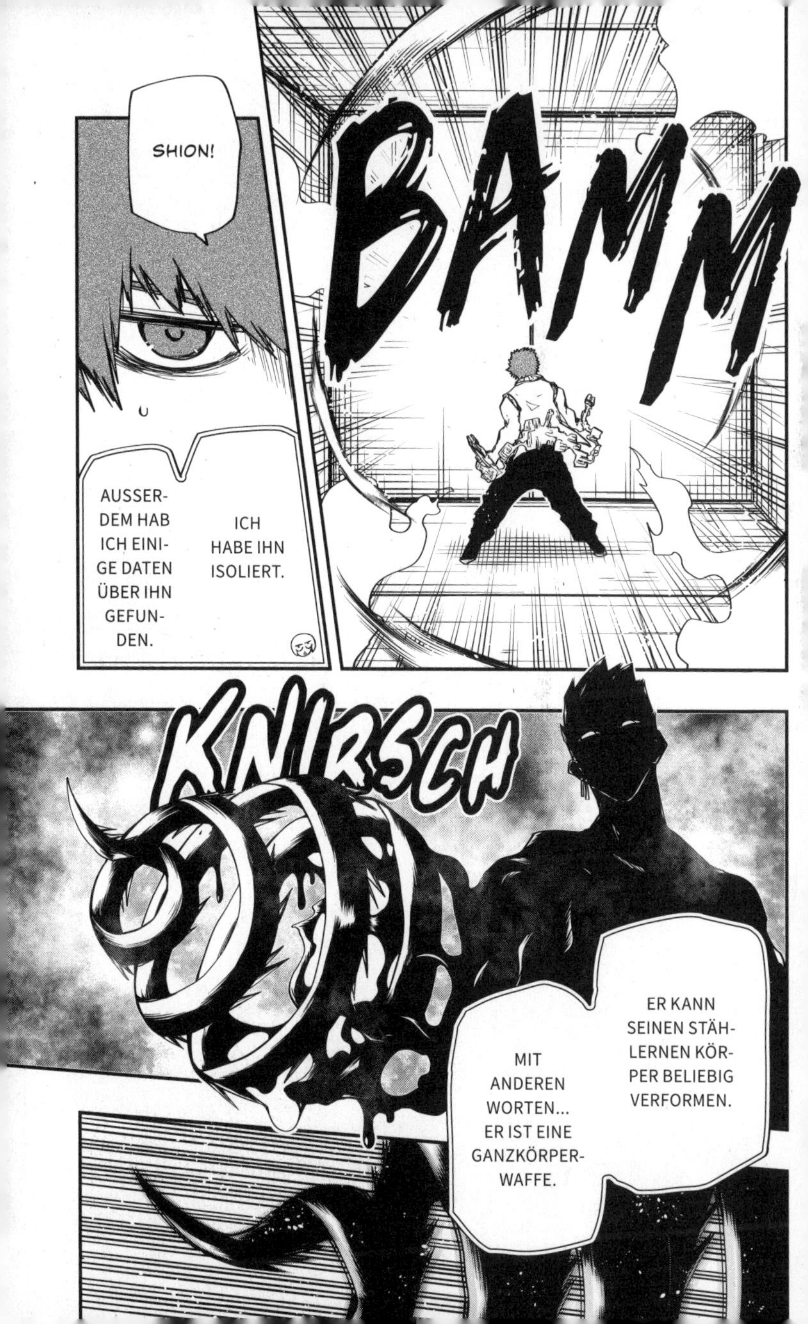
BAMM
SHION!
ICH HABE IHN ISOLIERT.
AUSSER-DEM HAB ICH EINI-GE DATEN ÜBER IHN GEFUN-DEN.
KNIRSCH
ER KANN SEINEN STÄH-LERNEN KÖR-PER BELIEBIG VERFORMEN.
MIT ANDEREN WORTEN... ER IST EINE GANZKÖRPER-WAFFE.

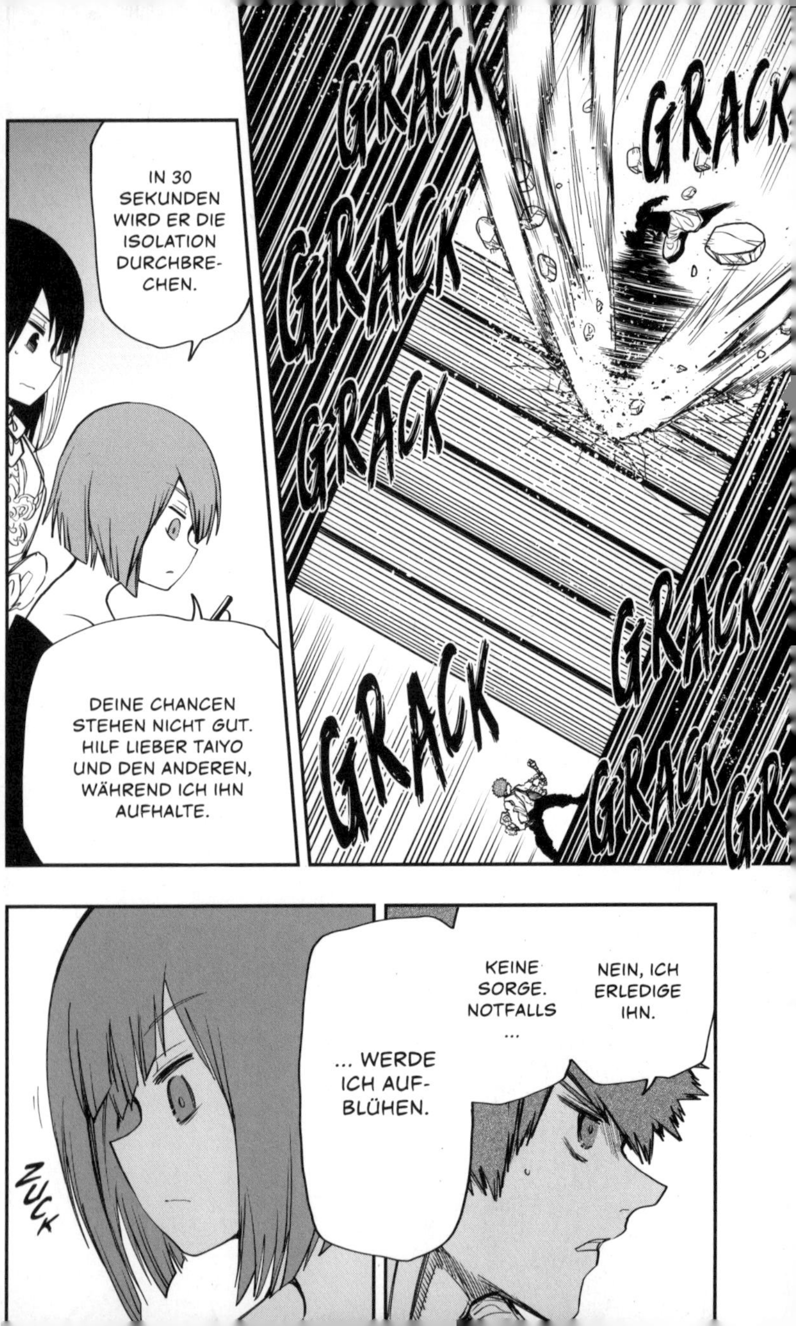
GRACK
GRACK
GRACK
GRACK
GRACK
GRACK
GRACK
GR
IN 30 SEKUNDEN WIRD ER DIE ISOLATION DURCHBRE-CHEN.
DEINE CHANCEN STEHEN NICHT GUT. HILF LIEBER TAIYO UND DEN ANDEREN, WÄHREND ICH IHN AUFHALTE.
NEIN, ICH ERLEDIGE IHN.
KEINE SORGE. NOTFALLS ...
... WERDE ICH AUF-BLÜHEN.
ZUCK

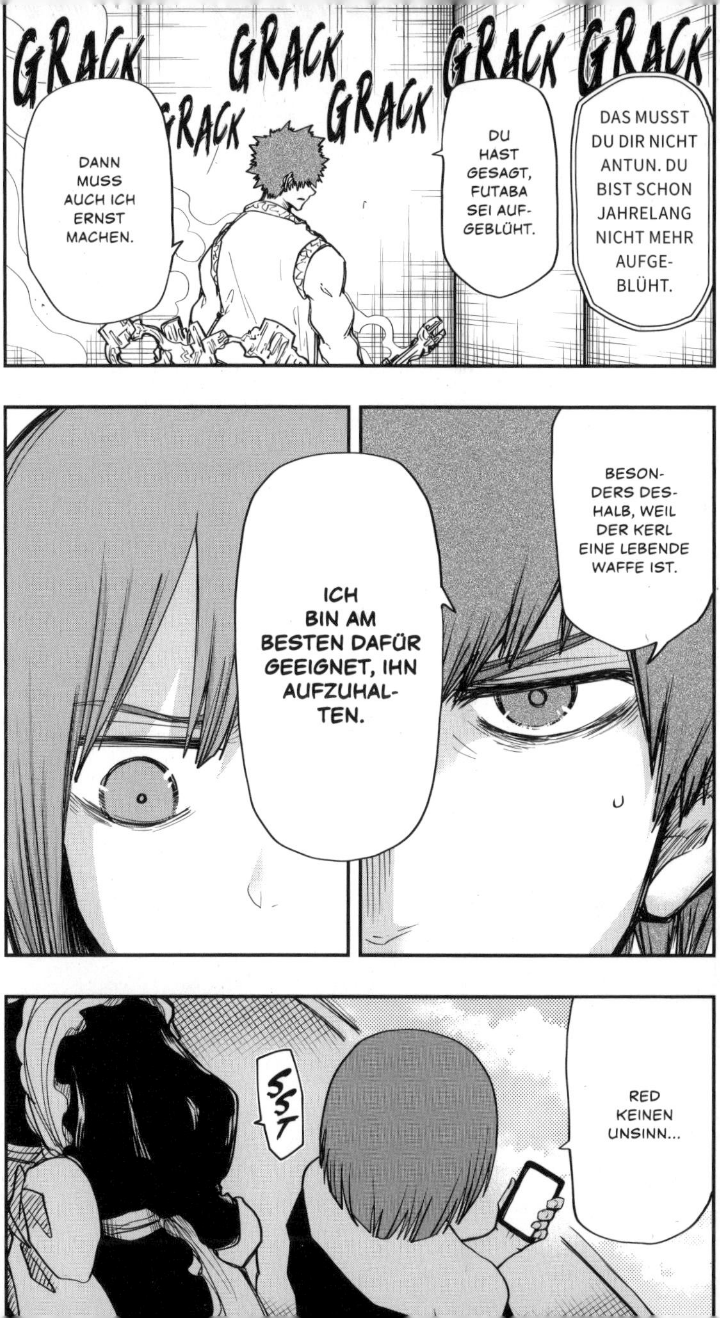
GRACK
GRACK
GRACK
GRACK
GRACK
GRACK
DAS MUSST DU DIR NICHT ANTUN. DU BIST SCHON JAHRELANG NICHT MEHR AUFGEBLÜHT.
DU HAST GESAGT, FUTABA SEI AUFGEBLÜHT.
DANN MUSS AUCH ICH ERNST MACHEN.
BESONDERS DESHALB, WEIL DER KERL EINE LEBENDE WAFFE IST.
ICH BIN AM BESTEN DAFÜR GEEIGNET, IHN AUFZUHALTEN.
RED KEINEN UNSINN...
SST

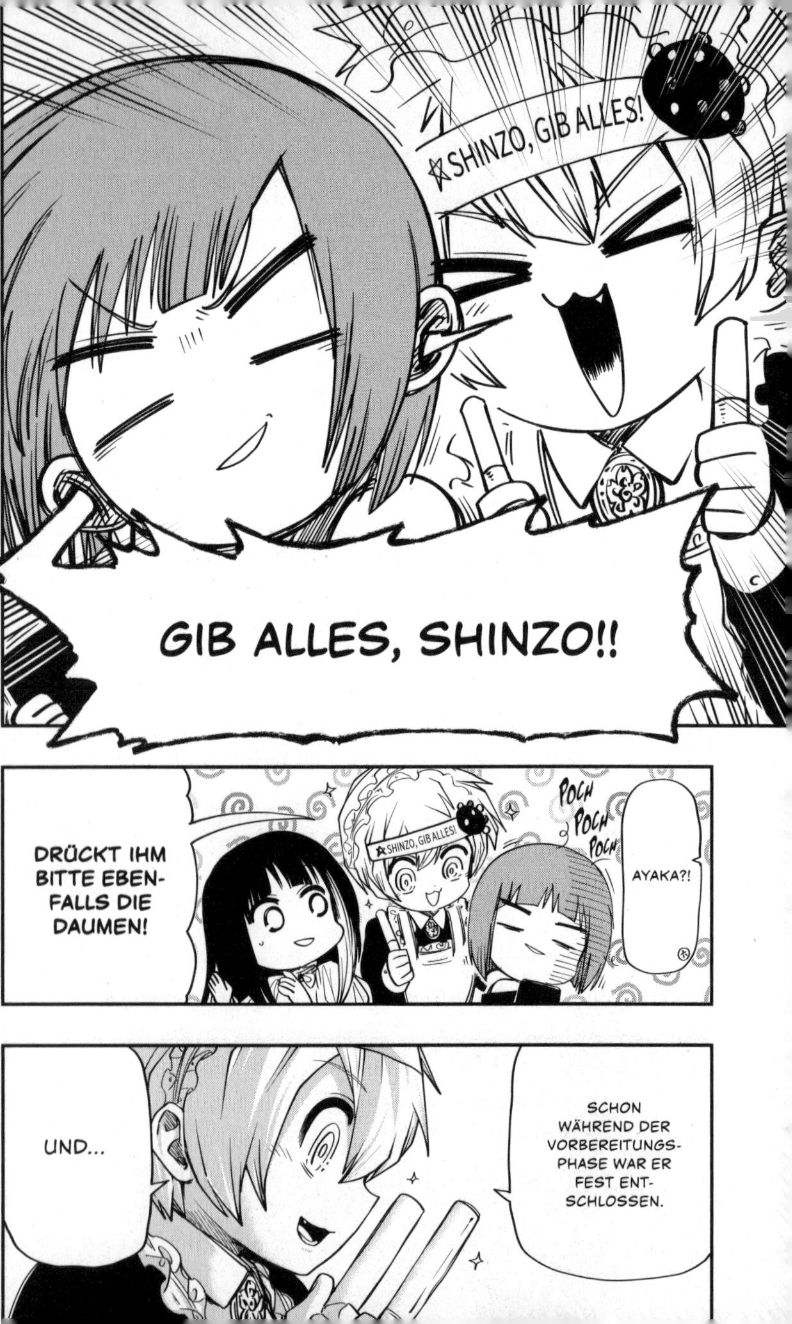

☆SHINZO, GIB ALLES!
GIB ALLES, SHINZO!!
AYAKA?!
POCH POCH POCH
☆SHINZO, GIB ALLES!
DRÜCKT IHM BITTE EBEN-FALLS DIE DAUMEN!
SCHON WÄHREND DER VORBEREITUNGS-PHASE WAR ER FEST ENT-SCHLOSSEN.
UND...

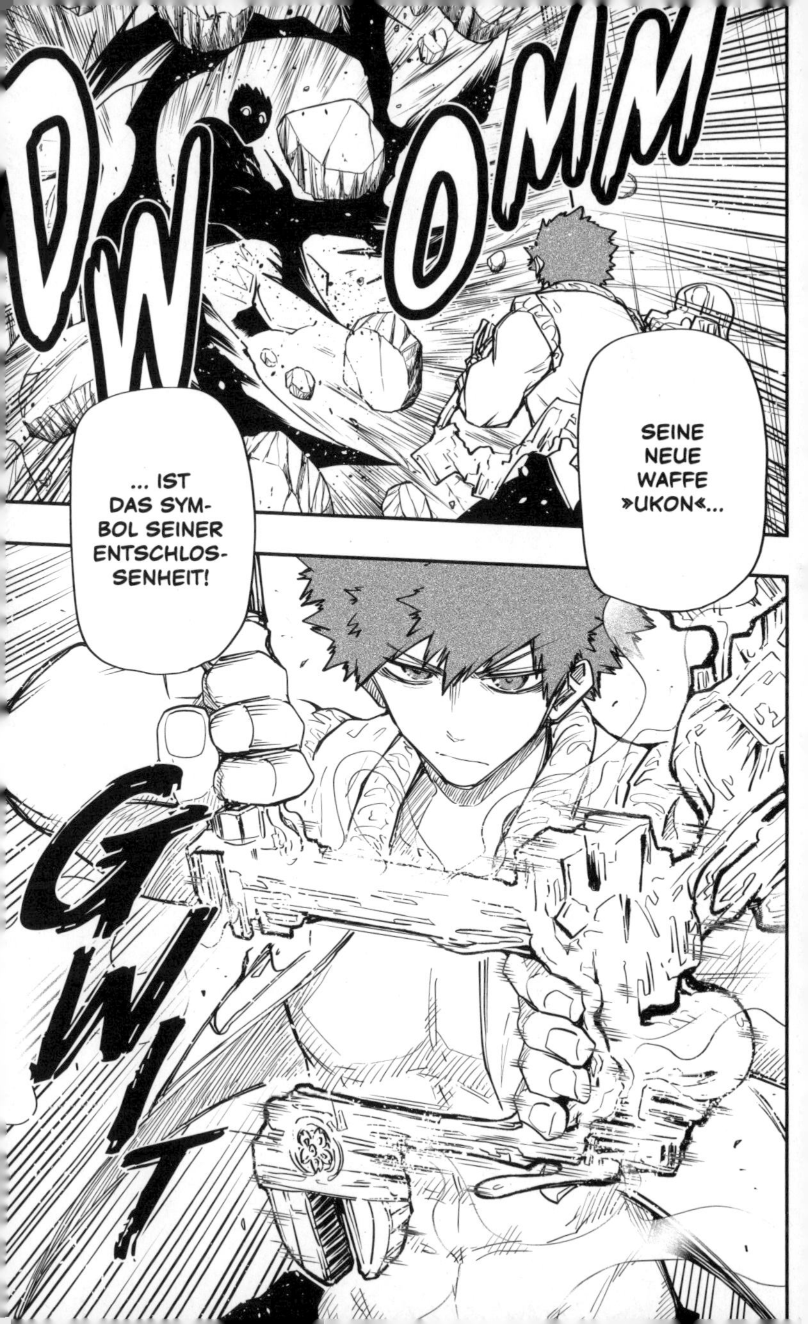
SEINE NEUE WAFFE »UKON«...
... IST DAS SYMBOL SEINER ENTSCHLOS-SENHEIT!

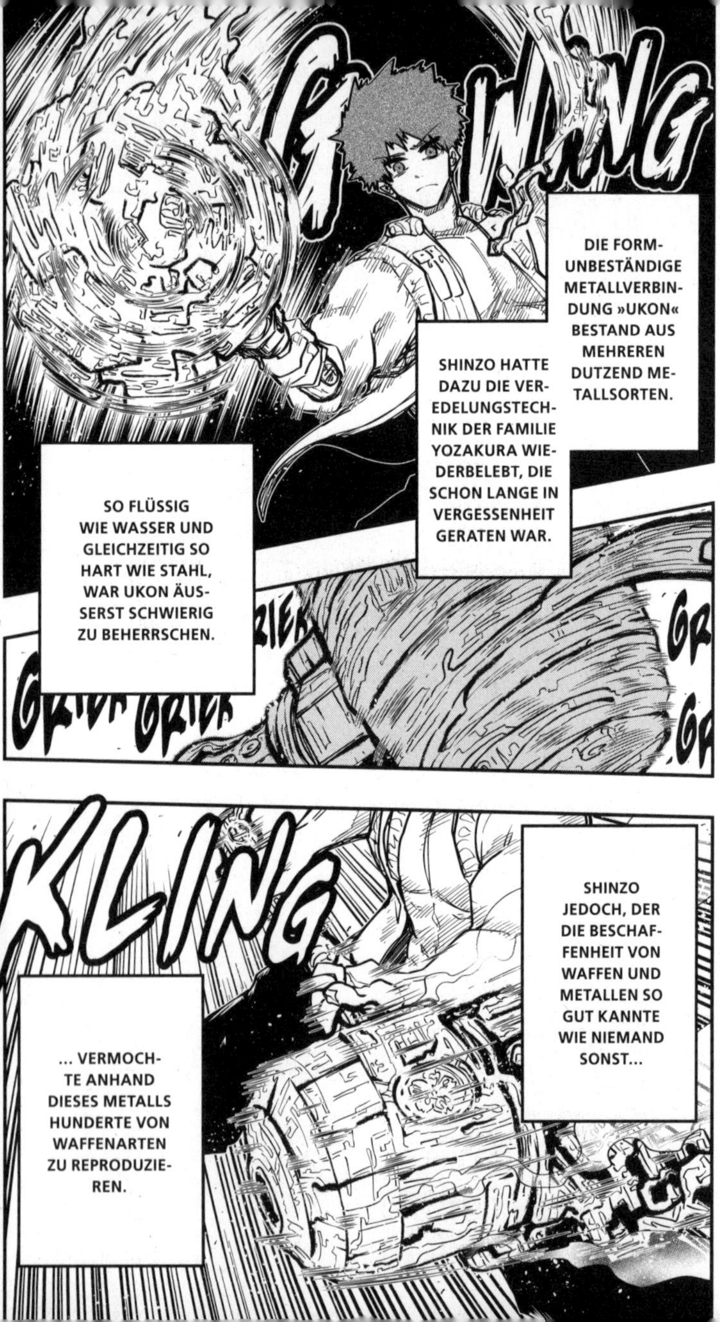
DIE FORM-
UNBESTÄNDIGE
METALLVERBIN-
DUNG »UKON«
BESTAND AUS
MEHREREN
DUTZEND ME-
TALLSORTEN.
SHINZO HATTE
DAZU DIE VER-
EDELUNGSTECH-
NIK DER FAMILIE
YOZAKURA WIE-
DERBELEBT, DIE
SCHON LANGE IN
VERGESSENHEIT
GERATEN WAR.
SO FLÜSSIG
WIE WASSER UND
GLEICHZEITIG SO
HART WIE STAHL,
WAR UKON ÄUS-
SERST SCHWIERIG
ZU BEHERRSCHEN.
KLING
SHINZO
JEDOCH, DER
DIE BESCHAF-
FENHEIT VON
WAFFEN UND
METALLEN SO
GUT KANNTE
WIE NIEMAND
SONST...
... VERMOCH-
TE ANHAND
DIESES METALLS
HUNDERTE VON
WAFFENARTEN
ZU REPRODUZIE-
REN.

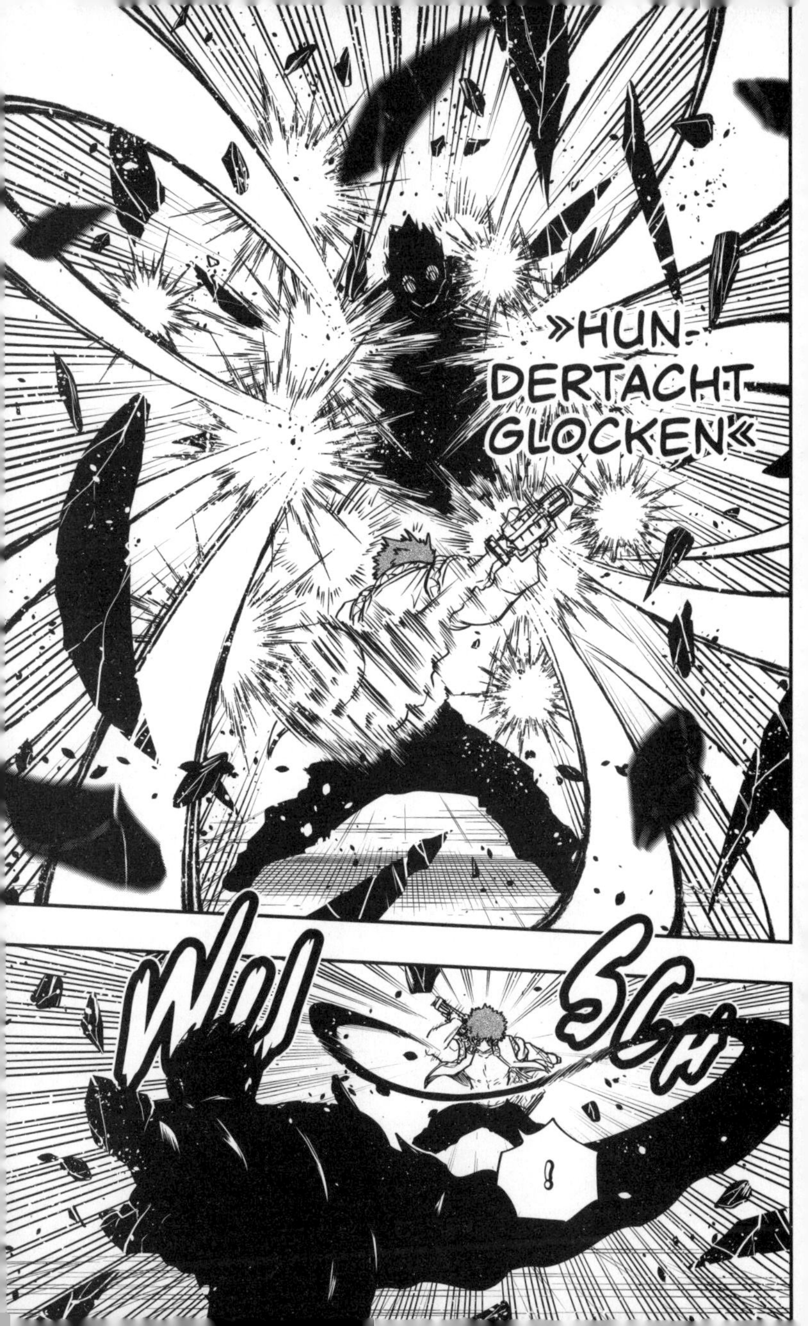
»HUN-
DERTACHT
GLOCKEN«
!

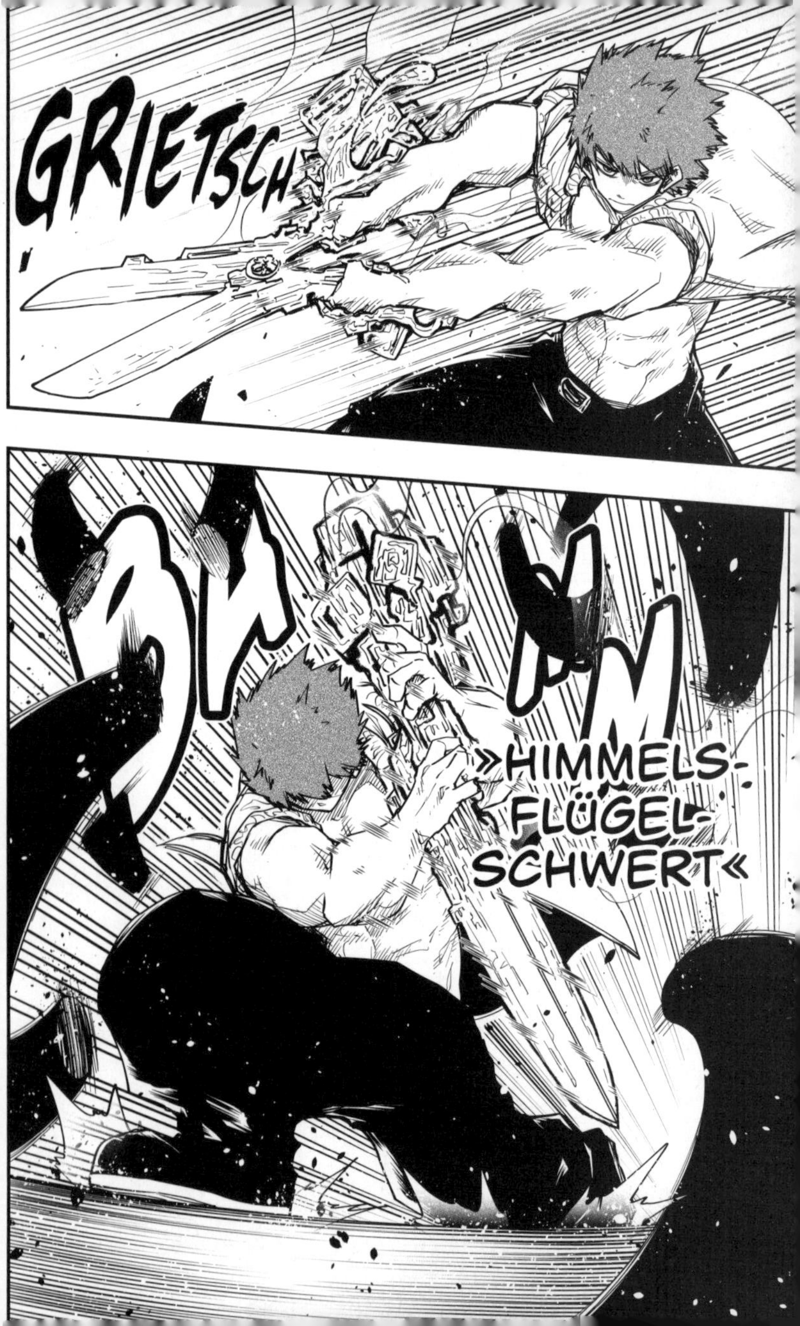
GRIETSCH
»HIMMELS-
FLÜGEL-
SCHWERT«

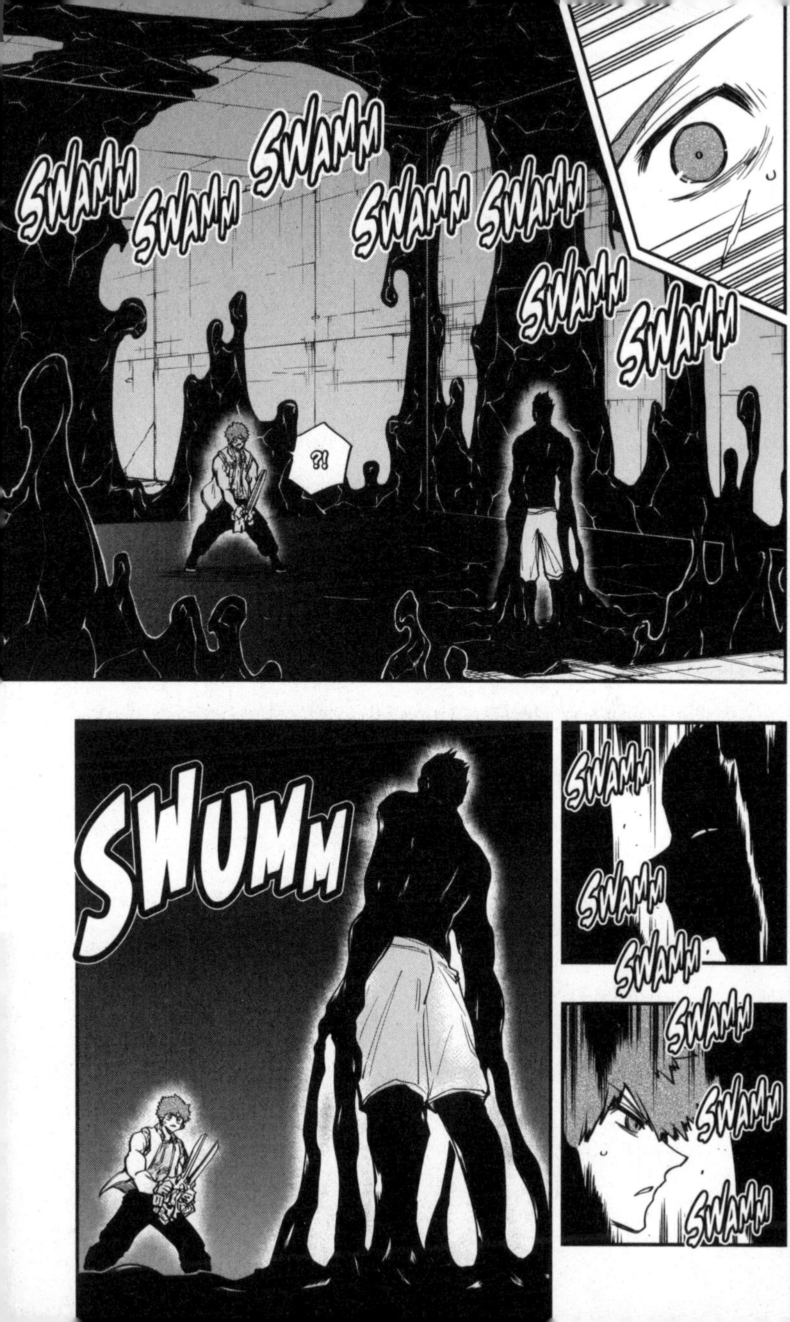
SWAMM
SWAMM
SWAMM
SWAMM
SWAMM
SWAMM
SWAMM
?!
SWAMM
SWAMM
SWAMM
SWAMM
SWAMM
SWAMM
SWUMM

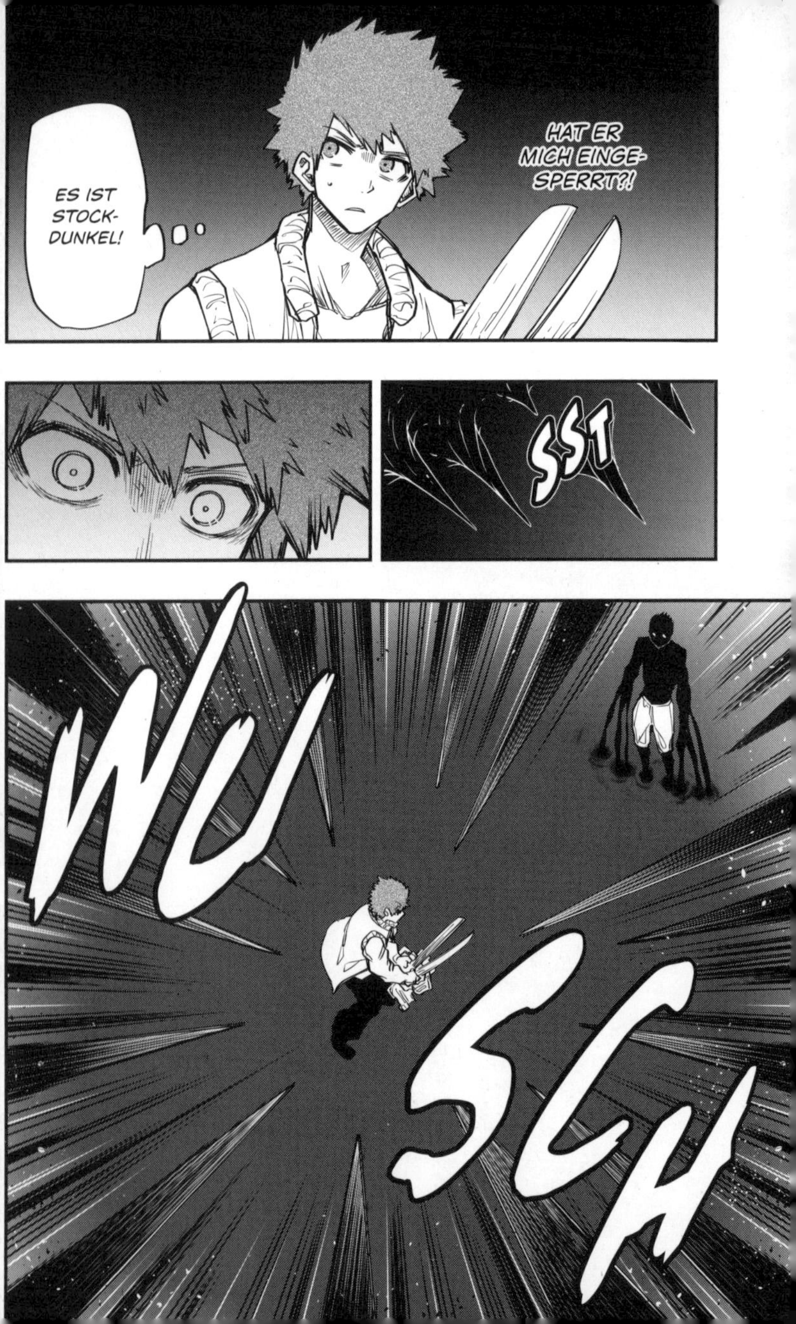
HAT ER MICH EINGE-SPERRT?!
ES IST STOCK-DUNKEL!
SST
WUSCH

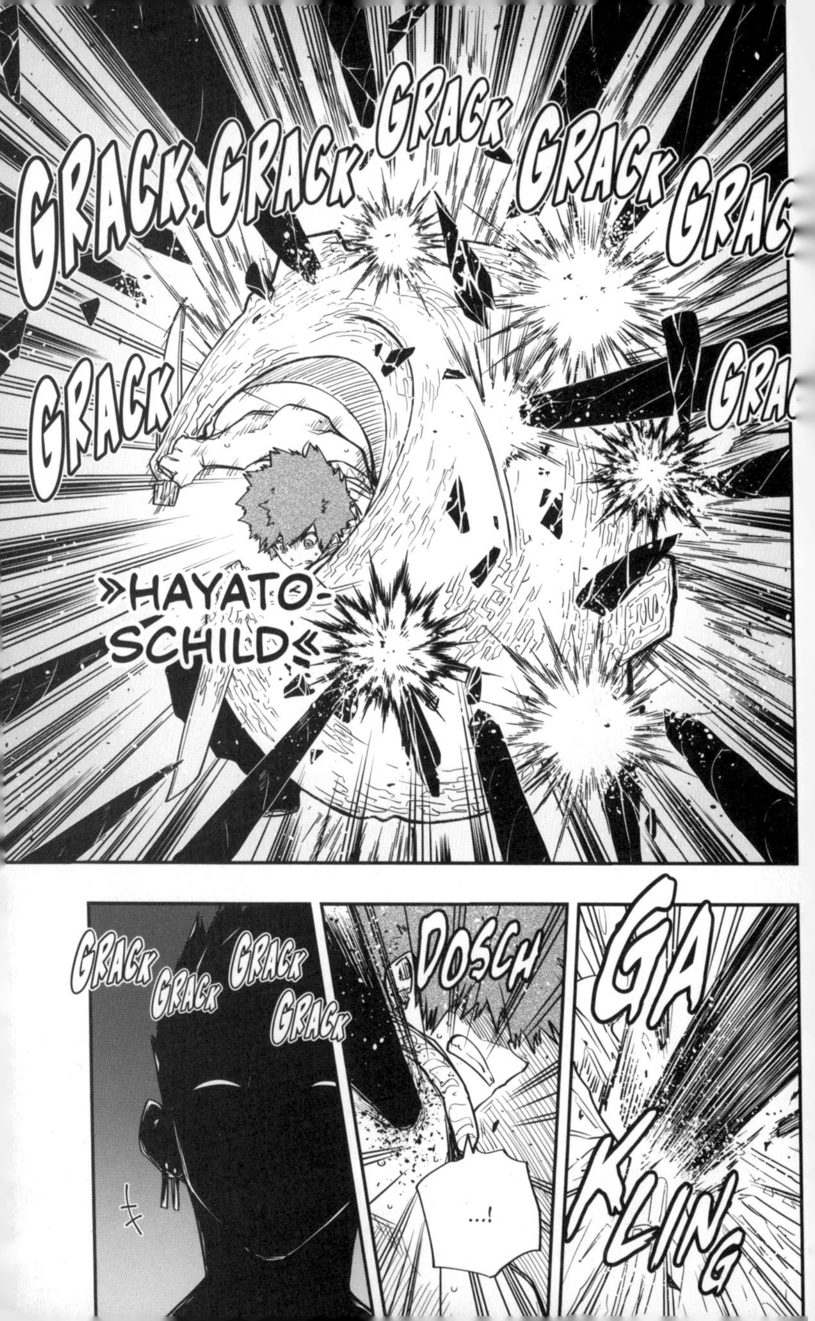
GRACK GRACK GRACK GRACK GRAC
GRACK GRAC
»HAYATO-SCHILD«
GA
KLING
DOSCH
...!
GRACK GRACK GRACK GRACK

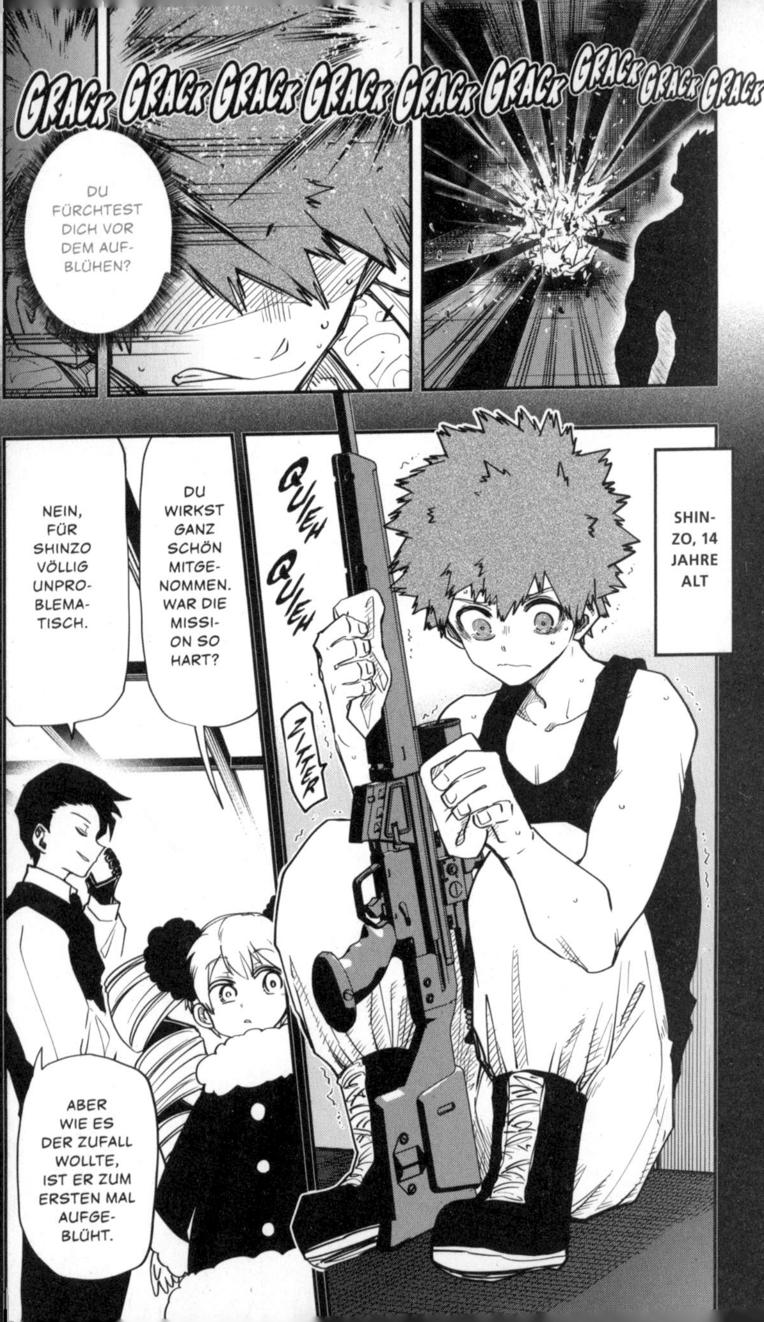
GRACK GRACK GRACK GRACK GRACK GRACK GRACK GRACK GRACK
DU FÜRCHTEST DICH VOR DEM AUF-BLÜHEN?
SHIN-ZO, 14 JAHRE ALT
QUIEH QUIEH
ZITTER
DU WIRKST GANZ SCHÖN MITGE-NOMMEN. WAR DIE MISSI-ON SO HART?
NEIN, FÜR SHINZO VÖLLIG UNPRO-BLEMA-TISCH.
ABER WIE ES DER ZUFALL WOLLTE, IST ER ZUM ERSTEN MAL AUFGE-BLÜHT.

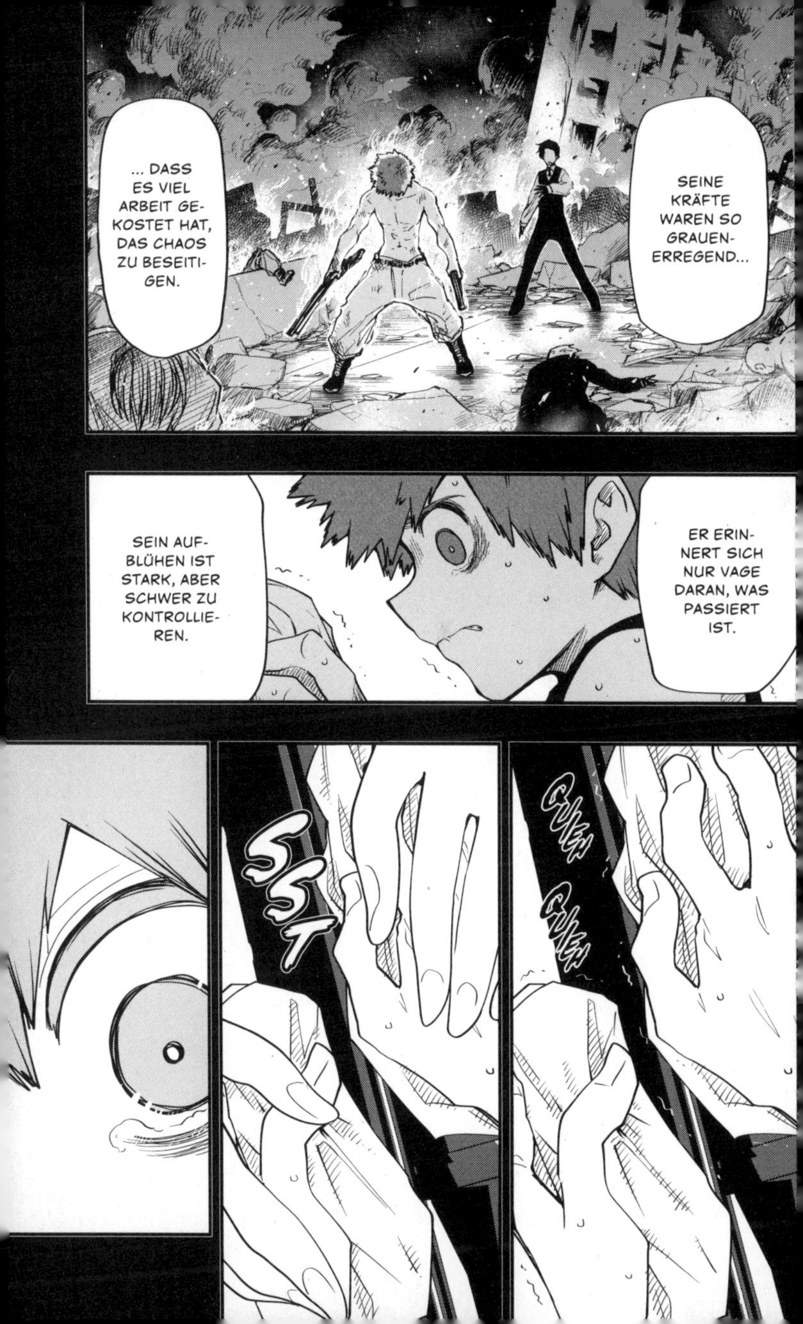
SEINE KRÄFTE WAREN SO GRAUEN-ERREGEND...
... DASS ES VIEL ARBEIT GE-KOSTET HAT, DAS CHAOS ZU BESEITI-GEN.
ER ERIN-NERT SICH NUR VAGE DARAN, WAS PASSIERT IST.
SEIN AUF-BLÜHEN IST STARK, ABER SCHWER ZU KONTROLLIE-REN.
SST

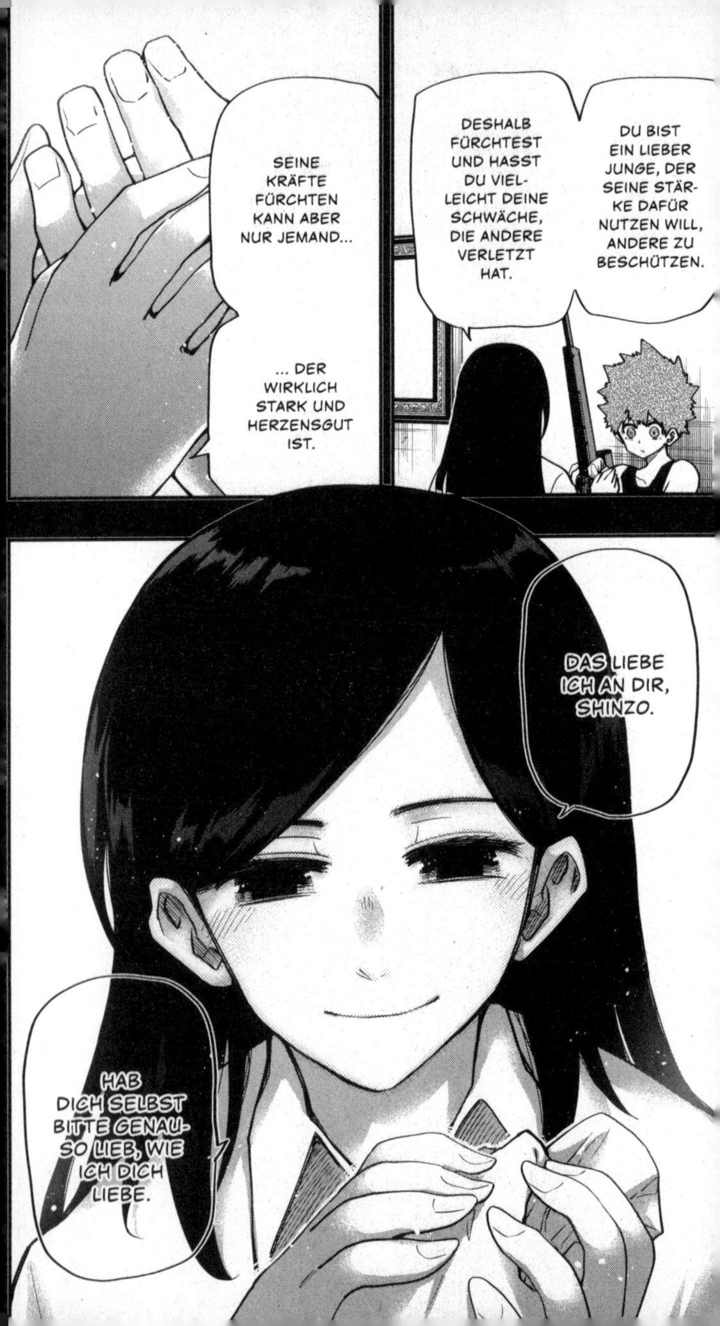
DU BIST EIN LIEBER JUNGE, DER SEINE STÄRKE DAFÜR NUTZEN WILL, ANDERE ZU BESCHÜTZEN.
DESHALB FÜRCHTEST UND HASST DU VIELLEICHT DEINE SCHWÄCHE, DIE ANDERE VERLETZT HAT.
SEINE KRÄFTE FÜRCHTEN KANN ABER NUR JEMAND...
... DER WIRKLICH STARK UND HERZENSGUT IST.
DAS LIEBE ICH AN DIR, SHINZO.
HAB DICH SELBST BITTE GENAUSO LIEB, WIE ICH DICH LIEBE.

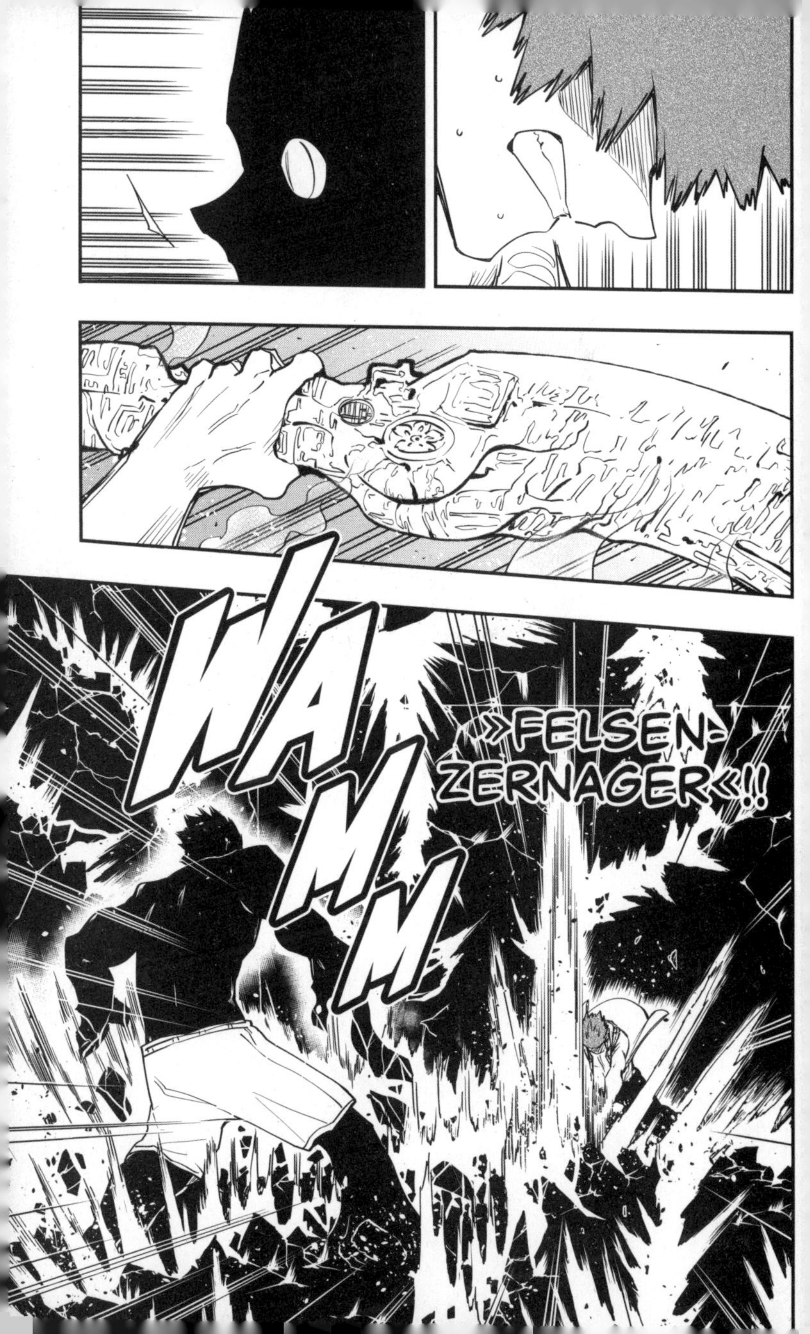
WAMMM
»FELSEN-
ZERNAGER«!!

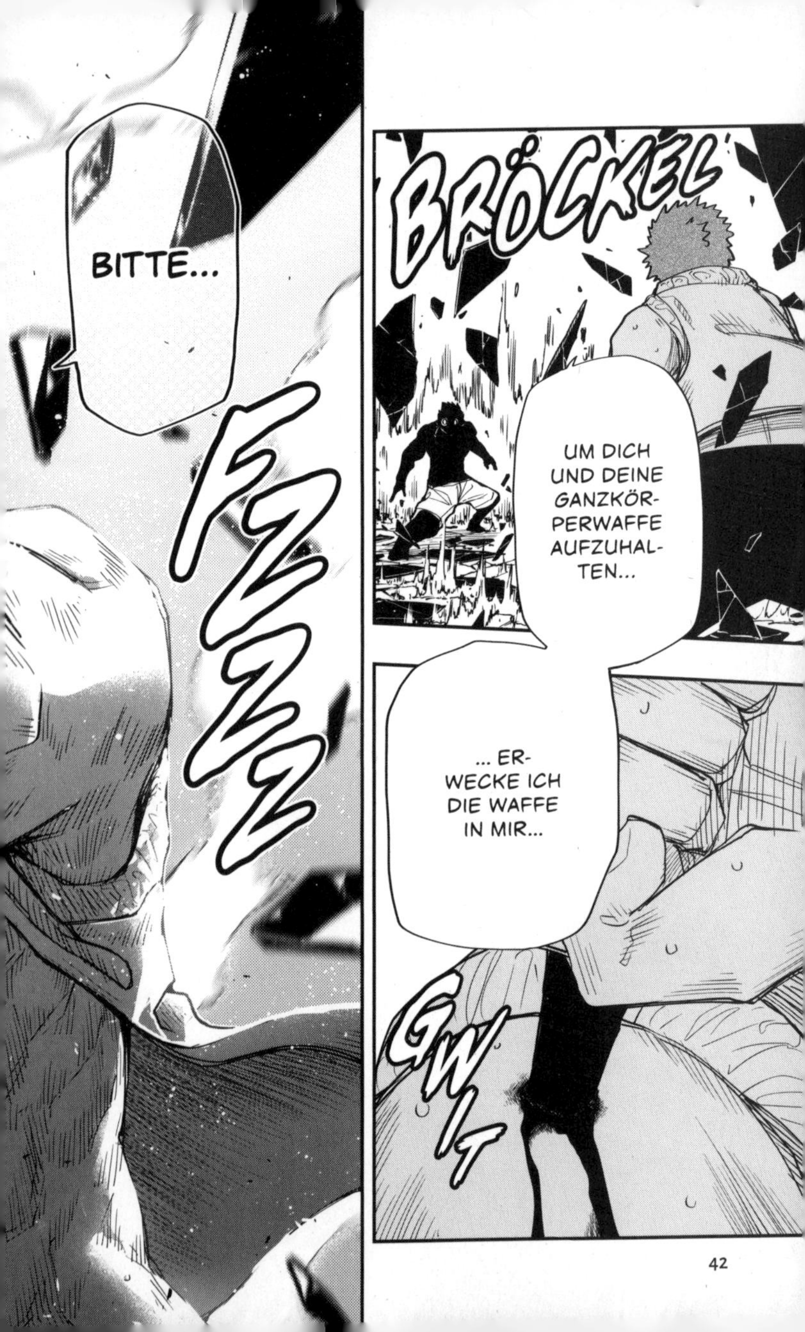
BRÖCKEL
UM DICH UND DEINE GANZKÖRPERWAFFE AUFZUHALTEN...
... ERWECKE ICH DIE WAFFE IN MIR...
GWIT
BITTE...
FZZZZ

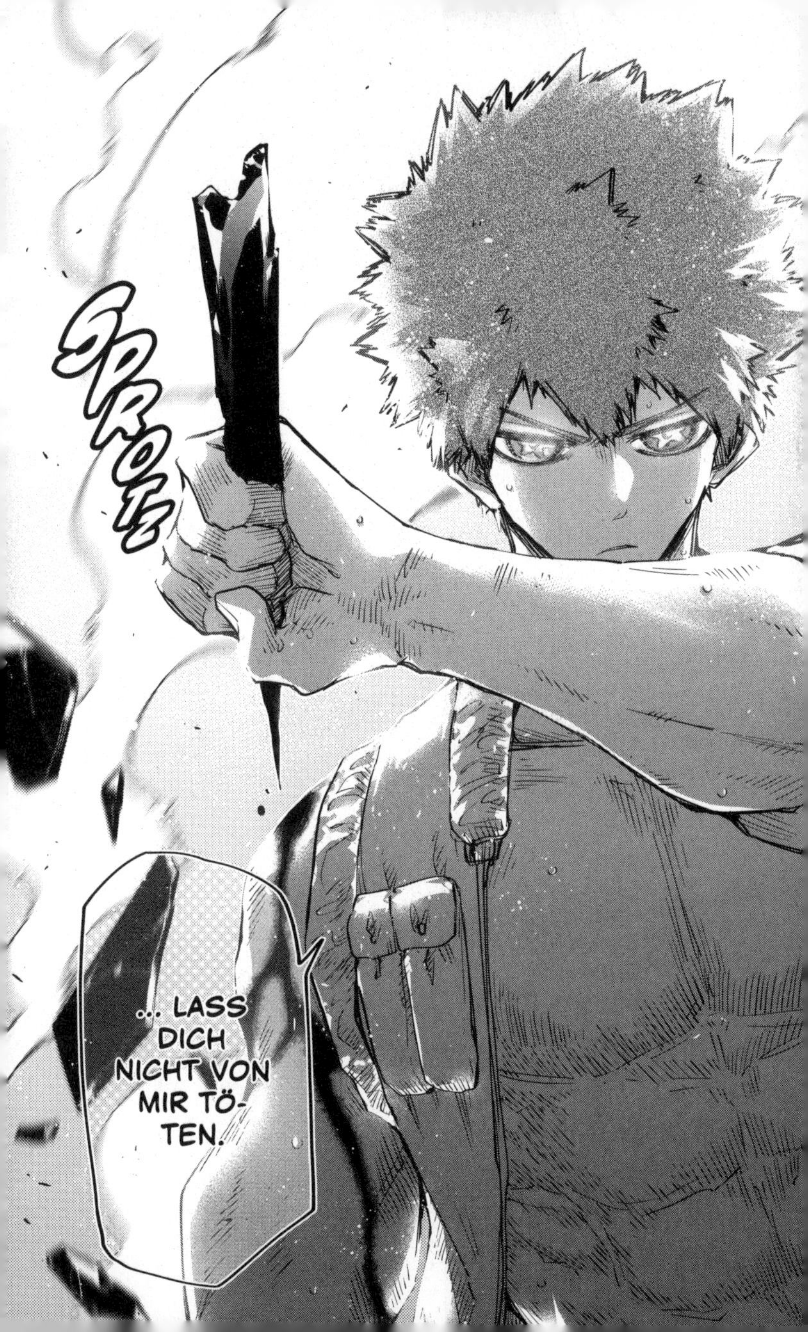
GRROLL
... LASS DICH NICHT VON MIR TÖ-TEN.

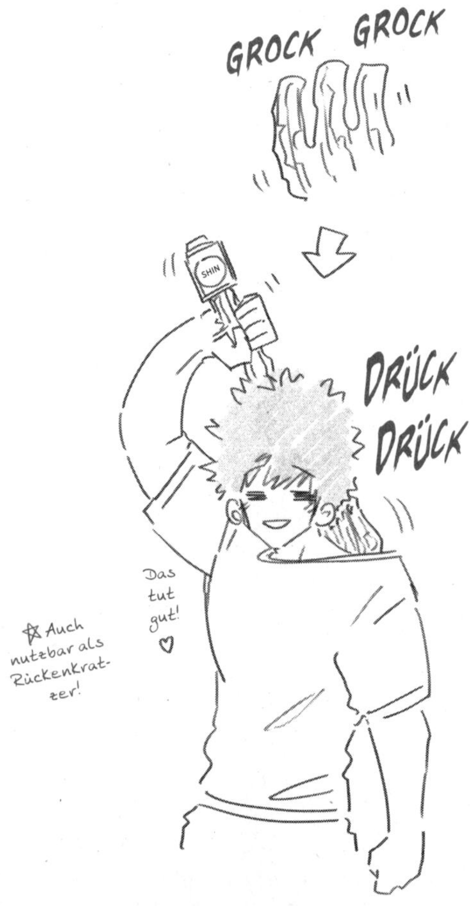
GROCK GROCK
SHIN
DRÜCK DRÜCK
Das tut gut! ♡
☆ Auch nutzbar als Rückenkratzer!

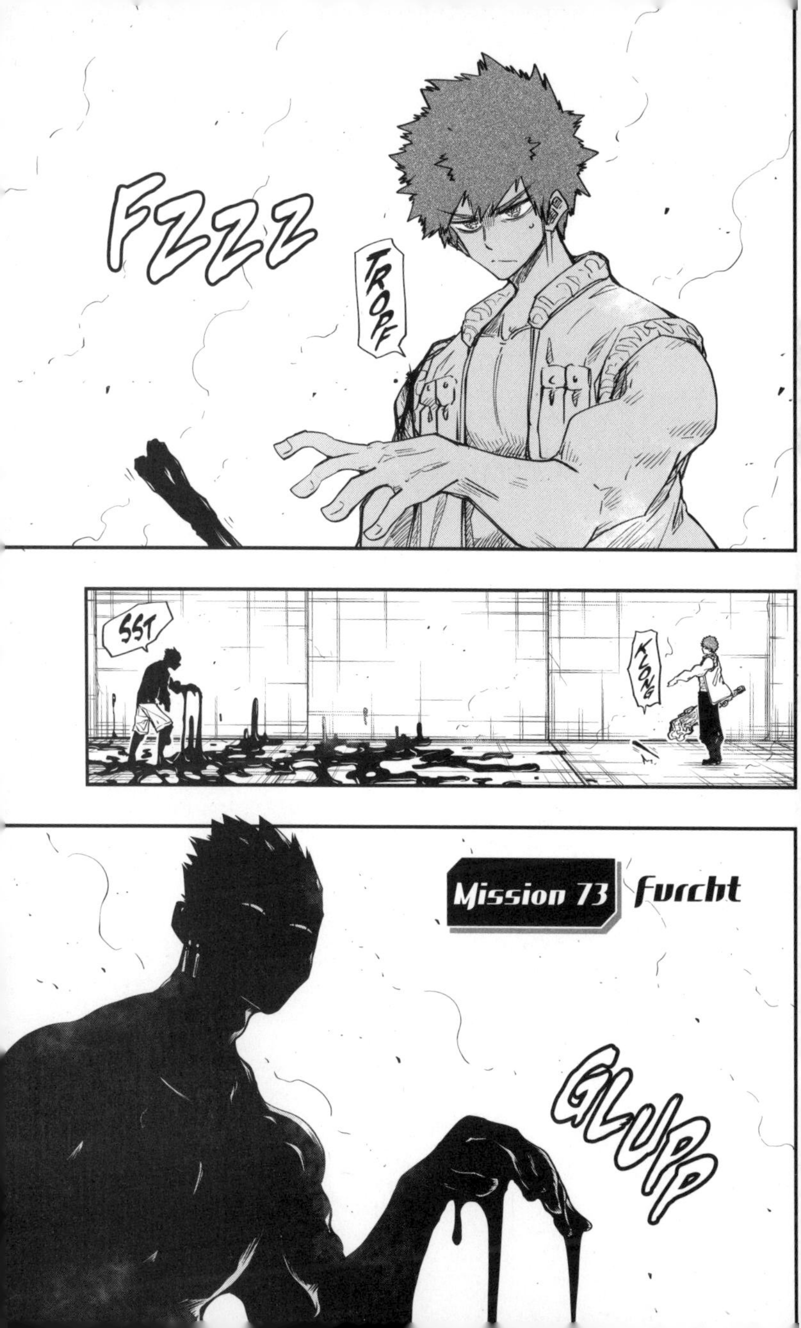
TROPF
FZZZ
KLONG
SST
Mission 73 Furcht
GLUPP

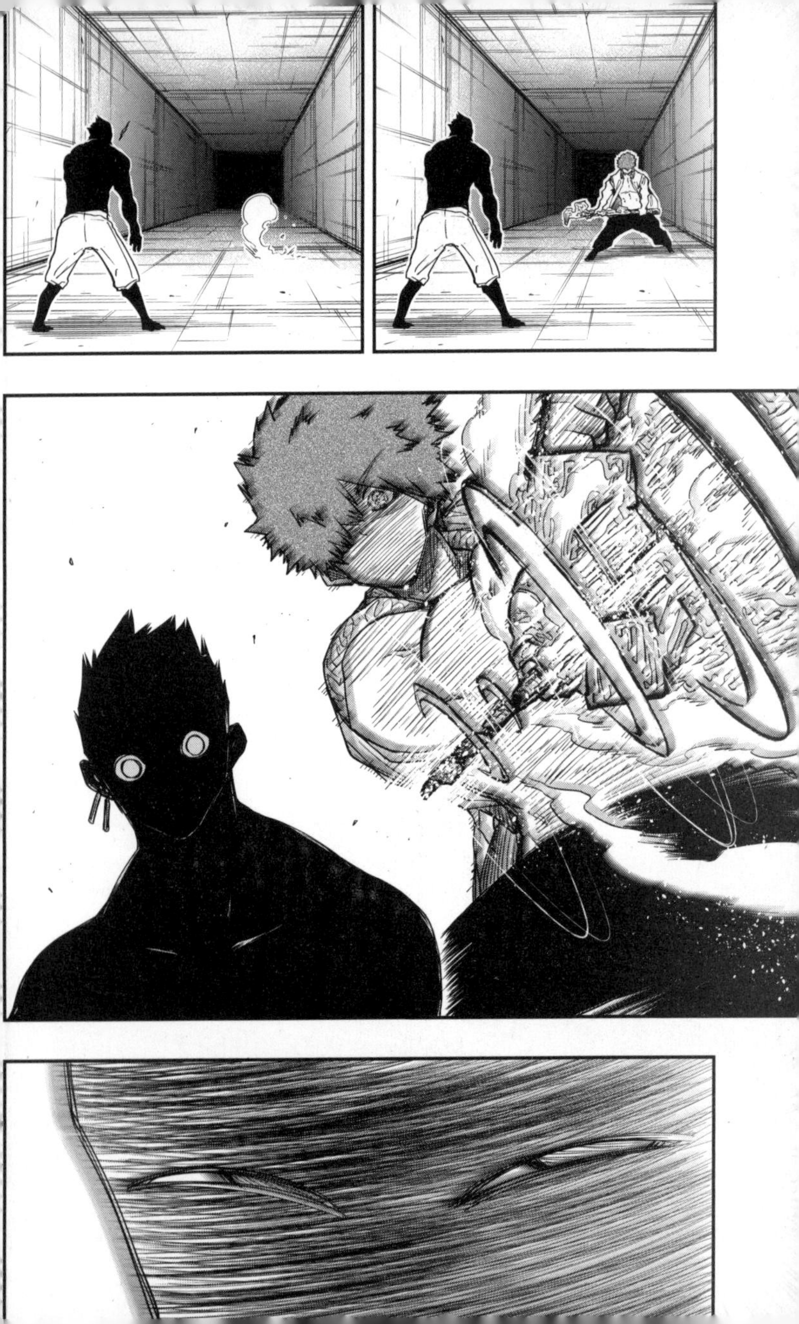

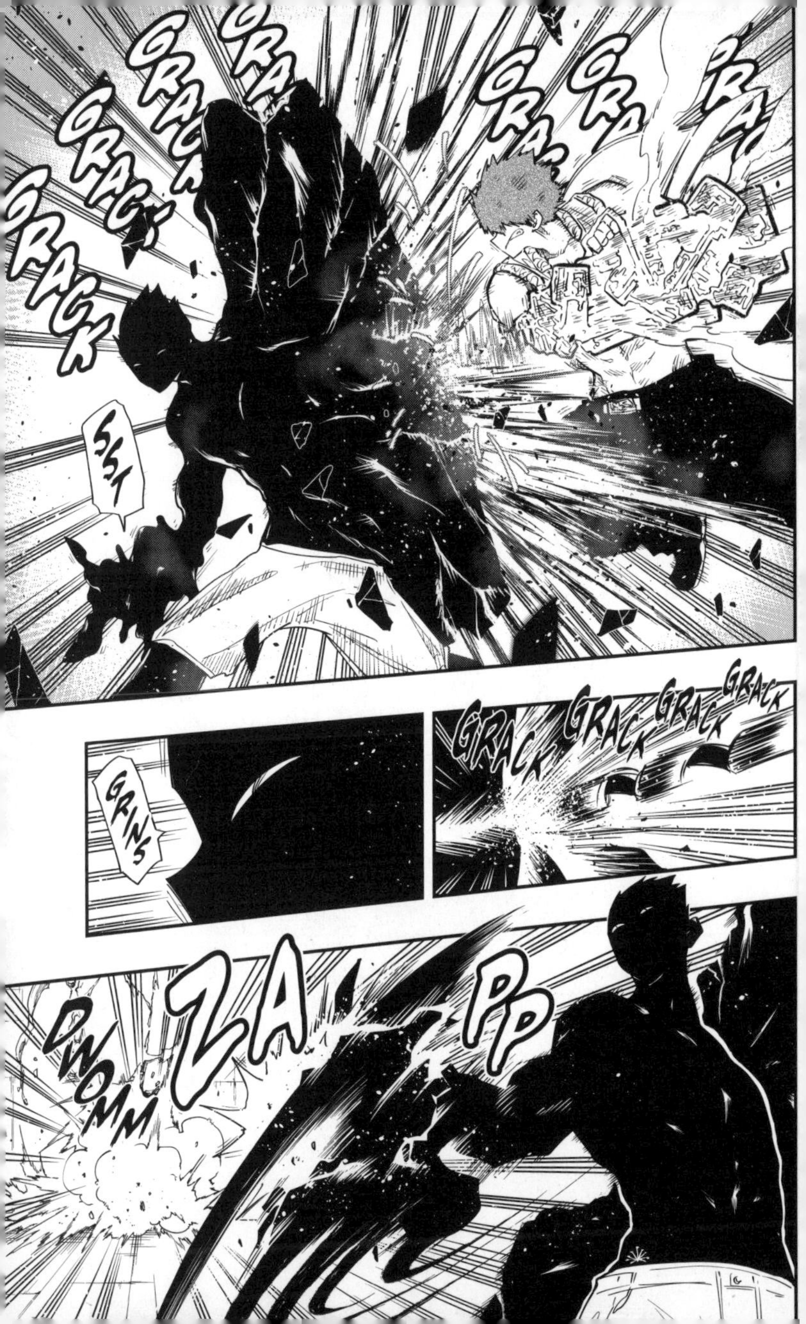
GRACK
GRACK
GRACK
SST
GRACK GRACK GRACK GRACK
GRINS
ZA PP
DWOMM

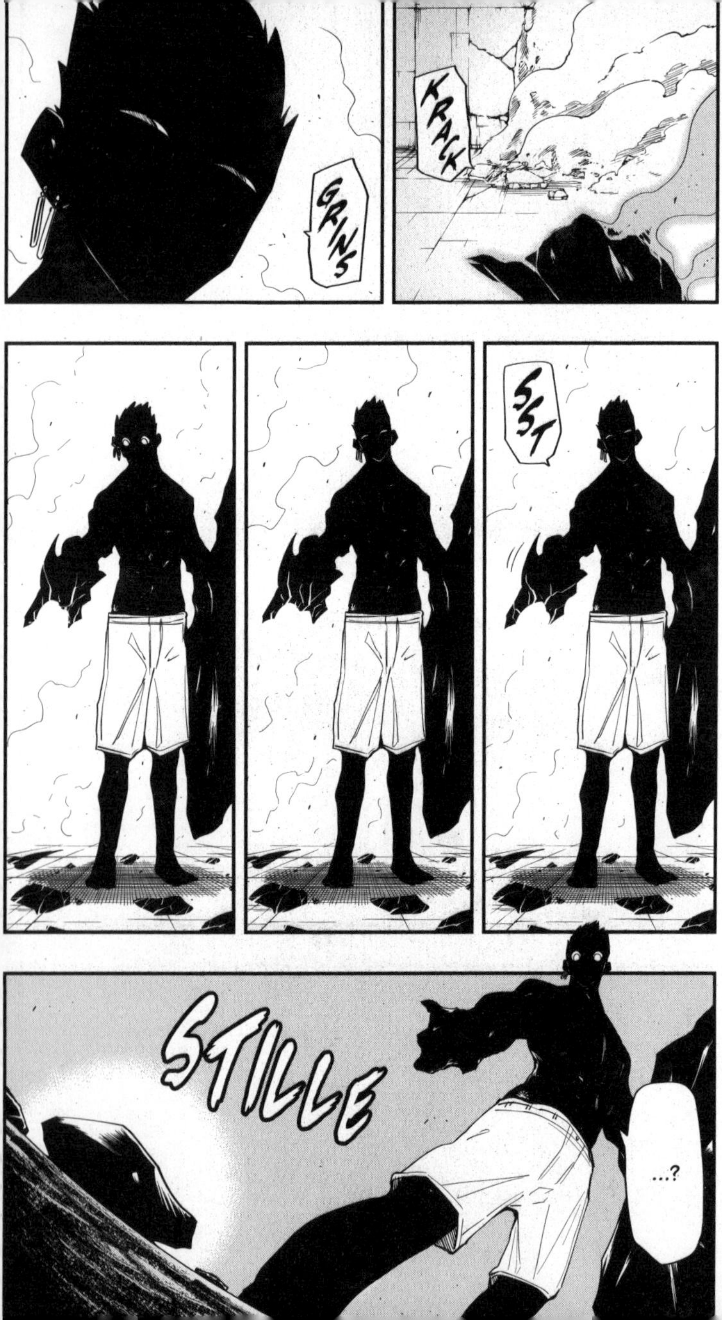
KRACK
GRINS
SST
STILLE
...?

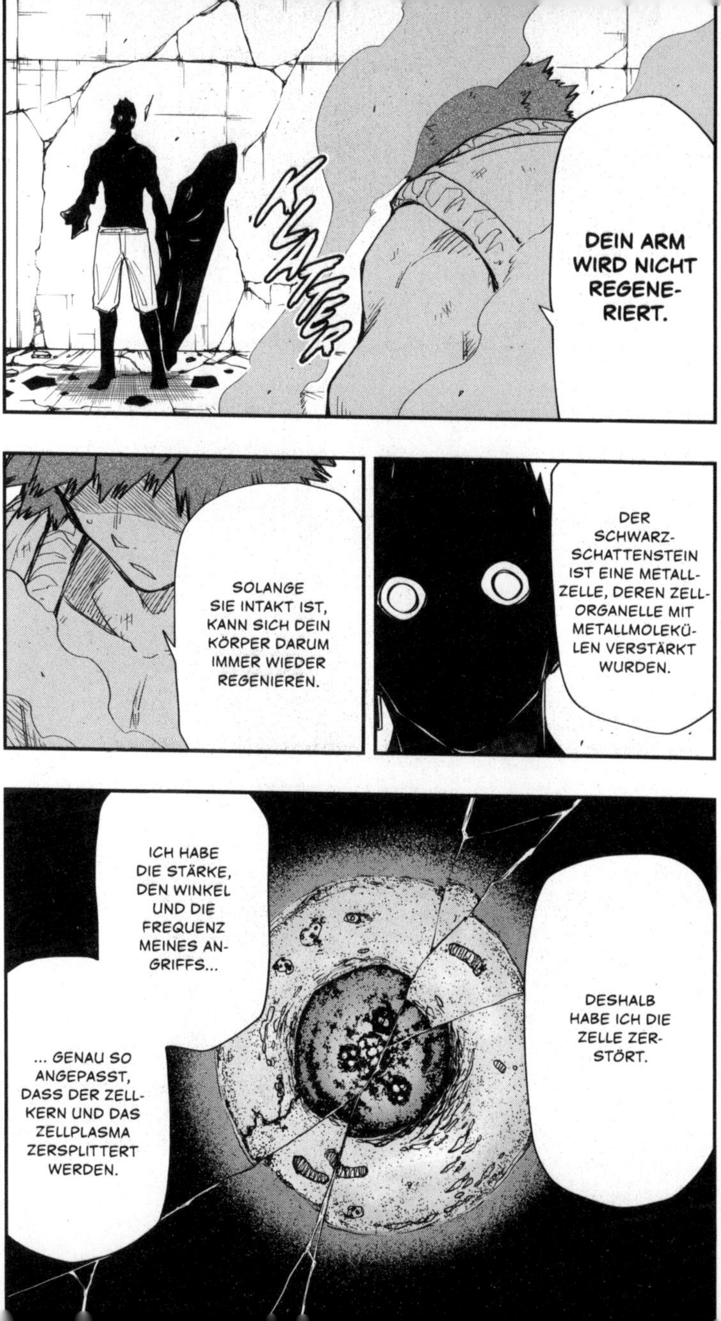
DEIN ARM WIRD NICHT REGENE-RIERT.
DER SCHWARZ-SCHATTENSTEIN IST EINE METALL-ZELLE, DEREN ZELL-ORGANELLE MIT METALLMOLEKÜ-LEN VERSTÄRKT WURDEN.
SOLANGE SIE INTAKT IST, KANN SICH DEIN KÖRPER DARUM IMMER WIEDER REGENIEREN.
ICH HABE DIE STÄRKE, DEN WINKEL UND DIE FREQUENZ MEINES AN-GRIFFS...
... GENAU SO ANGEPASST, DASS DER ZELL-KERN UND DAS ZELLPLASMA ZERSPLITTERT WERDEN.
DESHALB HABE ICH DIE ZELLE ZER-STÖRT.

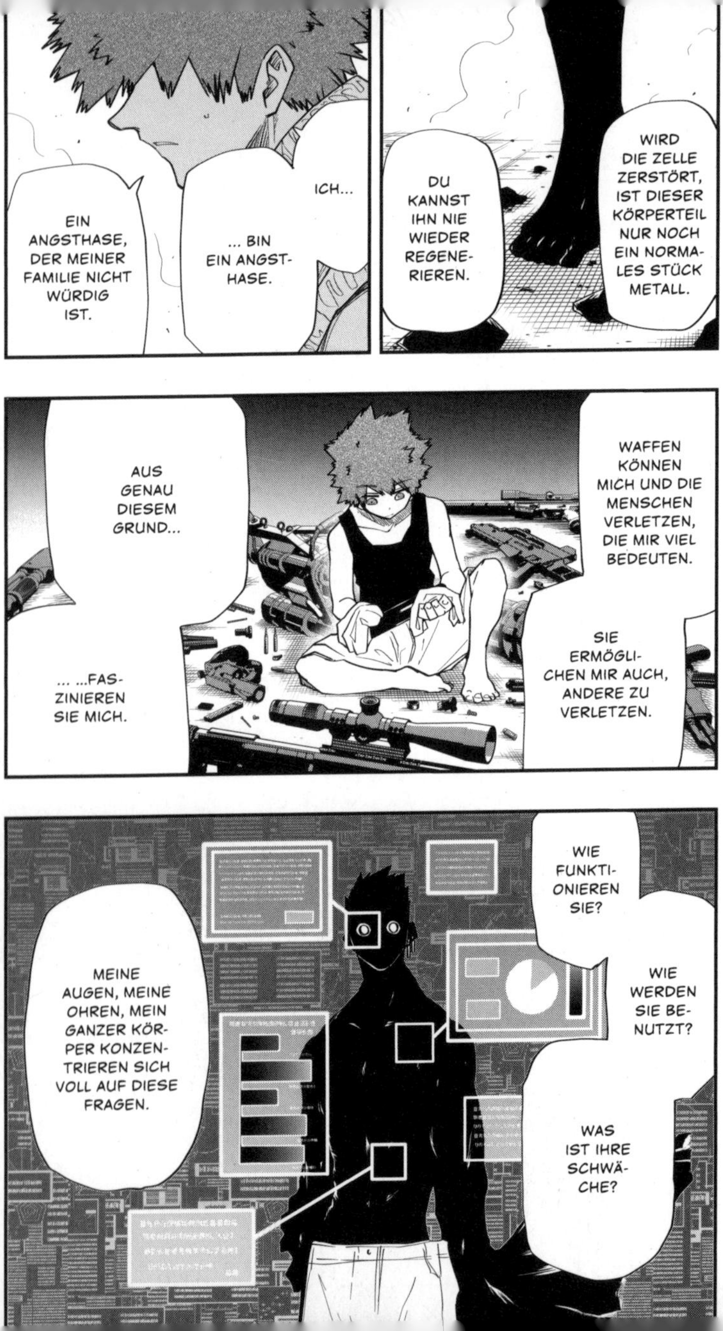
WIRD DIE ZELLE ZERSTÖRT, IST DIESER KÖRPERTEIL NUR NOCH EIN NORMA-LES STÜCK METALL.
DU KANNST IHN NIE WIEDER REGENE-RIEREN.
ICH...
... BIN EIN ANGST-HASE.
EIN ANGSTHASE, DER MEINER FAMILIE NICHT WÜRDIG IST.
WAFFEN KÖNNEN MICH UND DIE MENSCHEN VERLETZEN, DIE MIR VIEL BEDEUTEN.
SIE ERMÖGLI-CHEN MIR AUCH, ANDERE ZU VERLETZEN.
AUS GENAU DIESEM GRUND...
... ...FAS-ZINIEREN SIE MICH.
WIE FUNKTI-ONIEREN SIE?
WIE WERDEN SIE BE-NUTZT?
WAS IST IHRE SCHWÄ-CHE?
MEINE AUGEN, MEINE OHREN, MEIN GANZER KÖR-PER KONZEN-TRIEREN SICH VOLL AUF DIESE FRAGEN.

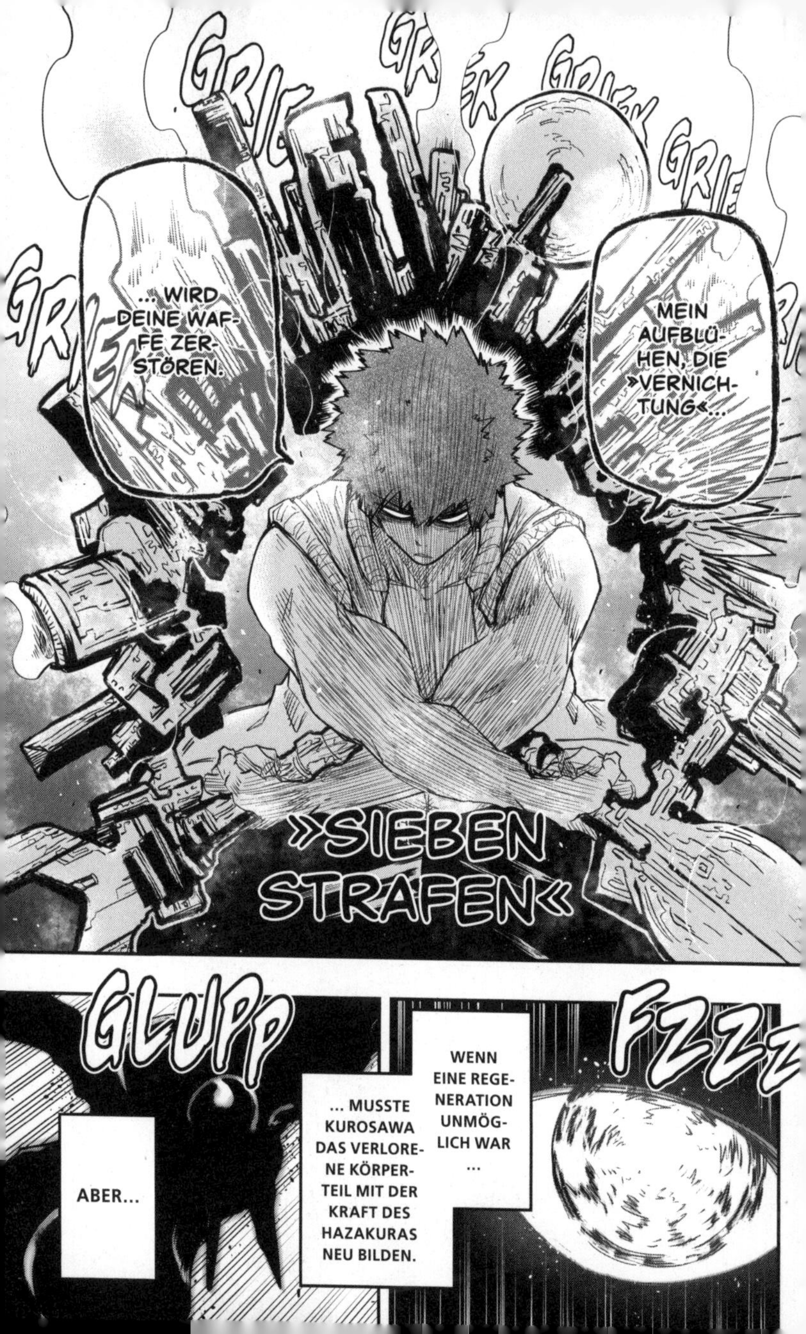

MEIN AUFBLÜHEN, DIE »VERNICHTUNG«...
... WIRD DEINE WAFFE ZERSTÖREN.
»SIEBEN STRAFEN«
FZZZ
WENN EINE REGENERATION UNMÖGLICH WAR ...
... MUSSTE KUROSAWA DAS VERLORENE KÖRPERTEIL MIT DER KRAFT DES HAZAKURAS NEU BILDEN.
GLUPP
ABER...

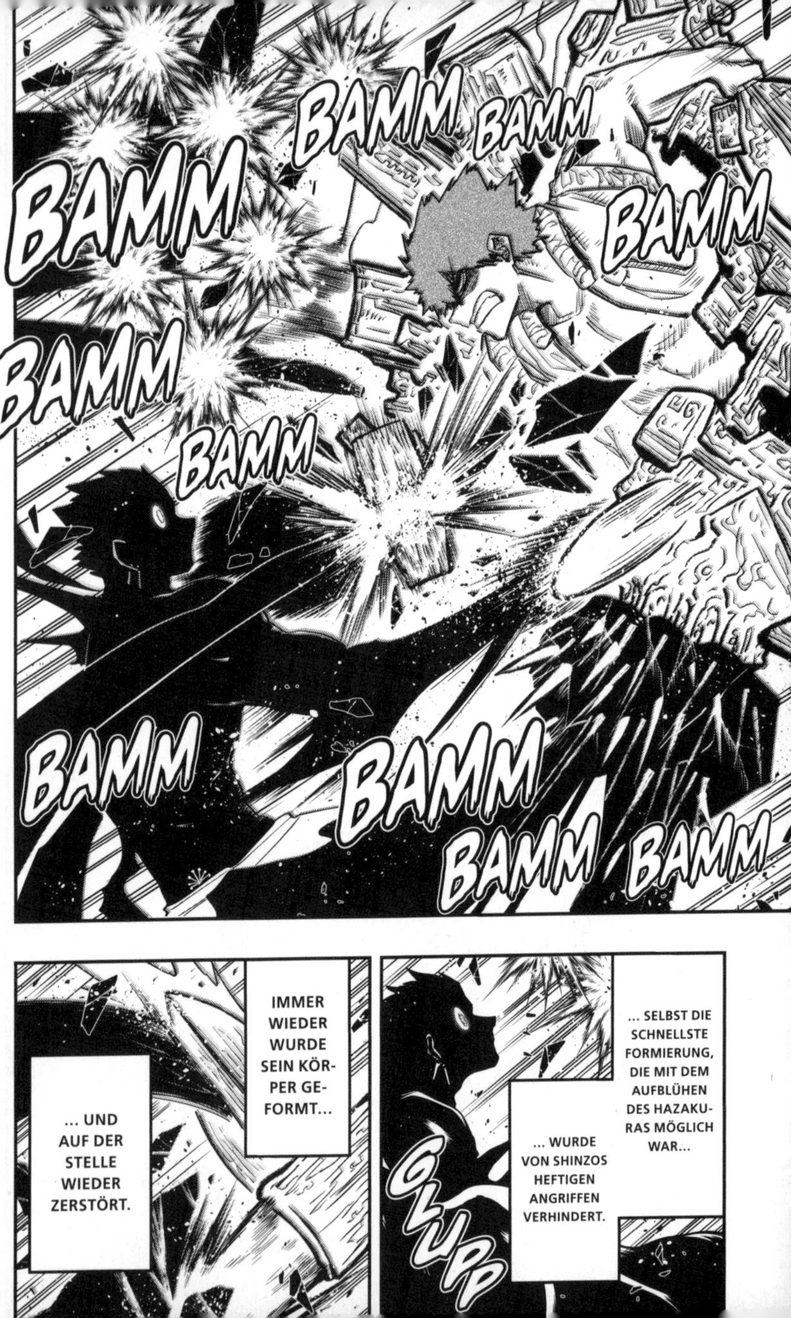
BAMM
BAMM
BAMM
BAMM
BAMM
BAMM
BAMM
BAMM
BAMM
BAMM
... SELBST DIE SCHNELLSTE FORMIERUNG, DIE MIT DEM AUFBLÜHEN DES HAZAKURAS MÖGLICH WAR...
... WURDE VON SHINZOS HEFTIGEN ANGRIFFEN VERHINDERT.
GLUPP
IMMER WIEDER WURDE SEIN KÖRPER GEFORMT...
... UND AUF DER STELLE WIEDER ZERSTÖRT.

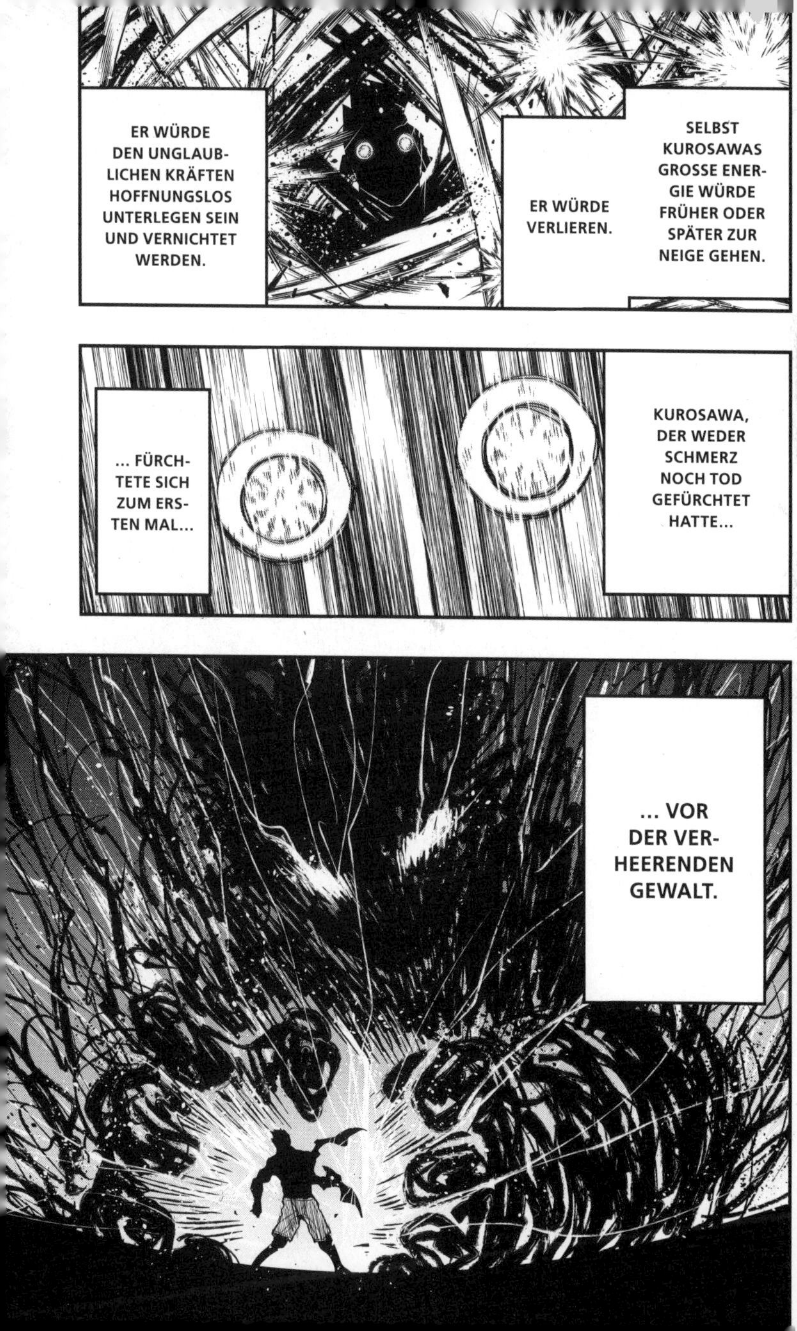
SELBST KUROSAWAS GROSSE ENERGIE WÜRDE FRÜHER ODER SPÄTER ZUR NEIGE GEHEN.
ER WÜRDE VERLIEREN.
ER WÜRDE DEN UNGLAUBLICHEN KRÄFTEN HOFFNUNGSLOS UNTERLEGEN SEIN UND VERNICHTET WERDEN.
KUROSAWA, DER WEDER SCHMERZ NOCH TOD GEFÜRCHTET HATTE...
... FÜRCHTETE SICH ZUM ERSTEN MAL...
... VOR DER VERHEERENDEN GEWALT.

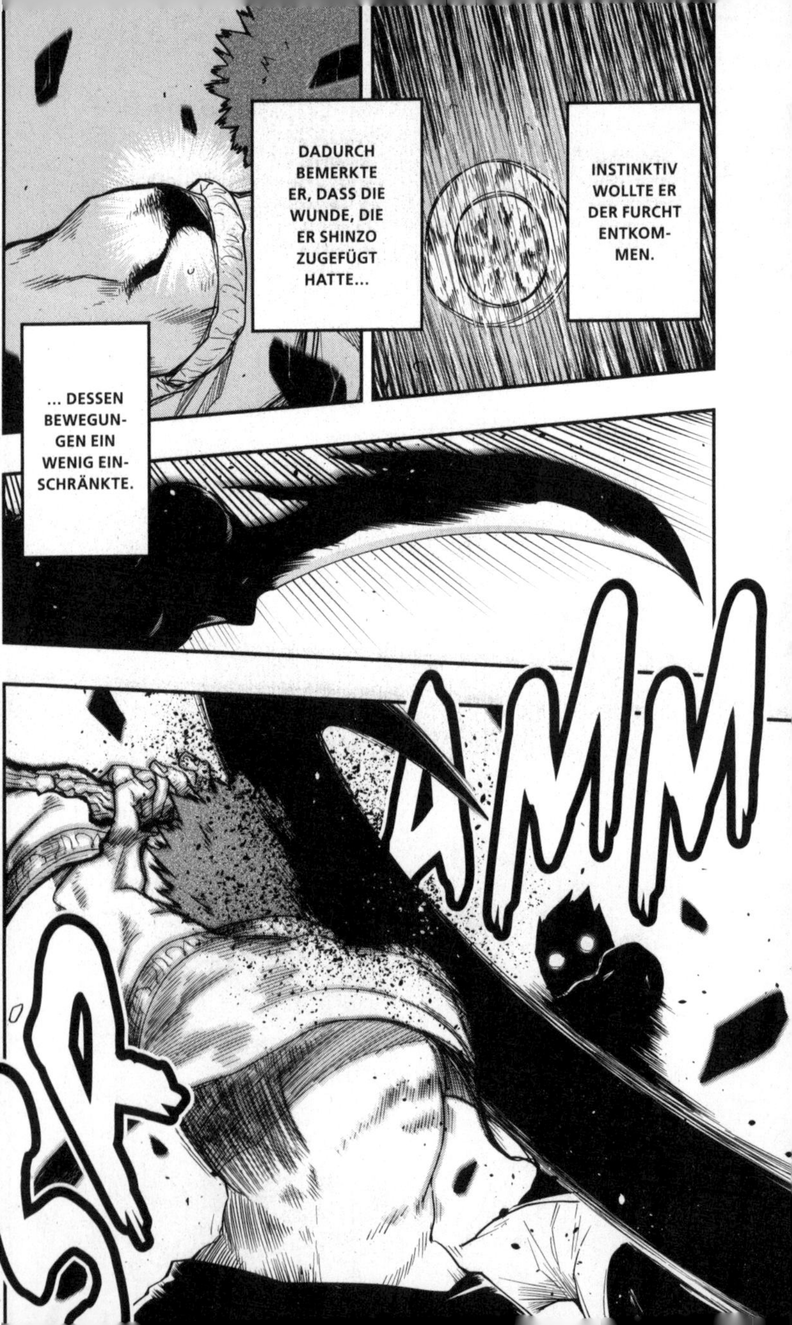
INSTINKTIV WOLLTE ER DER FURCHT ENTKOM-MEN.
DADURCH BEMERKTE ER, DASS DIE WUNDE, DIE ER SHINZO ZUGEFÜGT HATTE...
... DESSEN BEWEGUN-GEN EIN WENIG EIN-SCHRÄNKTE.

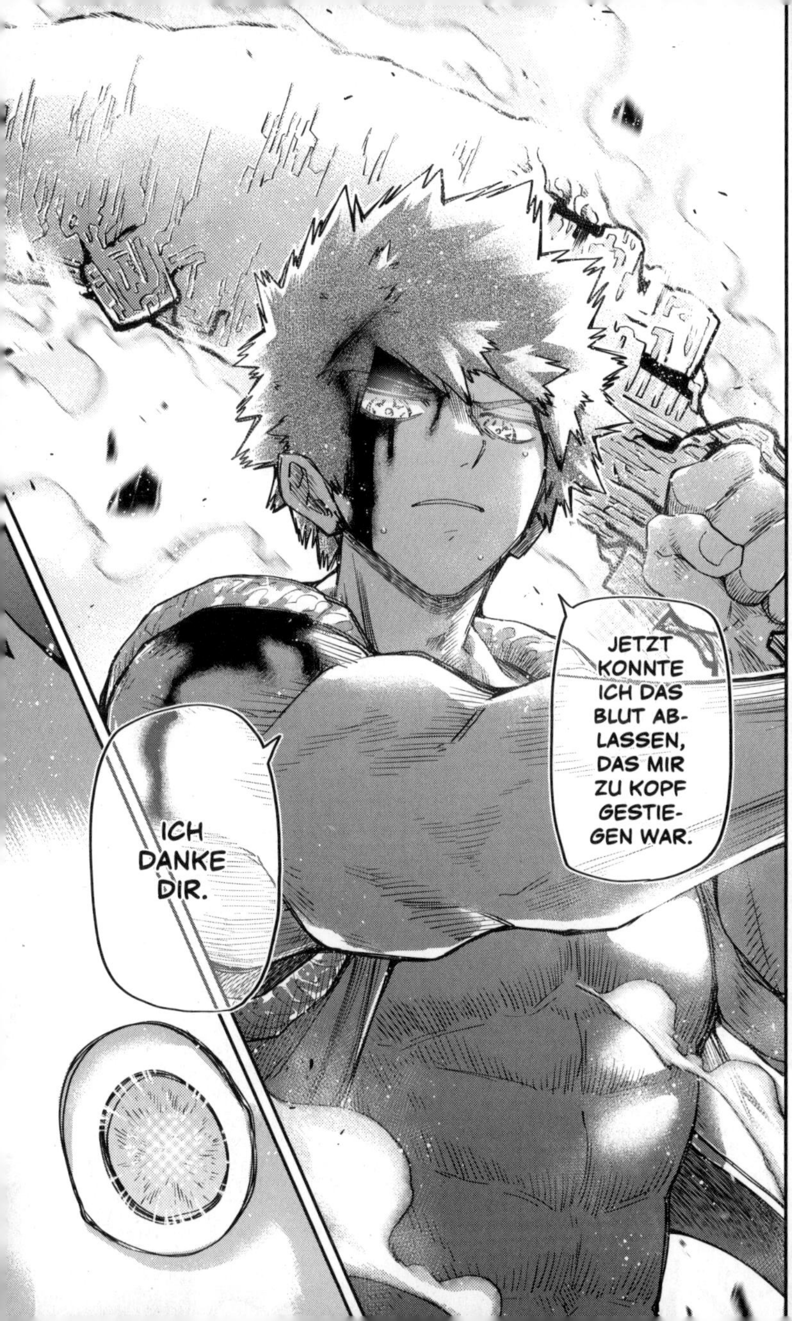
JETZT KONNTE ICH DAS BLUT ABLASSEN, DAS MIR ZU KOPF GESTIEGEN WAR.
ICH DANKE DIR.

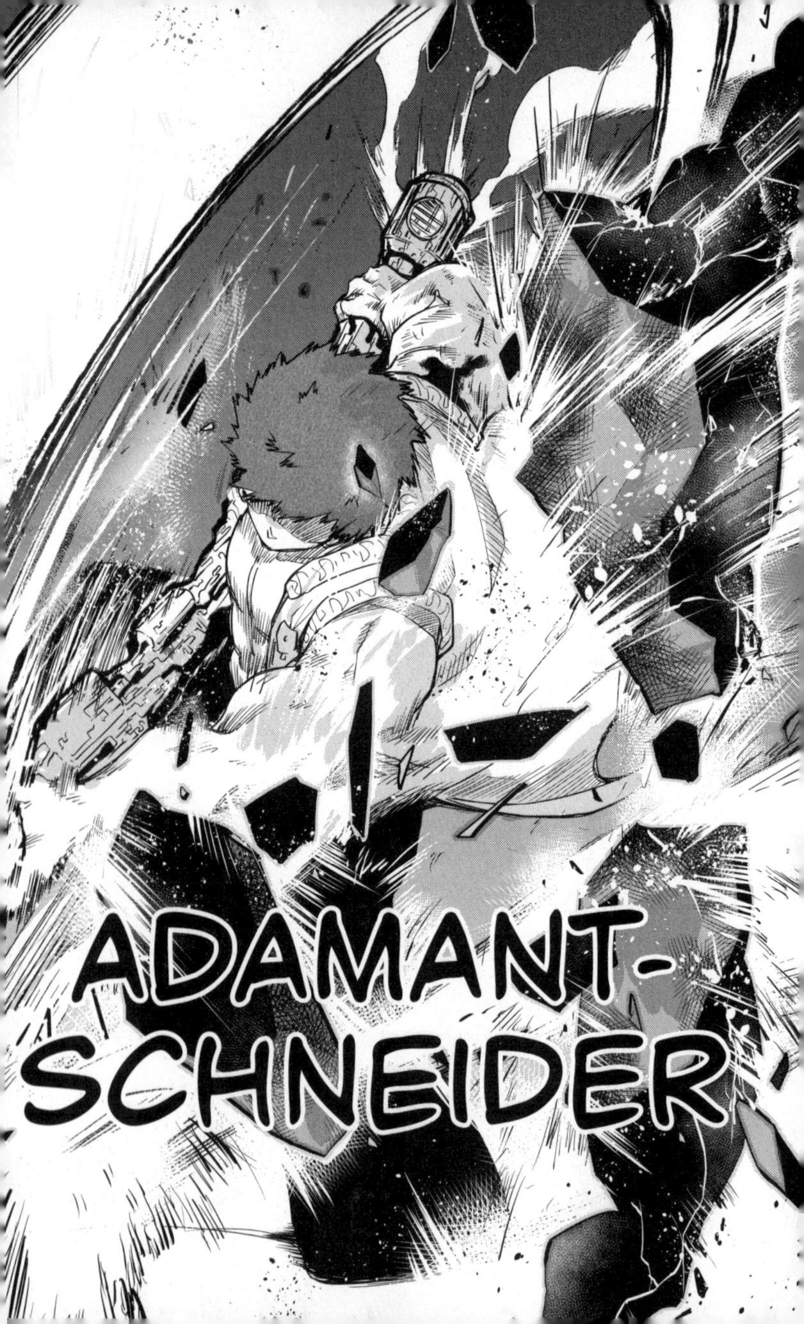
ADAMANT-
SCHNEIDER

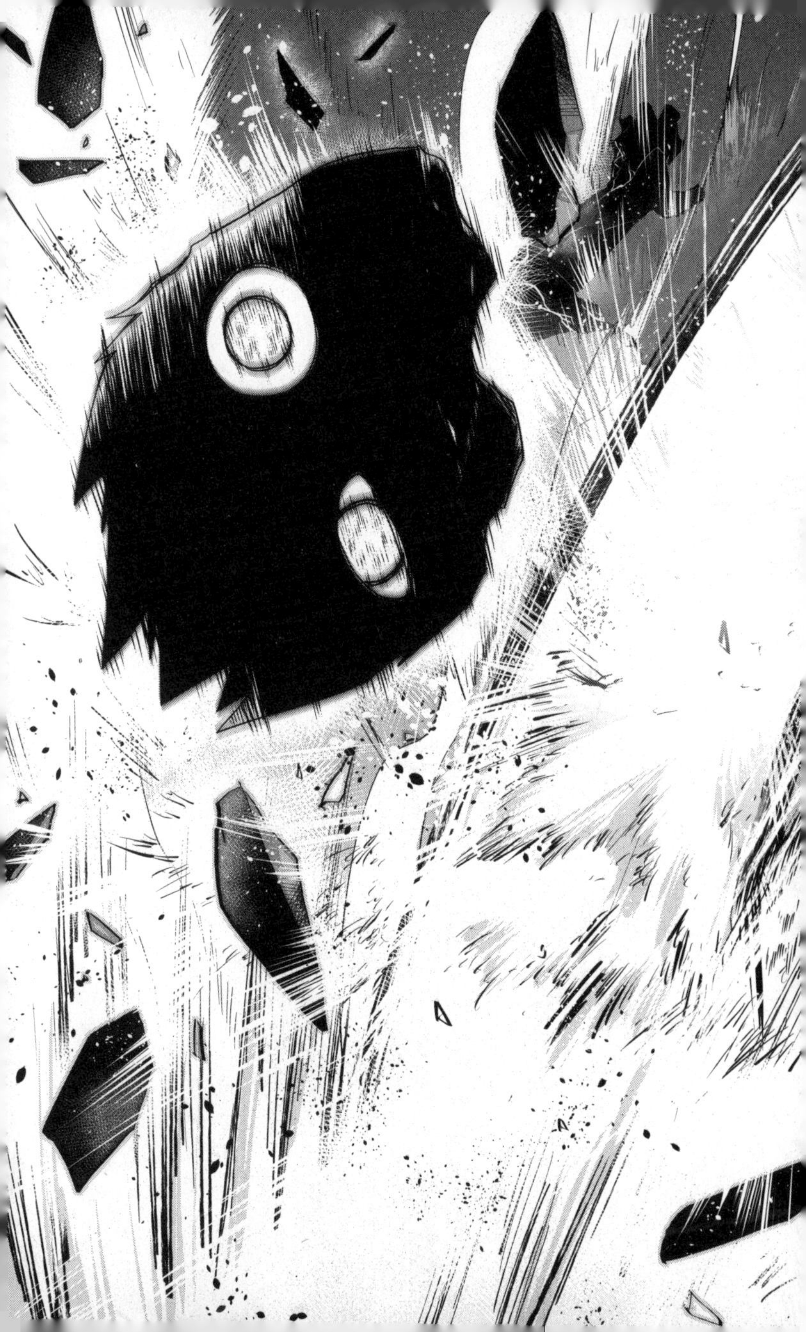

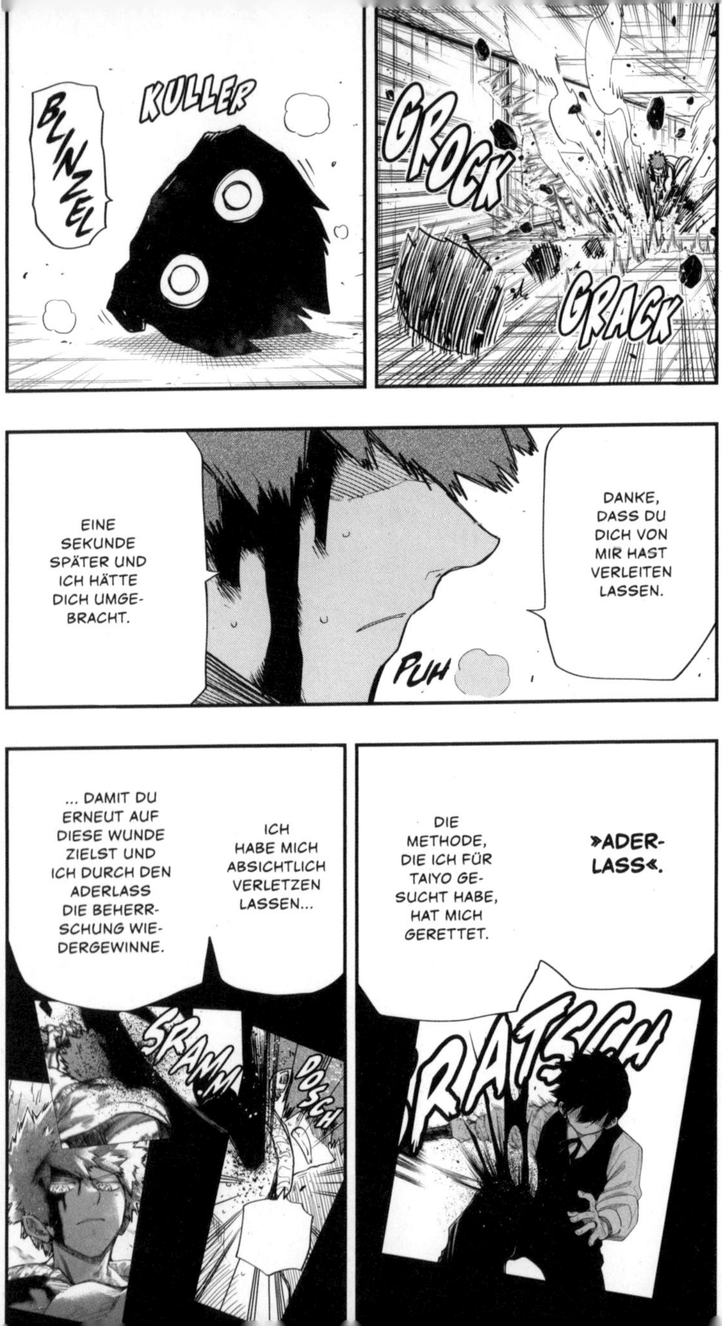

GROCK
GRACK
KULLER
BLINZEL
DANKE, DASS DU DICH VON MIR HAST VERLEITEN LASSEN.
EINE SEKUNDE SPÄTER UND ICH HÄTTE DICH UMGEBRACHT.
PUH
»ADERLASS«.
DIE METHODE, DIE ICH FÜR TAIYO GESUCHT HABE, HAT MICH GERETTET.
ICH HABE MICH ABSICHTLICH VERLETZEN LASSEN...
... DAMIT DU ERNEUT AUF DIESE WUNDE ZIELST UND ICH DURCH DEN ADERLASS DIE BEHERRSCHUNG WIEDERGEWINNE.
RATSCH
DOSCH
SPAMM

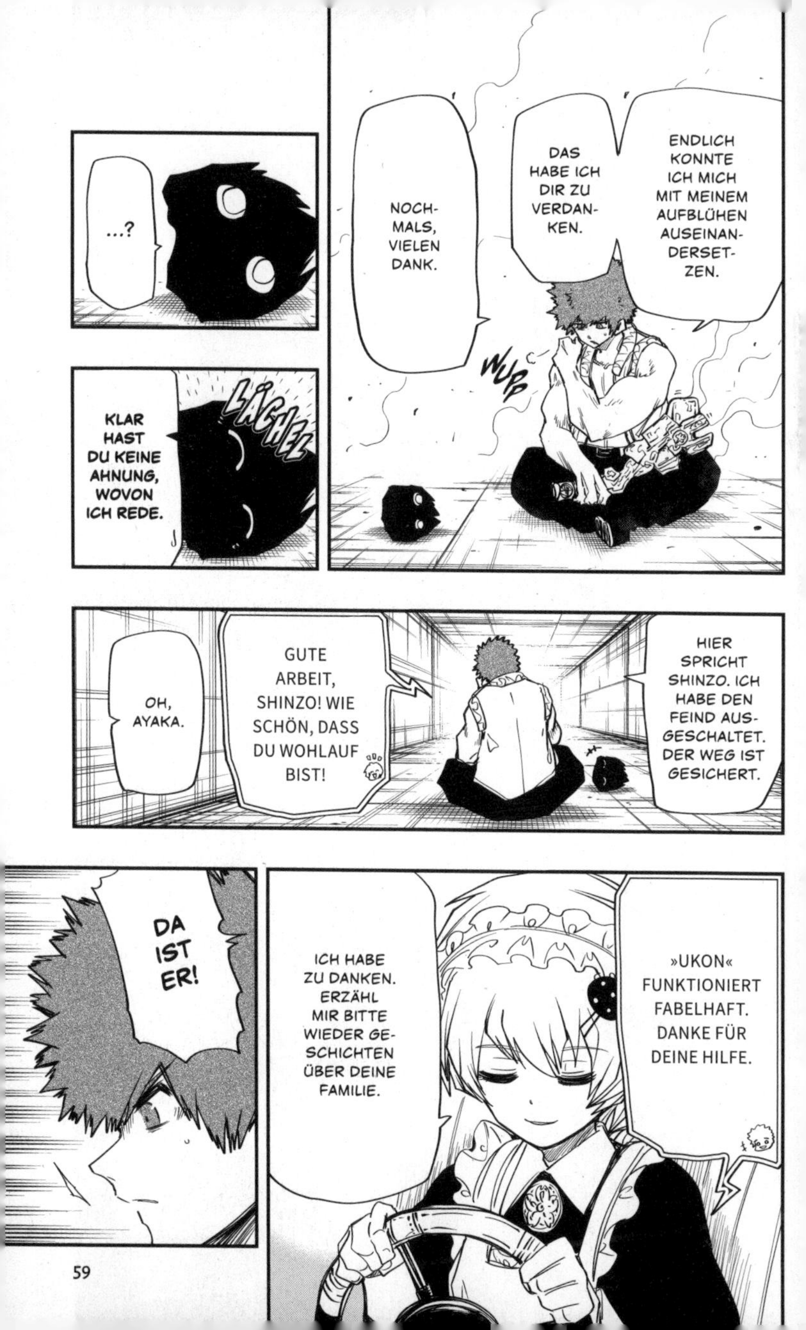
ENDLICH KONNTE ICH MICH MIT MEINEM AUFBLÜHEN AUSEINANDERSETZEN.
DAS HABE ICH DIR ZU VERDANKEN.
NOCHMALS, VIELEN DANK.
WUPP
...?
LÄCHEL
KLAR HAST DU KEINE AHNUNG, WOVON ICH REDE.
HIER SPRICHT SHINZO. ICH HABE DEN FEIND AUSGESCHALTET. DER WEG IST GESICHERT.
GUTE ARBEIT, SHINZO! WIE SCHÖN, DASS DU WOHLAUF BIST!
OH, AYAKA.
»UKON« FUNKTIONIERT FABELHAFT. DANKE FÜR DEINE HILFE.
ICH HABE ZU DANKEN. ERZÄHL MIR BITTE WIEDER GESCHICHTEN ÜBER DEINE FAMILIE.
DA IST ER!

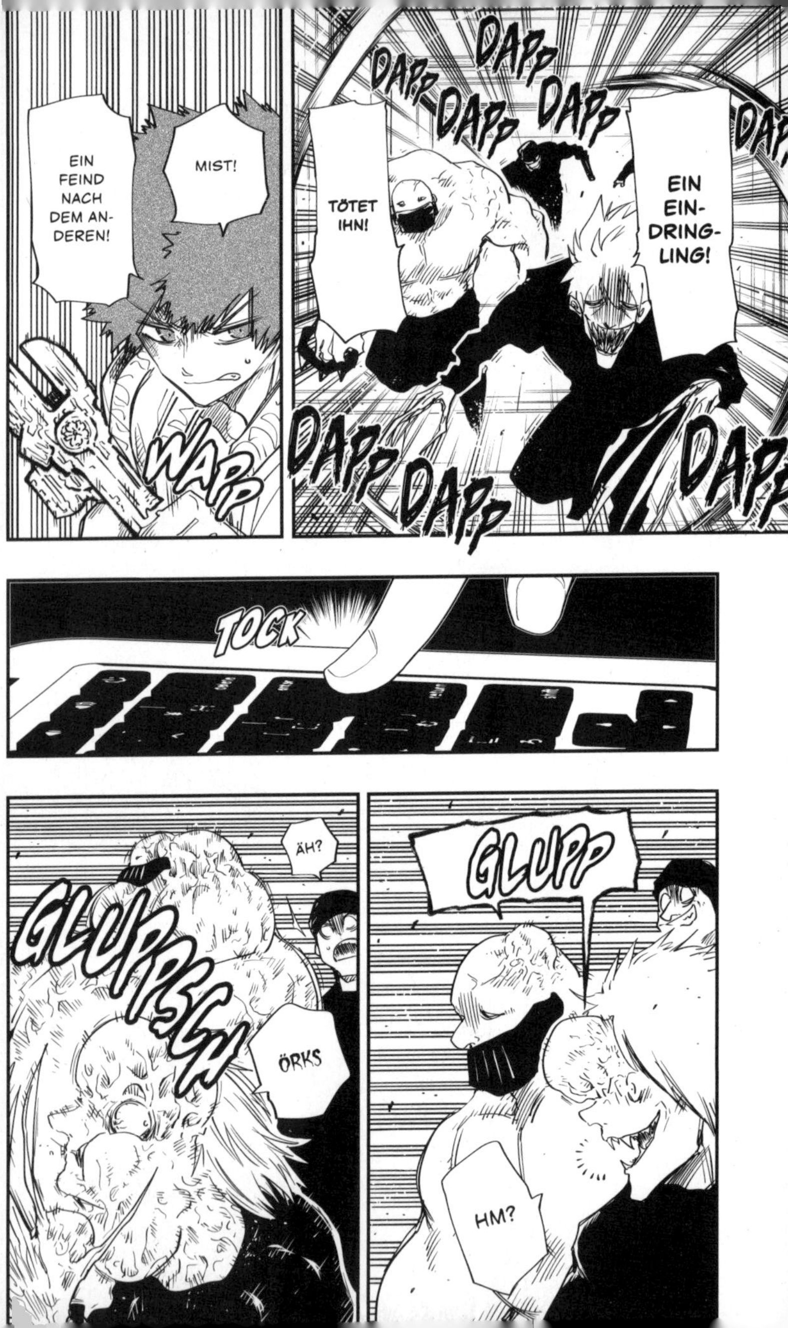
DAPP
DAPP
DAPP
DAPP
DAPP
EIN EIN-DRING-LING!
TÖTET IHN!
DAPP
DAPP
DAPP
MIST!
EIN FEIND NACH DEM AN-DEREN!
WAPP
TOCK
GLUPP
HM?
ÄH?
GLUPPSCH
ÖRKS

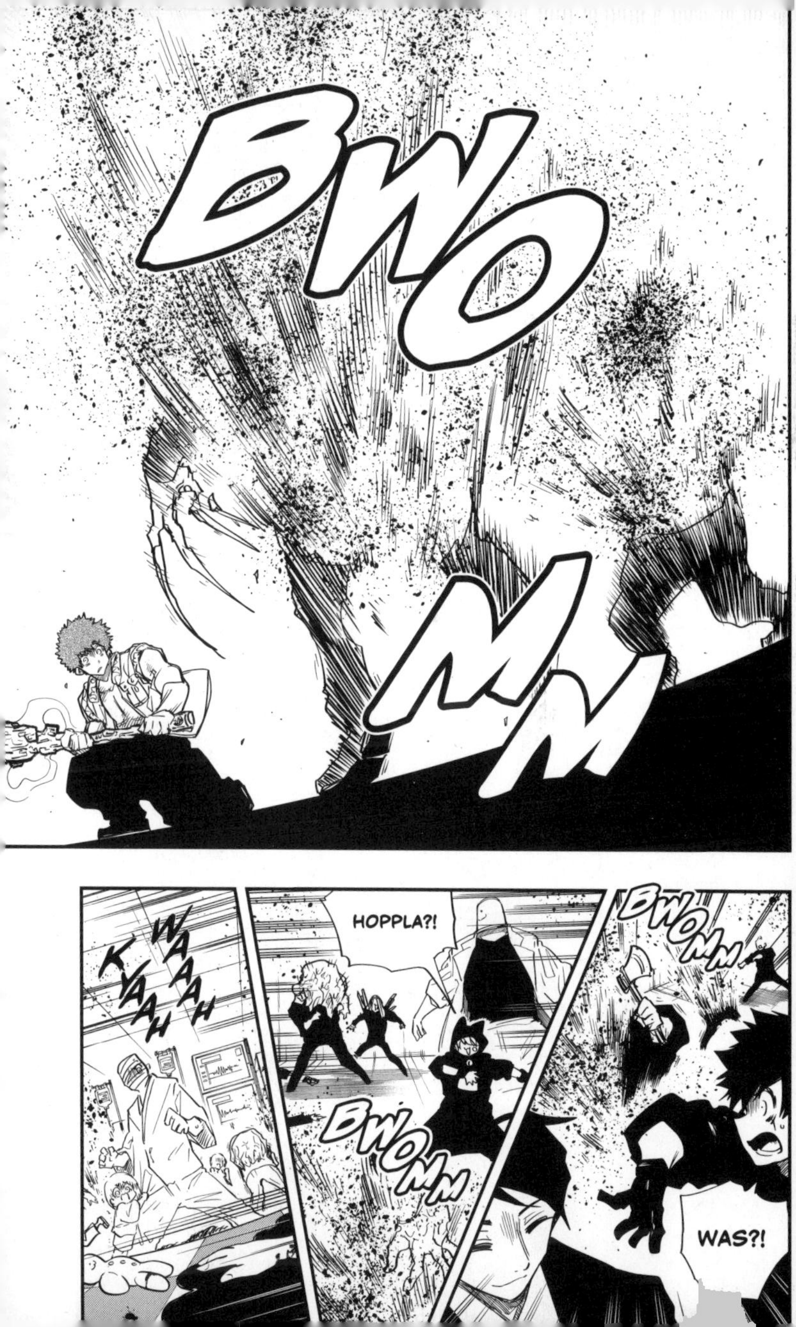
BWOMMM
WAAAAH
KYAAH
HOPPLA?!
BWOMM
BWOMM
WAS?!

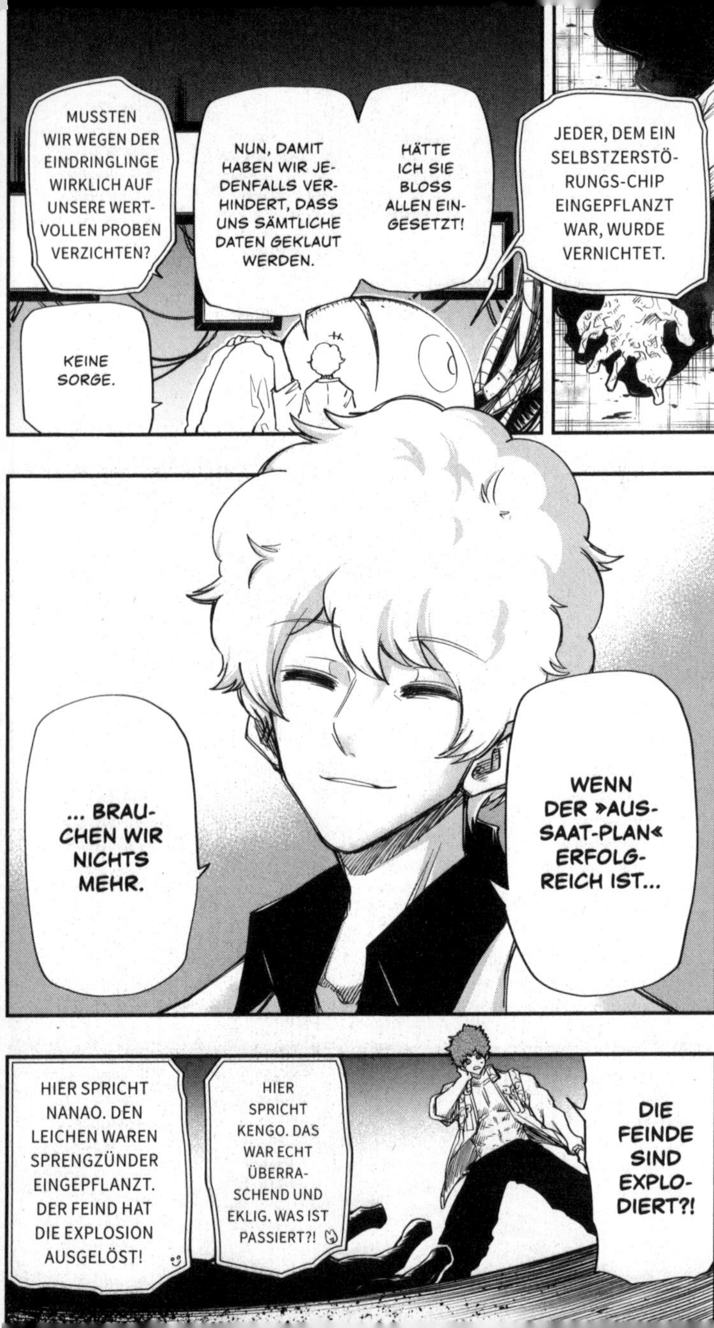
JEDER, DEM EIN SELBSTZERSTÖRUNGS-CHIP EINGEPFLANZT WAR, WURDE VERNICHTET.
HÄTTE ICH SIE BLOSS ALLEN EINGESETZT!
NUN, DAMIT HABEN WIR JEDENFALLS VERHINDERT, DASS UNS SÄMTLICHE DATEN GEKLAUT WERDEN.
MUSSTEN WIR WEGEN DER EINDRINGLINGE WIRKLICH AUF UNSERE WERTVOLLEN PROBEN VERZICHTEN?
KEINE SORGE.
WENN DER »AUSSAAT-PLAN« ERFOLGREICH IST...
... BRAUCHEN WIR NICHTS MEHR.
DIE FEINDE SIND EXPLODIERT?!
HIER SPRICHT KENGO. DAS WAR ECHT ÜBERRASCHEND UND EKLIG. WAS IST PASSIERT?!
HIER SPRICHT NANAO. DEN LEICHEN WAREN SPRENGZÜNDER EINGEPFLANZT. DER FEIND HAT DIE EXPLOSION AUSGELÖST!

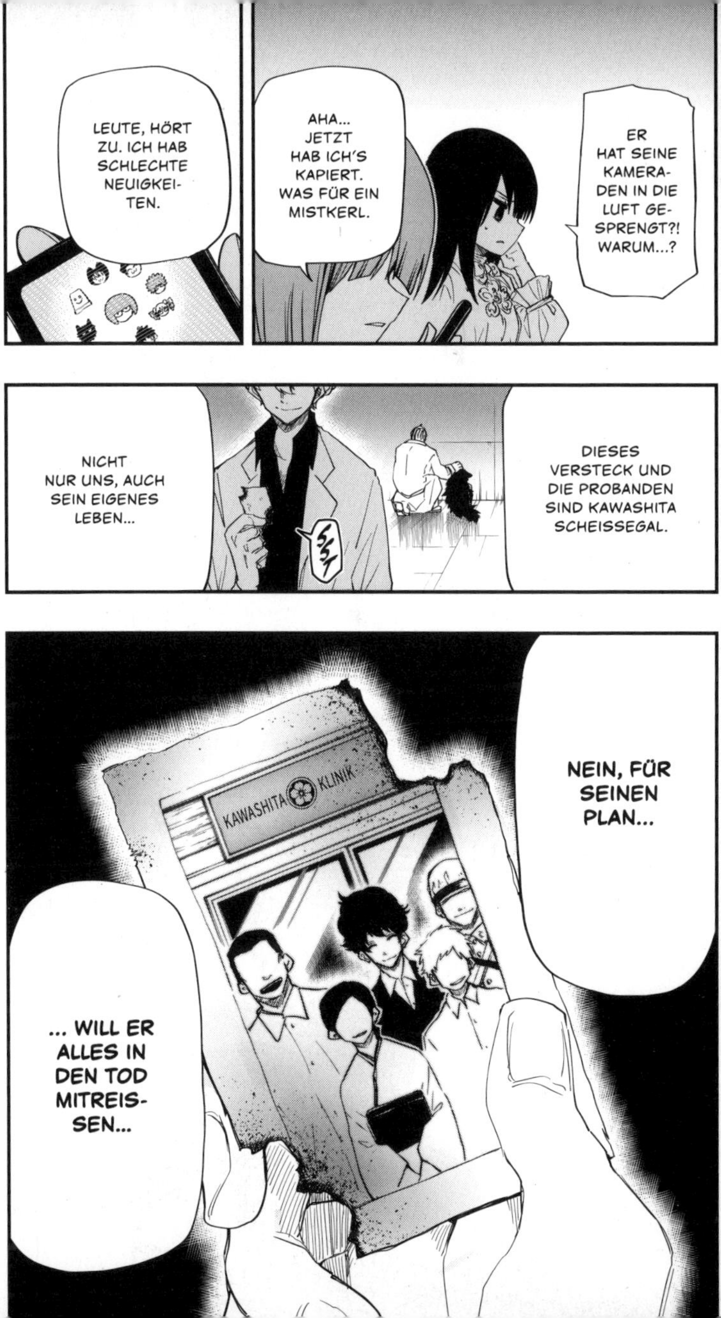
ER HAT SEINE KAMERADEN IN DIE LUFT GESPRENGT?! WARUM...?
AHA... JETZT HAB ICH'S KAPIERT. WAS FÜR EIN MISTKERL.
LEUTE, HÖRT ZU. ICH HAB SCHLECHTE NEUIGKEITEN.
DIESES VERSTECK UND DIE PROBANDEN SIND KAWASHITA SCHEISSEGAL.
NICHT NUR UNS, AUCH SEIN EIGENES LEBEN...
KAWASHITA KLINIK
NEIN, FÜR SEINEN PLAN...
... WILL ER ALLES IN DEN TOD MITREISSEN...

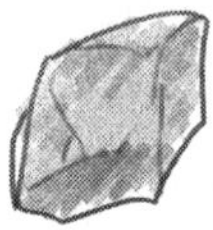

»Schwarzschattenstein«

Eine organische Metallverbindung aus Zellen und Metallen. Der Stein ist sehr selten und wird für Zehntausende bis mehrere Millionen Yen pro Gramm verkauft.
(Nur ein Sammlerwert als Mineral, weil er inaktiv wird, sobald er den lebenden Körper verlässt.)
Da er aus lebenden Organismen gewonnen wird, hängt der Preis stark davon ab, aus wessen Körper und aus welchem Körperteil er gewonnen wurde.
Der bisher höchste Preis wurde 2016 für das Gehirnteil (1933 Gramm) eines Auftragskillers aus einem sozialistischen Land erzielt, das auf einer illegalen Auktion verkauft wurde. Versteigert wurde es für 28 Milliarden Yen*. Er ließ sich für die Arbeit operieren, aber durch die Nebenwirkungen metallisierte sich sein gesamter Körper, was zu seinem Tod führte. Das Gehirnteil war in einem guten Zustand erhalten, daher der hohe Preis.

* ca. 18.000.000 €

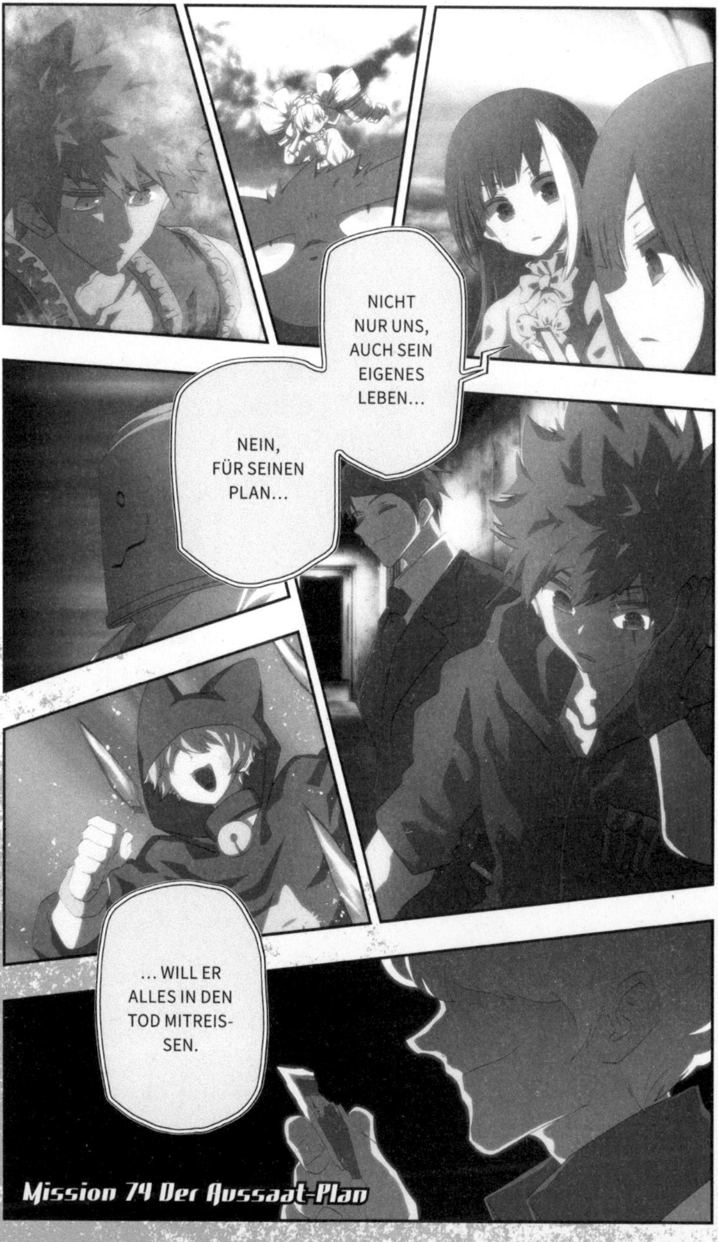
NICHT NUR UNS, AUCH SEIN EIGENES LEBEN…
NEIN, FÜR SEINEN PLAN…
… WILL ER ALLES IN DEN TOD MITREIS-SEN.
Mission 74 Der Aussaat-Plan

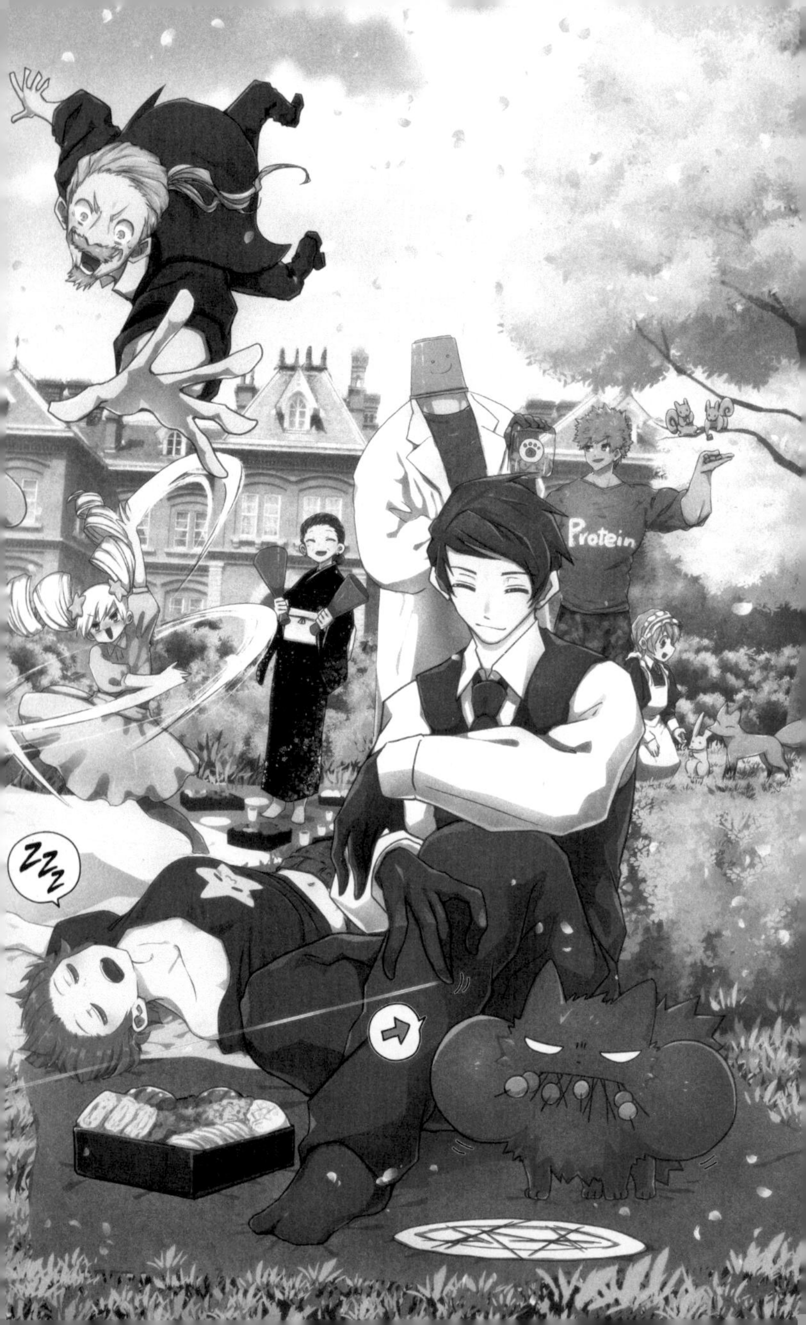
ZZZ
Protein

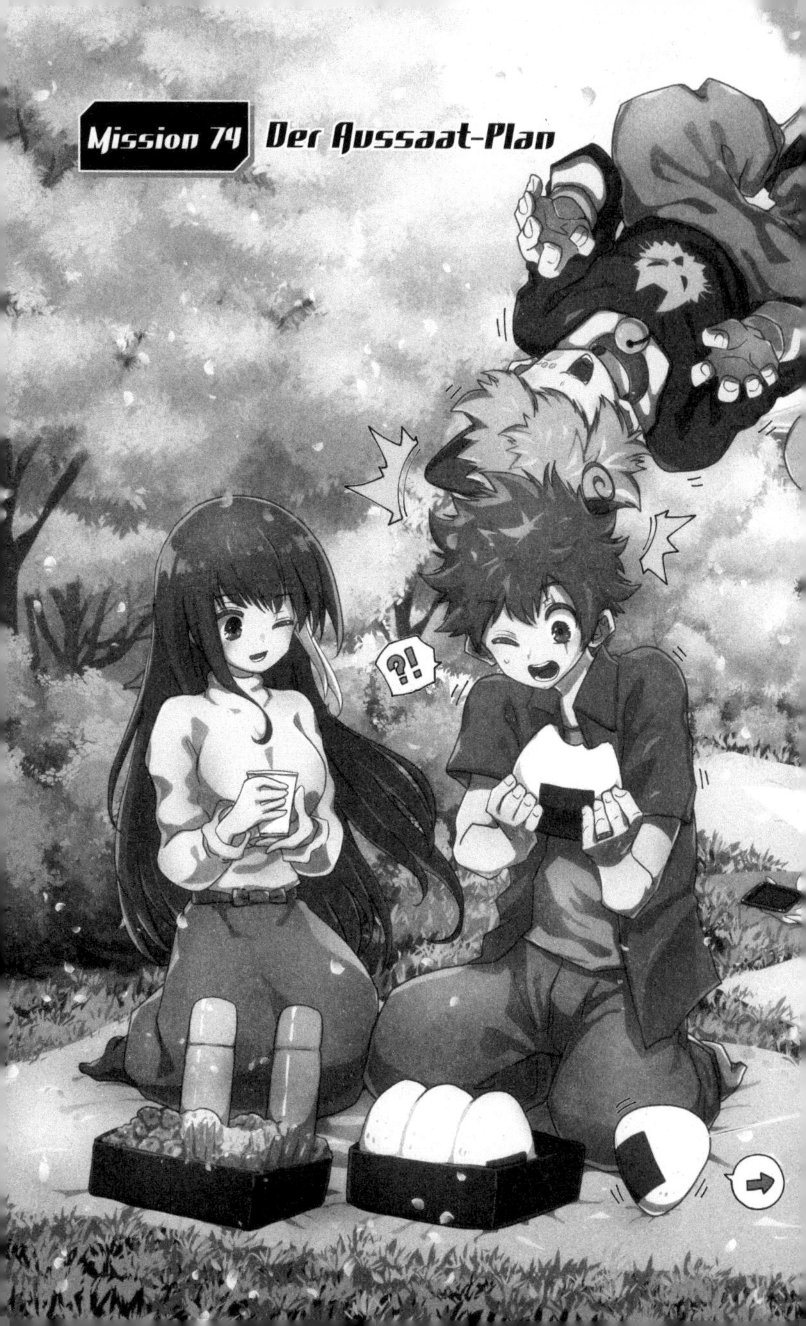
Mission 74
Der Aussaat-Plan
?!

MISSION: Yozakura Family

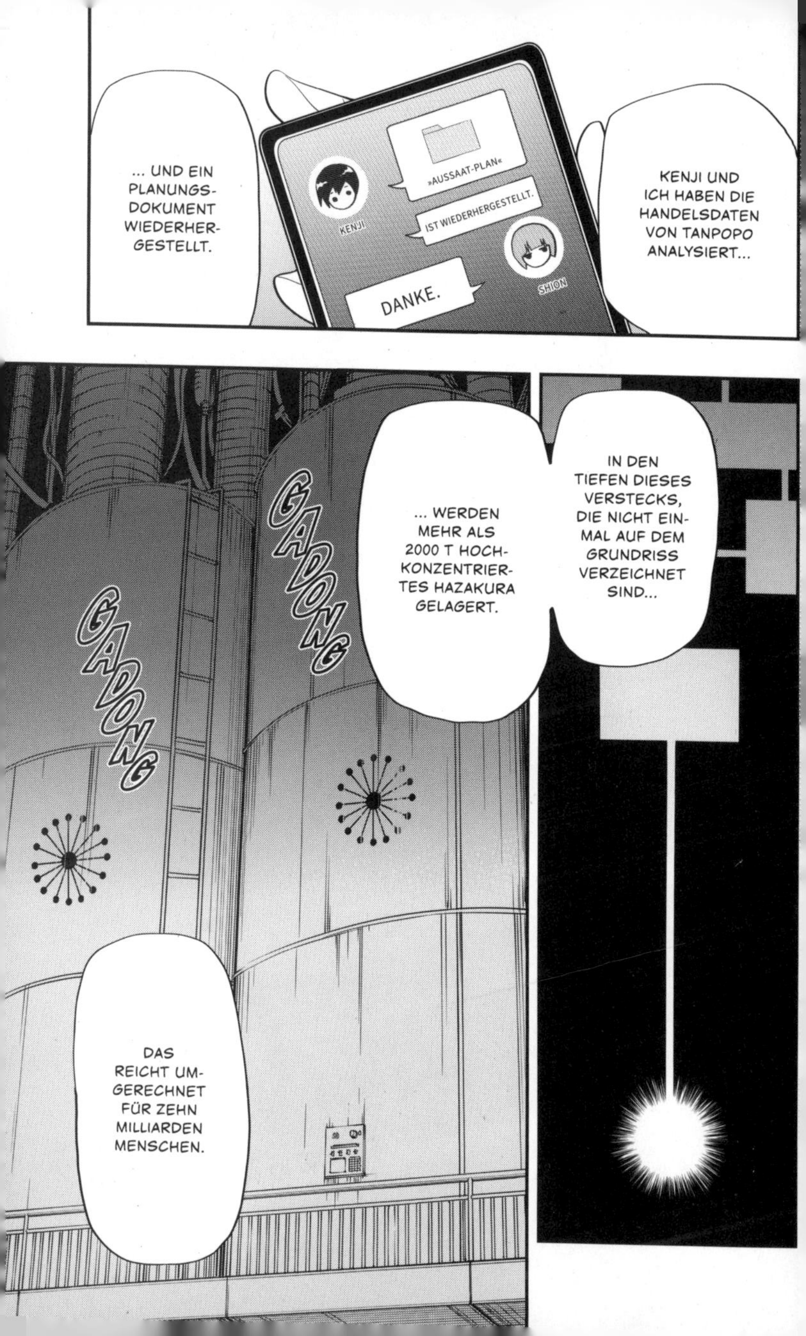
KENJI UND ICH HABEN DIE HANDELSDATEN VON TANPOPO ANALYSIERT...
KENJI
»AUSSAAT-PLAN«
IST WIEDERHERGESTELLT.
SHION
DANKE.
... UND EIN PLANUNGSDOKUMENT WIEDERHERGESTELLT.
IN DEN TIEFEN DIESES VERSTECKS, DIE NICHT EINMAL AUF DEM GRUNDRISS VERZEICHNET SIND...
... WERDEN MEHR ALS 2000 T HOCHKONZENTRIERTES HAZAKURA GELAGERT.
GADONG
GADONG
DAS REICHT UMGERECHNET FÜR ZEHN MILLIARDEN MENSCHEN.

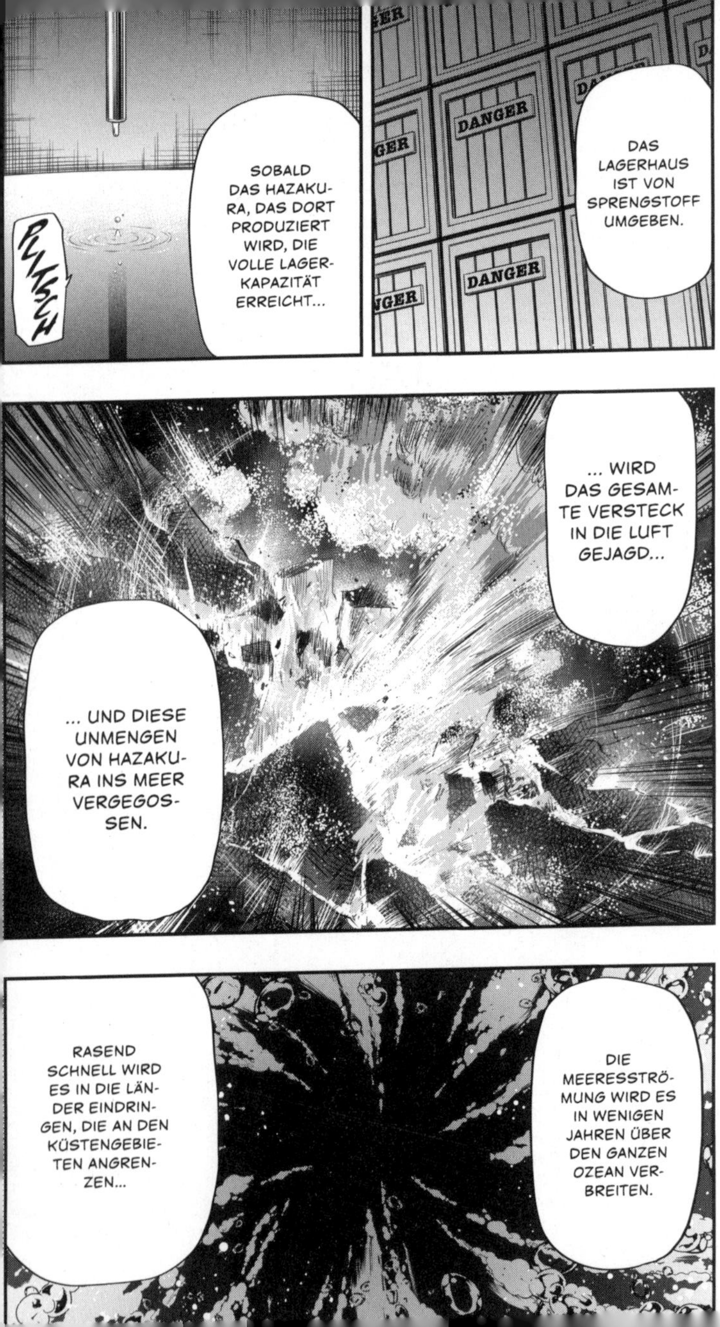
DAS LAGERHAUS IST VON SPRENGSTOFF UMGEBEN.
DANGER
SOBALD DAS HAZAKURA, DAS DORT PRODUZIERT WIRD, DIE VOLLE LAGERKAPAZITÄT ERREICHT...
... WIRD DAS GESAMTE VERSTECK IN DIE LUFT GEJAGD...
... UND DIESE UNMENGEN VON HAZAKURA INS MEER VERGEGOSSEN.
DIE MEERESSTRÖMUNG WIRD ES IN WENIGEN JAHREN ÜBER DEN GANZEN OZEAN VERBREITEN.
RASEND SCHNELL WIRD ES IN DIE LÄNDER EINDRINGEN, DIE AN DEN KÜSTENGEBIETEN ANGRENZEN...

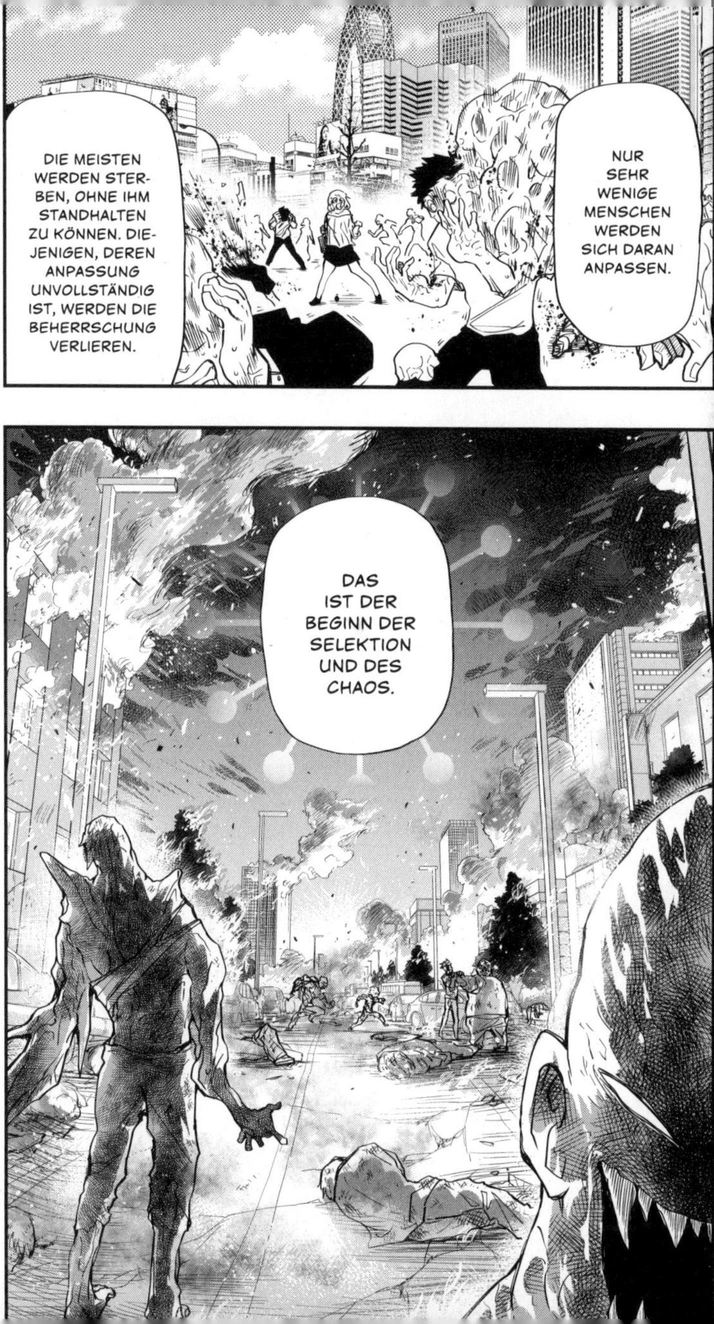
NUR SEHR WENIGE MENSCHEN WERDEN SICH DARAN ANPASSEN.
DIE MEISTEN WERDEN STER-BEN, OHNE IHM STANDHALTEN ZU KÖNNEN.
DIE-JENIGEN, DEREN ANPASSUNG UNVOLLSTÄNDIG IST, WERDEN DIE BEHERRSCHUNG VERLIEREN.
DAS IST DER BEGINN DER SELEKTION UND DES CHAOS.

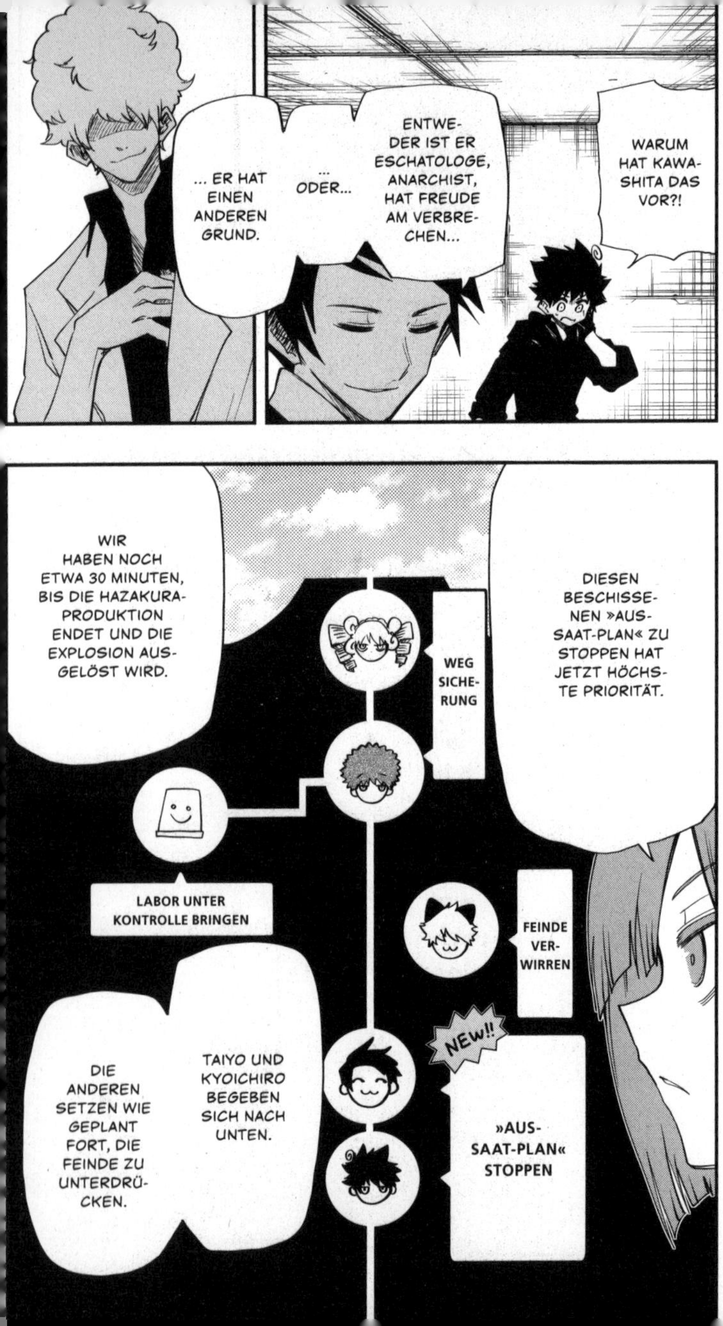
WARUM HAT KAWASHITA DAS VOR?!
ENTWEDER IST ER ESCHATOLOGE, ANARCHIST, HAT FREUDE AM VERBRECHEN...
... ODER...
... ER HAT EINEN ANDEREN GRUND.
DIESEN BESCHISSENEN »AUSSAAT-PLAN« ZU STOPPEN HAT JETZT HÖCHSTE PRIORITÄT.
WIR HABEN NOCH ETWA 30 MINUTEN, BIS DIE HAZAKURA-PRODUKTION ENDET UND DIE EXPLOSION AUSGELÖST WIRD.
WEG SICHERUNG
LABOR UNTER KONTROLLE BRINGEN
FEINDE VERWIRREN
NEW!!
»AUSSAAT-PLAN« STOPPEN
TAIYO UND KYOICHIRO BEGEBEN SICH NACH UNTEN.
DIE ANDEREN SETZEN WIE GEPLANT FORT, DIE FEINDE ZU UNTERDRÜCKEN.

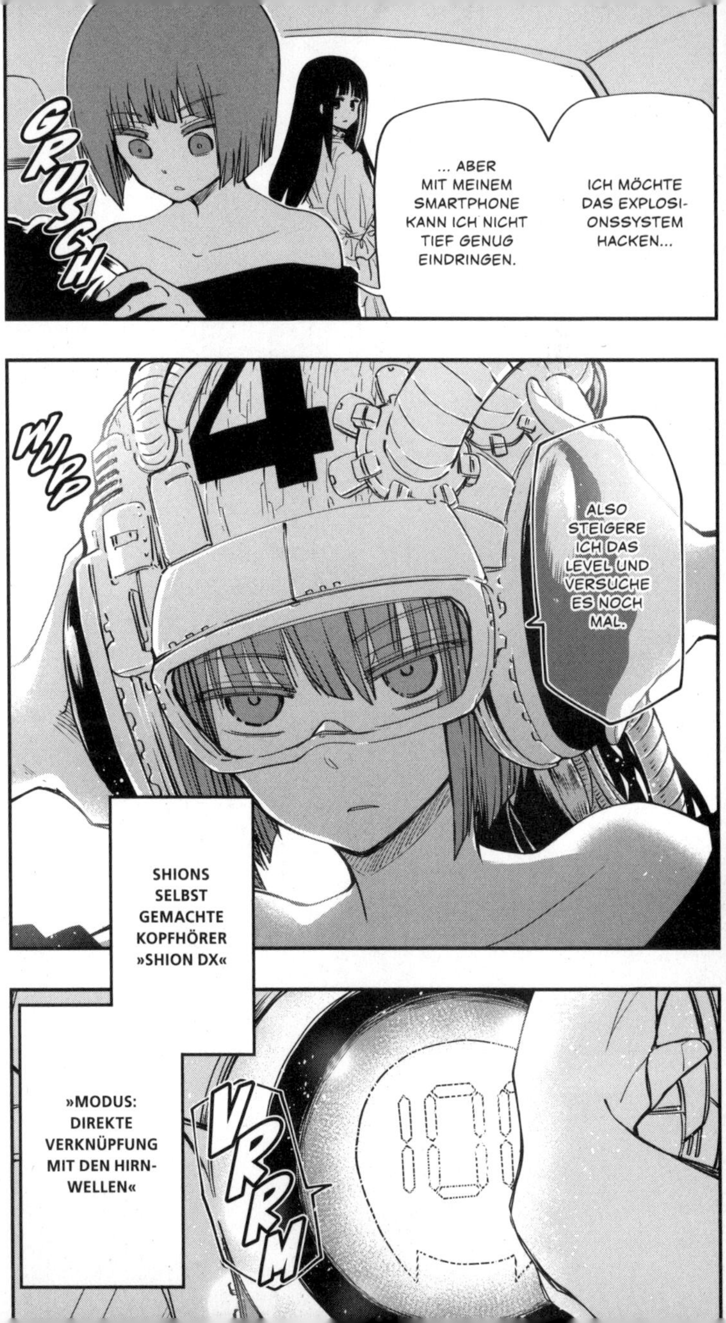
ICH MÖCHTE DAS EXPLOSIONSSYSTEM HACKEN...
... ABER MIT MEINEM SMARTPHONE KANN ICH NICHT TIEF GENUG EINDRINGEN.
GRUSCH
WUPP
ALSO STEIGERE ICH DAS LEVEL UND VERSUCHE ES NOCH MAL.
SHIONS SELBST GEMACHTE KOPFHÖRER »SHION DX«
»MODUS: DIREKTE VERKNÜPFUNG MIT DEN HIRNWELLEN«
VRRM

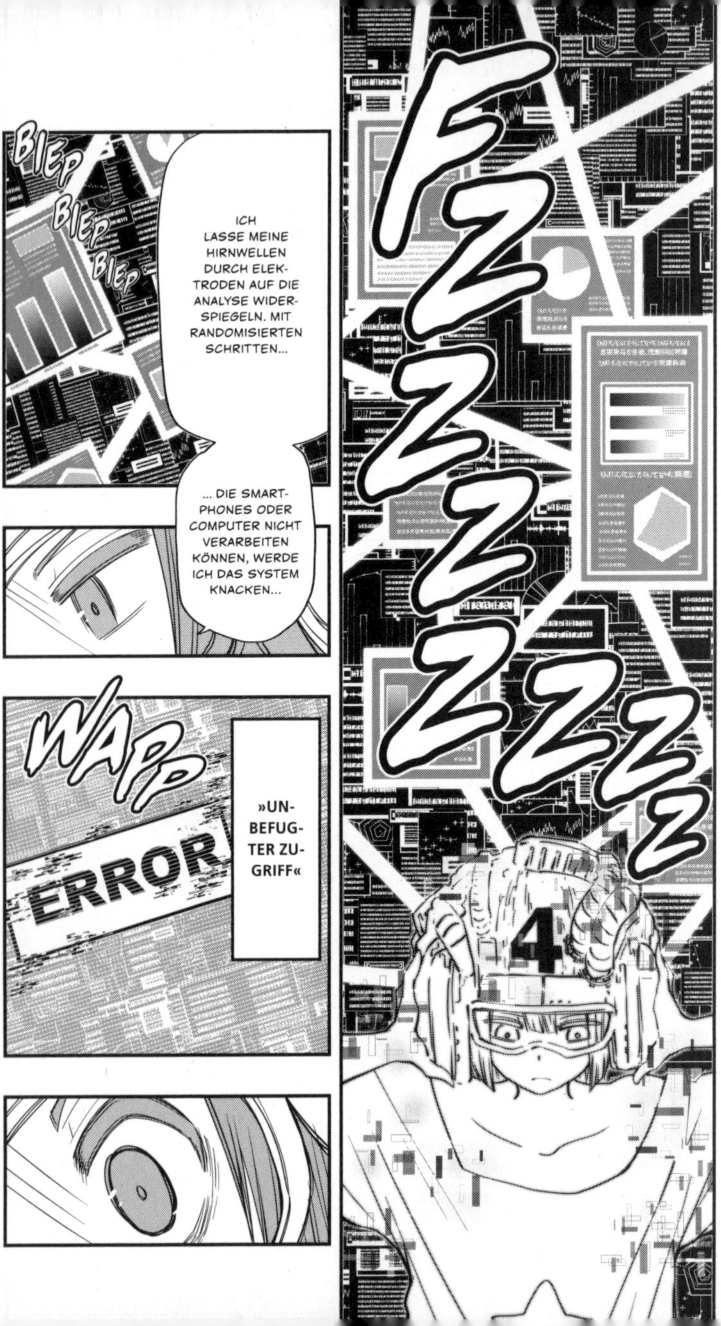
FZZZZZZZ
BIEP BIEP BIEP
ICH LASSE MEINE HIRNWELLEN DURCH ELEKTRODEN AUF DIE ANALYSE WIDERSPIEGELN. MIT RANDOMISIERTEN SCHRITTEN...
... DIE SMARTPHONES ODER COMPUTER NICHT VERARBEITEN KÖNNEN, WERDE ICH DAS SYSTEM KNACKEN...
WAPP
»UNBEFUGTER ZUGRIFF«
ERROR
4

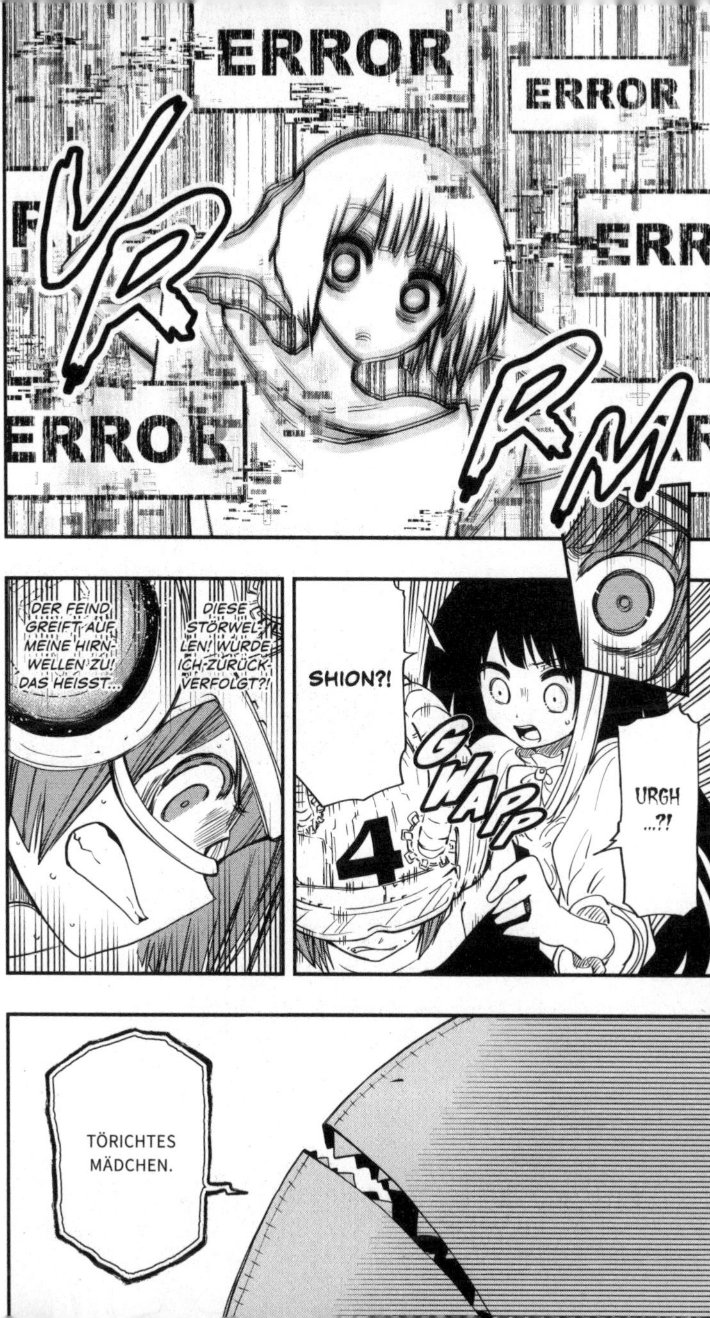
ERROR
ERROR
ERR
ERROR
VRRM
SHION?!
GWAPP
URGH ...?!
DIESE STÖRWELLEN! WURDE ICH ZURÜCKVERFOLGT?!
DER FEIND GREIFT AUF MEINE HIRNWELLEN ZU! DAS HEISST...
TÖRICHTES MÄDCHEN.

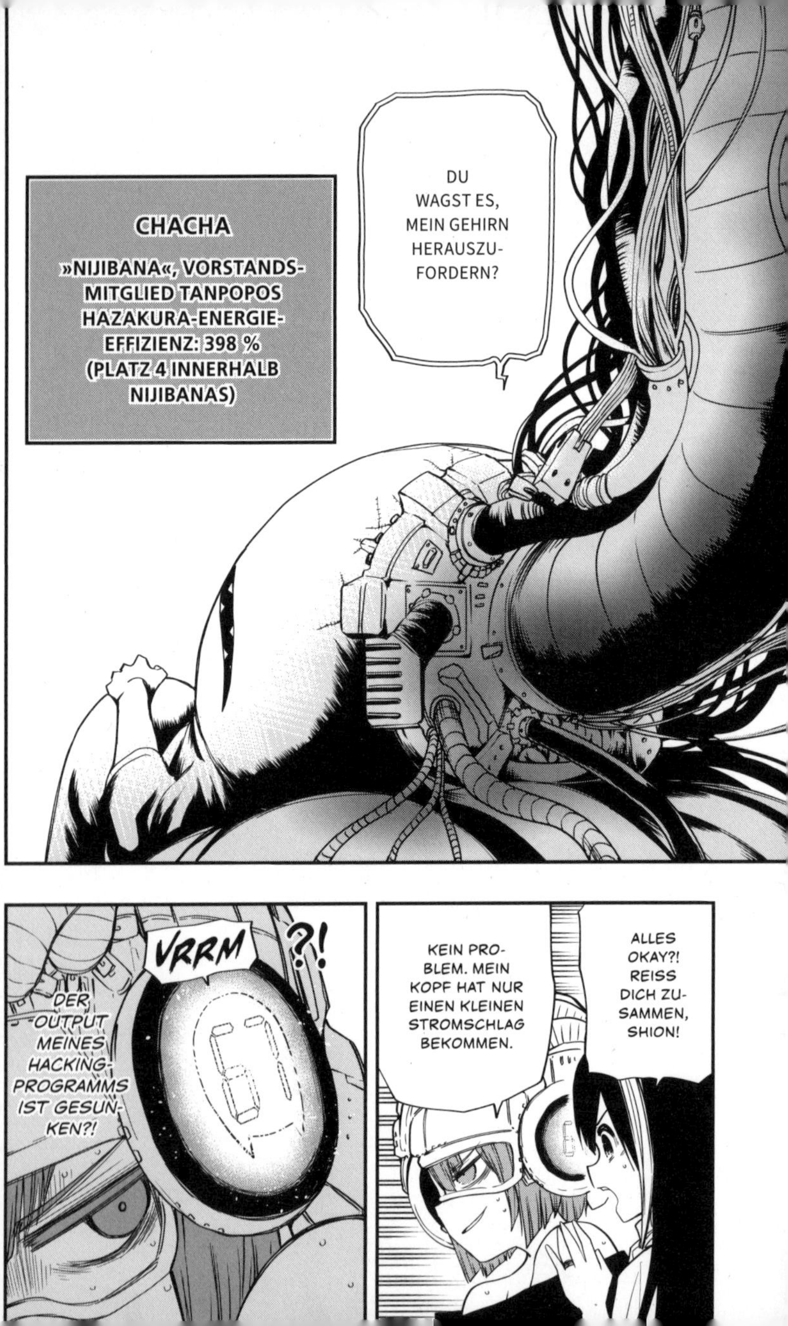
CHACHA
»NIJIBANA«, VORSTANDS-MITGLIED TANPOPOS HAZAKURA-ENERGIE-EFFIZIENZ: 398 % (PLATZ 4 INNERHALB NIJIBANAS)
DU WAGST ES, MEIN GEHIRN HERAUSZU-FORDERN?
VRRM
?!
DER OUTPUT MEINES HACKING-PROGRAMMS IST GESUN-KEN?!
ALLES OKAY?! REISS DICH ZU-SAMMEN, SHION!
KEIN PRO-BLEM. MEIN KOPF HAT NUR EINEN KLEINEN STROMSCHLAG BEKOMMEN.

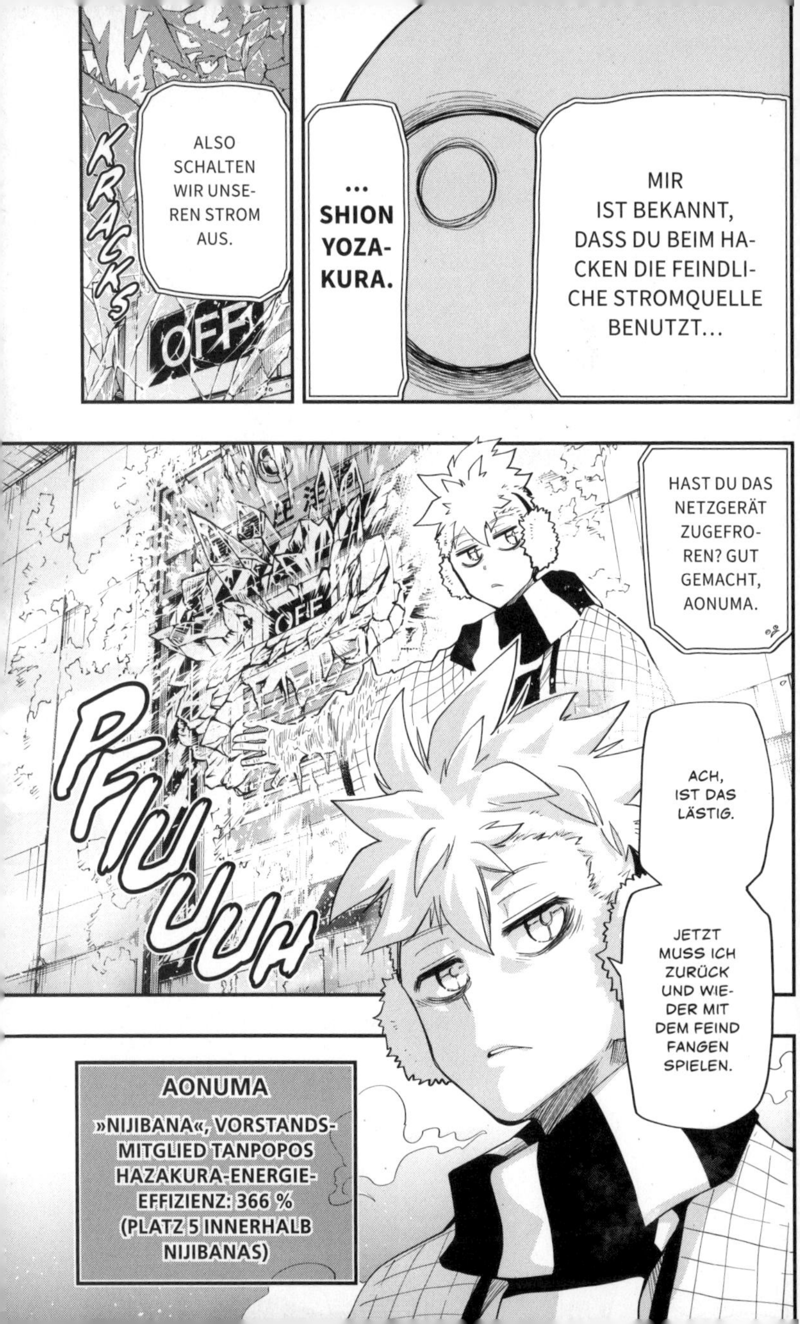
MIR IST BEKANNT, DASS DU BEIM HACKEN DIE FEINDLICHE STROMQUELLE BENUTZT…
… SHION YOZAKURA.
ALSO SCHALTEN WIR UNSEREN STROM AUS.
KRACKS
OFF
HAST DU DAS NETZGERÄT ZUGEFROREN? GUT GEMACHT, AONUMA.
OFF
PFIUUUH
ACH, IST DAS LÄSTIG.
JETZT MUSS ICH ZURÜCK UND WIEDER MIT DEM FEIND FANGEN SPIELEN.
AONUMA
»NIJIBANA«, VORSTANDSMITGLIED TANPOPOS
HAZAKURA-ENERGIE-EFFIZIENZ: 366 %
(PLATZ 5 INNERHALB NIJIBANAS)

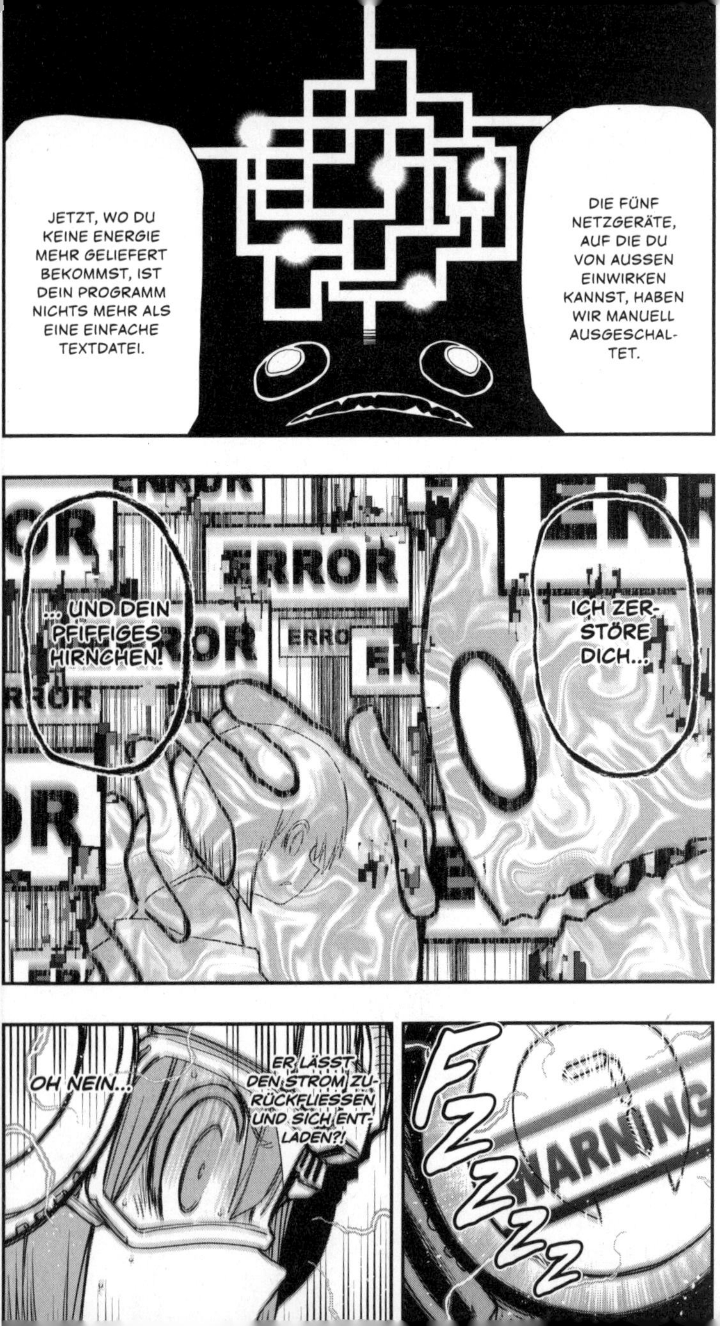
DIE FÜNF NETZGERÄTE, AUF DIE DU VON AUSSEN EINWIRKEN KANNST, HABEN WIR MANUELL AUSGESCHALTET.
JETZT, WO DU KEINE ENERGIE MEHR GELIEFERT BEKOMMST, IST DEIN PROGRAMM NICHTS MEHR ALS EINE EINFACHE TEXTDATEI.
ERROR
ICH ZERSTÖRE DICH...
... UND DEIN PFIFFIGES HIRNCHEN!
ER LÄSST DEN STROM ZURÜCKFLIESSEN UND SICH ENTLADEN?!
OH NEIN...
WARNING
FZZZZZ

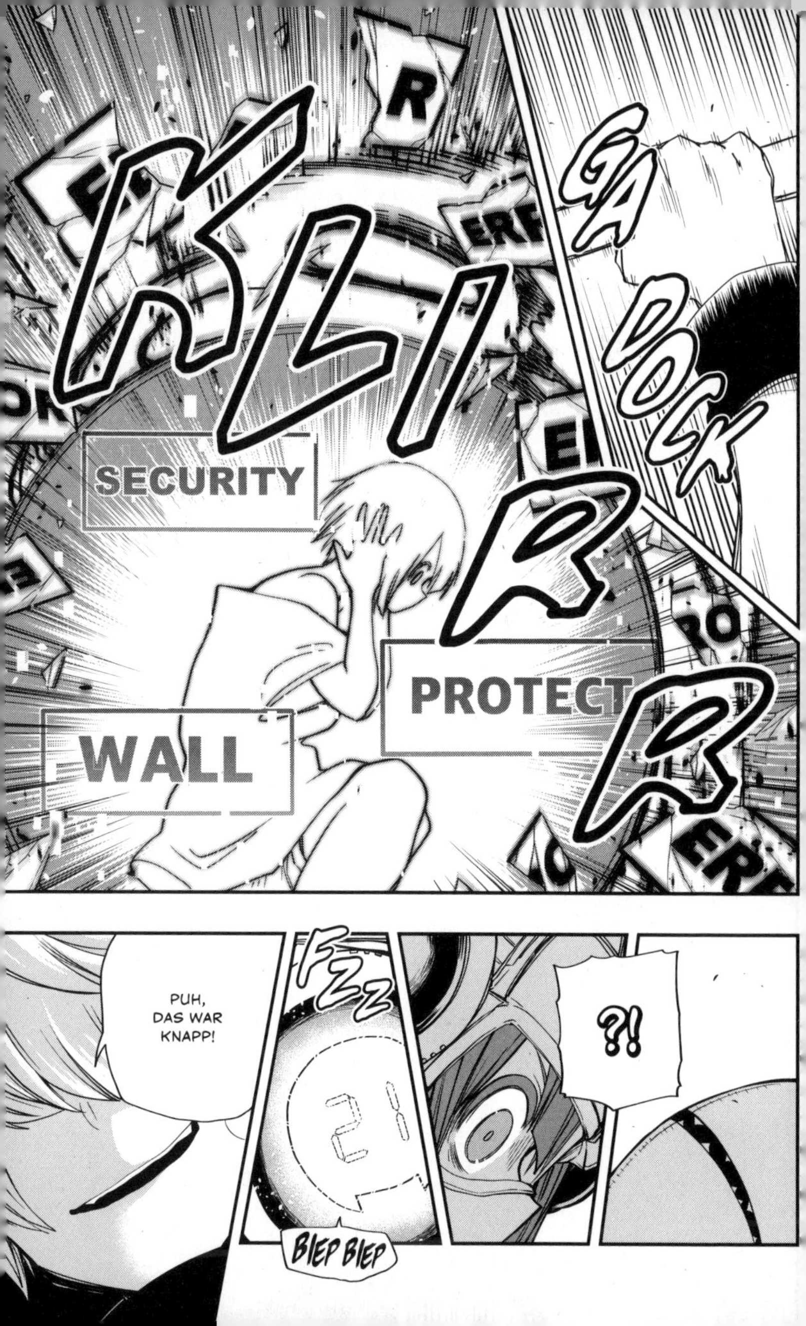
GA DOCK
KLIRR
SECURITY
PROTECT
WALL
PUH, DAS WAR KNAPP!
FZZ
BIEP BIEP
?!

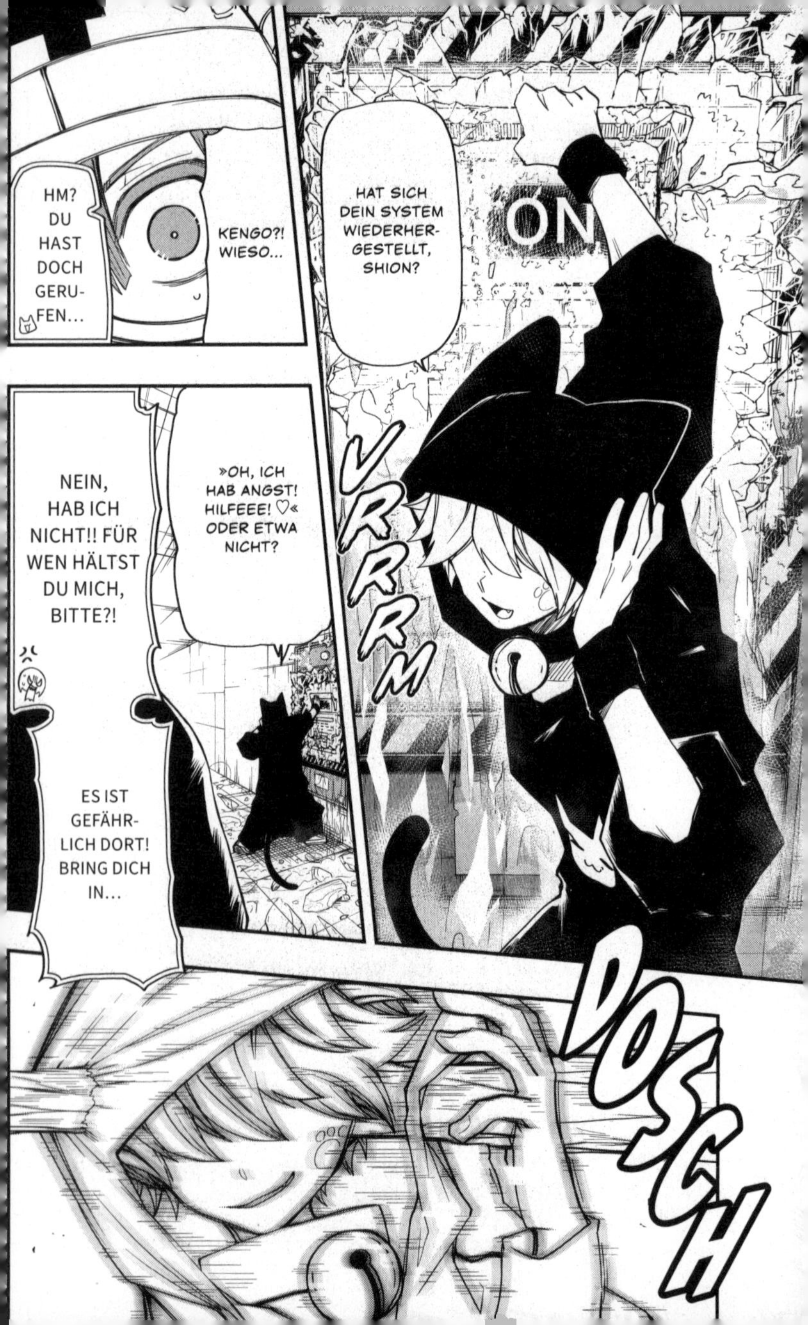
ON
HAT SICH DEIN SYSTEM WIEDERHER-GESTELLT, SHION?
VRRRM
KENGO?! WIESO…
HM? DU HAST DOCH GERU-FEN…
»OH, ICH HAB ANGST! HILFEEE! ♡« ODER ETWA NICHT?
NEIN, HAB ICH NICHT!! FÜR WEN HÄLTST DU MICH, BITTE?!
ES IST GEFÄHR-LICH DORT! BRING DICH IN…
DOSCH

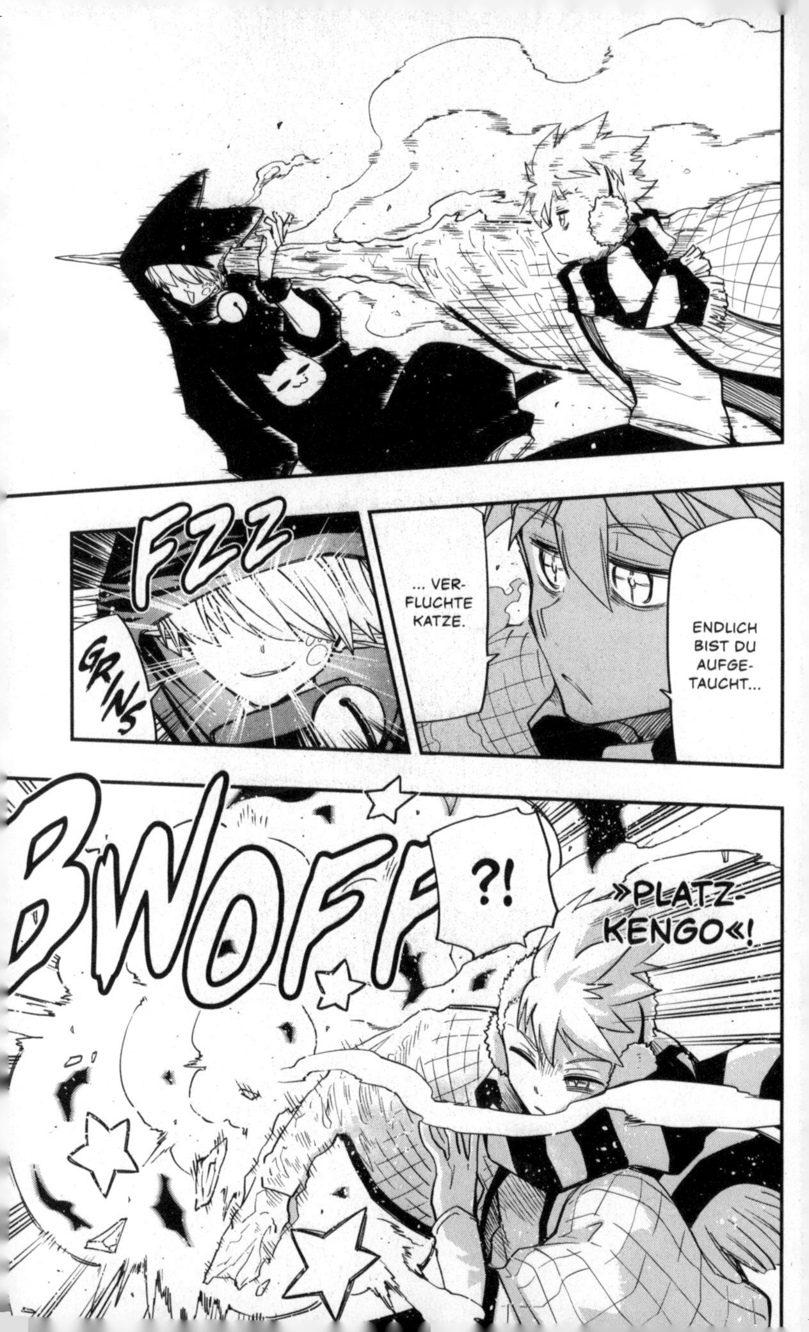
ENDLICH BIST DU AUFGE-TAUCHT...
... VER-FLUCHTE KATZE.
FZZ
GRINS
»PLATZ-KENGO«!
?!
BWOFF

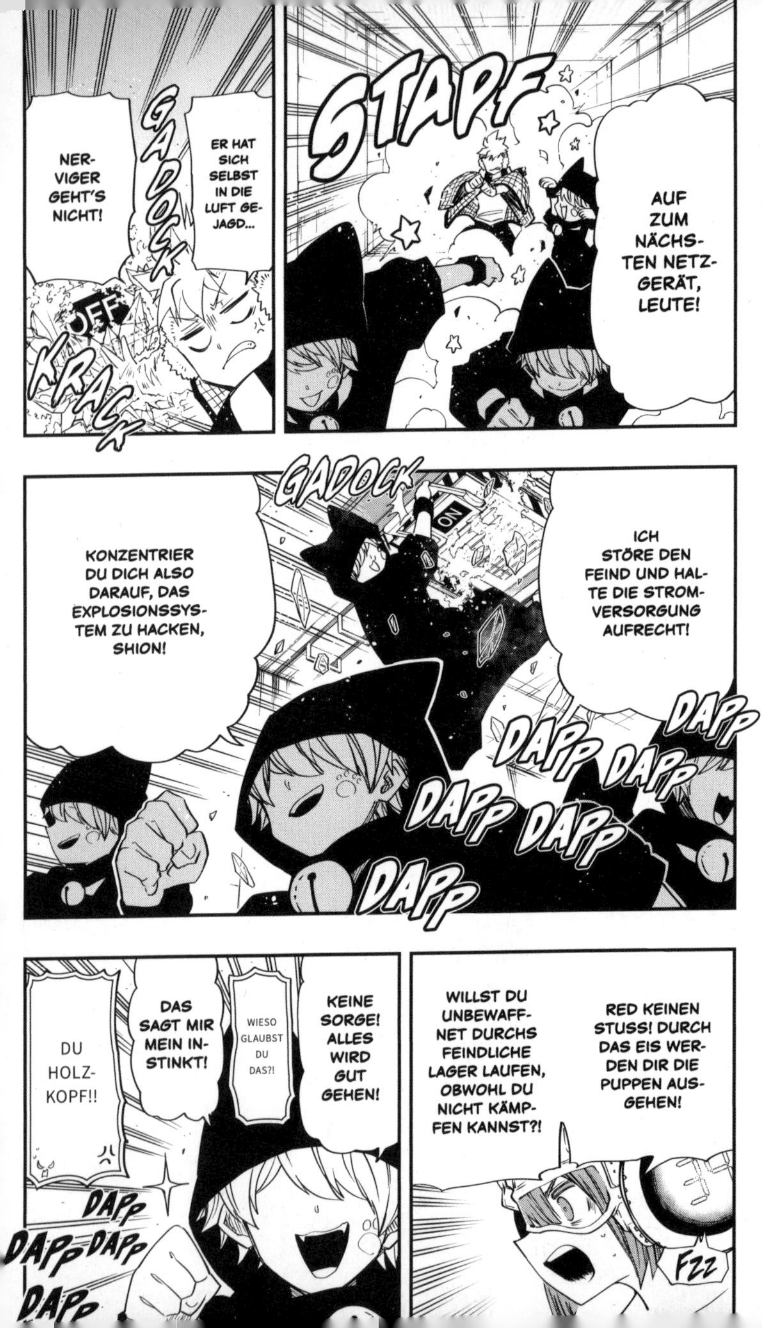
STAPF
AUF ZUM NÄCHSTEN NETZGERÄT, LEUTE!
ER HAT SICH SELBST IN DIE LUFT GEJAGD...
NERVIGER GEHT'S NICHT!
GADOCK
OFF
KRACK
GADOCK
ON
ICH STÖRE DEN FEIND UND HALTE DIE STROMVERSORGUNG AUFRECHT!
KONZENTRIER DU DICH ALSO DARAUF, DAS EXPLOSIONSSYSTEM ZU HACKEN, SHION!
DAPP DAPP DAPP DAPP DAPP DAPP
RED KEINEN STUSS! DURCH DAS EIS WERDEN DIR DIE PUPPEN AUSGEHEN!
WILLST DU UNBEWAFFNET DURCHS FEINDLICHE LAGER LAUFEN, OBWOHL DU NICHT KÄMPFEN KANNST?!
FZZ
KEINE SORGE! ALLES WIRD GUT GEHEN!
WIESO GLAUBST DU DAS?!
DAS SAGT MIR MEIN INSTINKT!
DU HOLZKOPF!!
DAPP DAPP DAPP DAPP

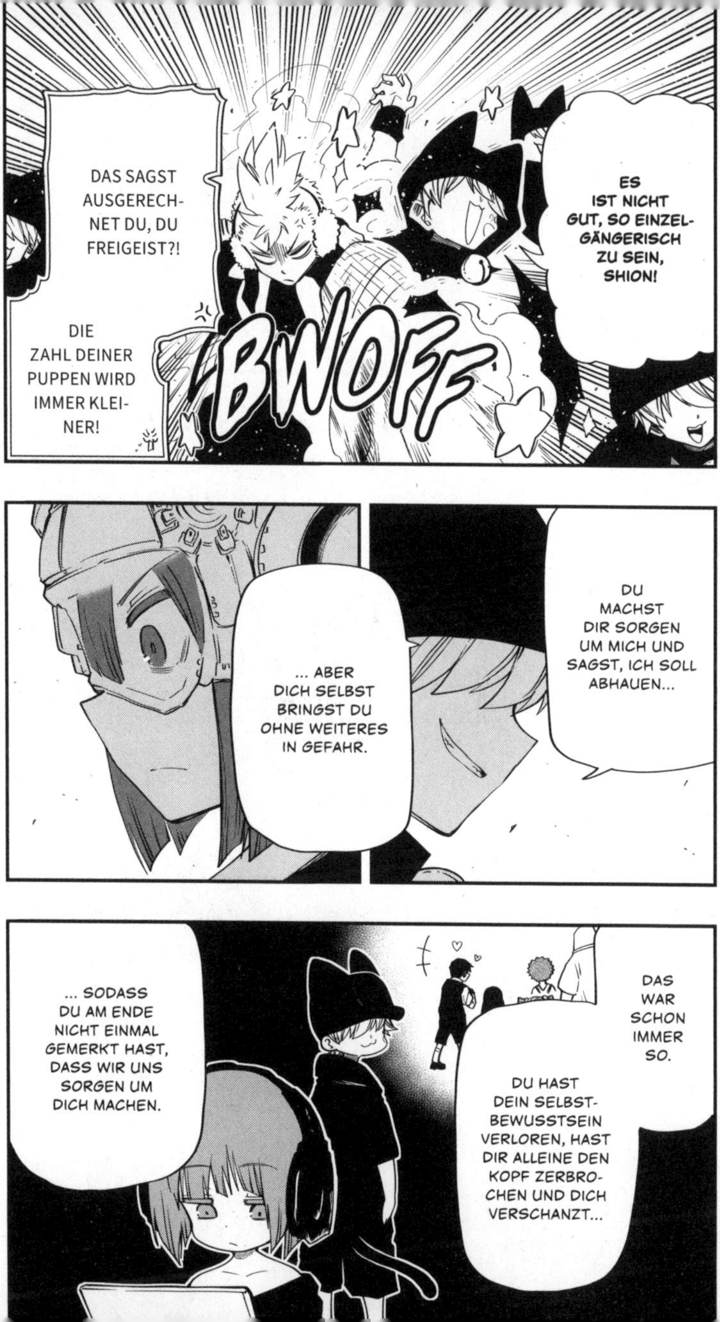
ES IST NICHT GUT, SO EINZELGÄNGERISCH ZU SEIN, SHION!
BWOFF
DAS SAGST AUSGERECHNET DU, DU FREIGEIST?!
DIE ZAHL DEINER PUPPEN WIRD IMMER KLEINER!
DU MACHST DIR SORGEN UM MICH UND SAGST, ICH SOLL ABHAUEN...
... ABER DICH SELBST BRINGST DU OHNE WEITERES IN GEFAHR.
DAS WAR SCHON IMMER SO.
DU HAST DEIN SELBSTBEWUSSTSEIN VERLOREN, HAST DIR ALLEINE DEN KOPF ZERBROCHEN UND DICH VERSCHANZT...
... SODASS DU AM ENDE NICHT EINMAL GEMERKT HAST, DASS WIR UNS SORGEN UM DICH MACHEN.

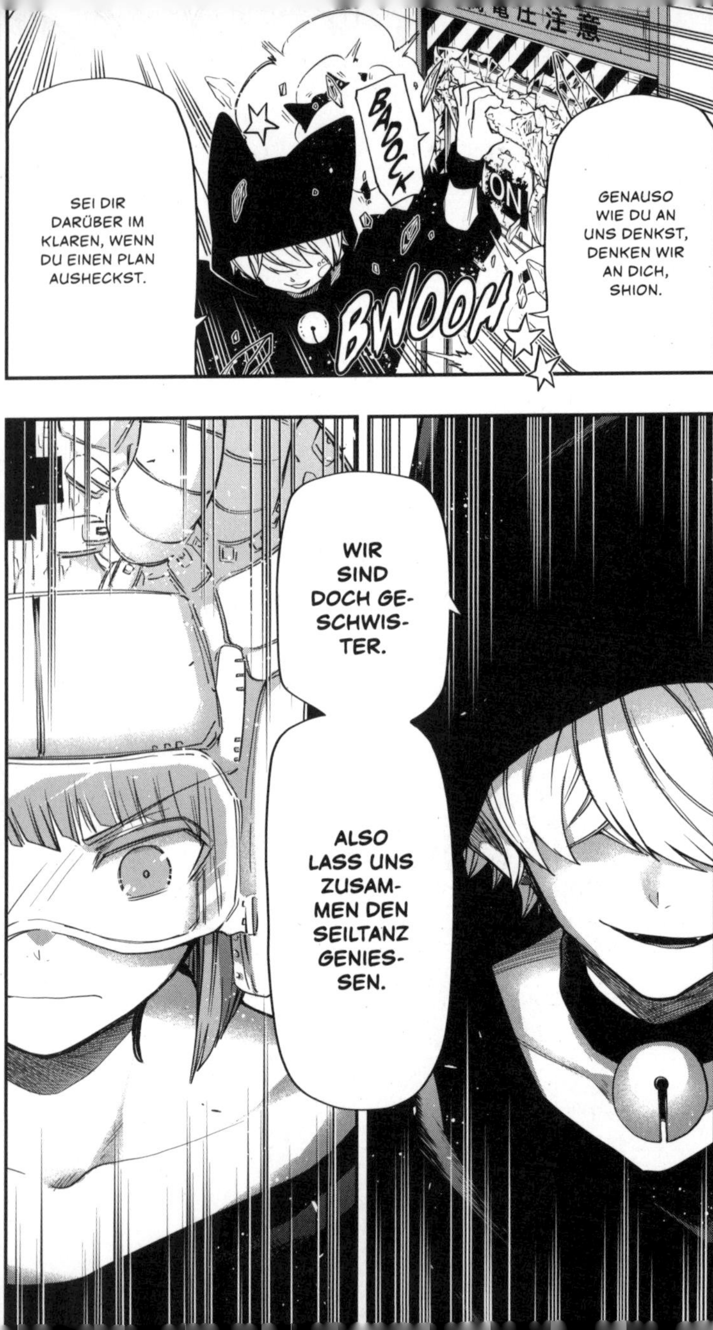
BADOCK
ON
GENAUSO WIE DU AN UNS DENKST, DENKEN WIR AN DICH, SHION.
SEI DIR DARÜBER IM KLAREN, WENN DU EINEN PLAN AUSHECKST.
BWOOH
WIR SIND DOCH GESCHWISTER.
ALSO LASS UNS ZUSAMMEN DEN SEILTANZ GENIESSEN.

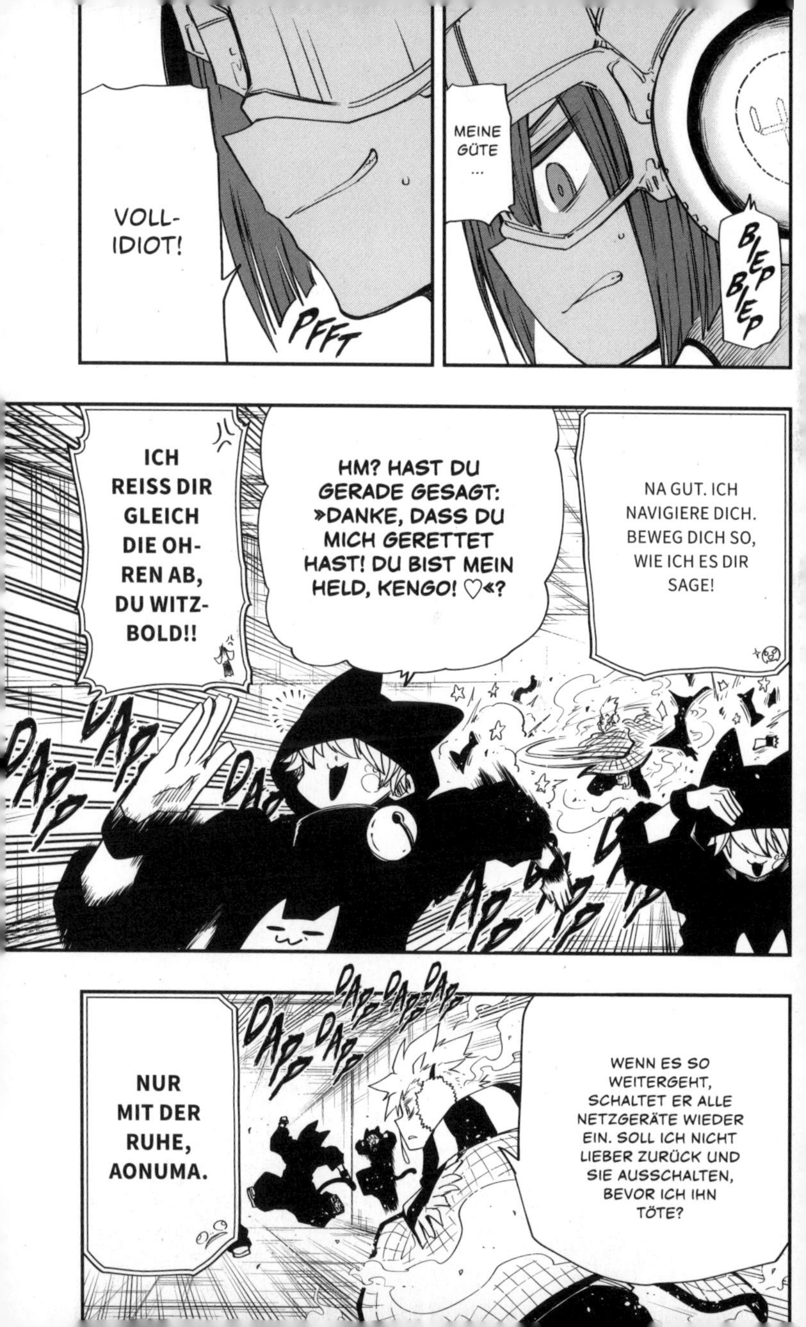
MEINE GÜTE …
BIEP BIEP
VOLL-IDIOT!
PFFT
NA GUT. ICH NAVIGIERE DICH. BEWEG DICH SO, WIE ICH ES DIR SAGE!
HM? HAST DU GERADE GESAGT: »DANKE, DASS DU MICH GERETTET HAST! DU BIST MEIN HELD, KENGO! ♡«?
ICH REISS DIR GLEICH DIE OH-REN AB, DU WITZ-BOLD!!
DAP DAP
WENN ES SO WEITERGEHT, SCHALTET ER ALLE NETZGERÄTE WIEDER EIN. SOLL ICH NICHT LIEBER ZURÜCK UND SIE AUSSCHALTEN, BEVOR ICH IHN TÖTE?
DAP DAP DAP
NUR MIT DER RUHE, AONUMA.

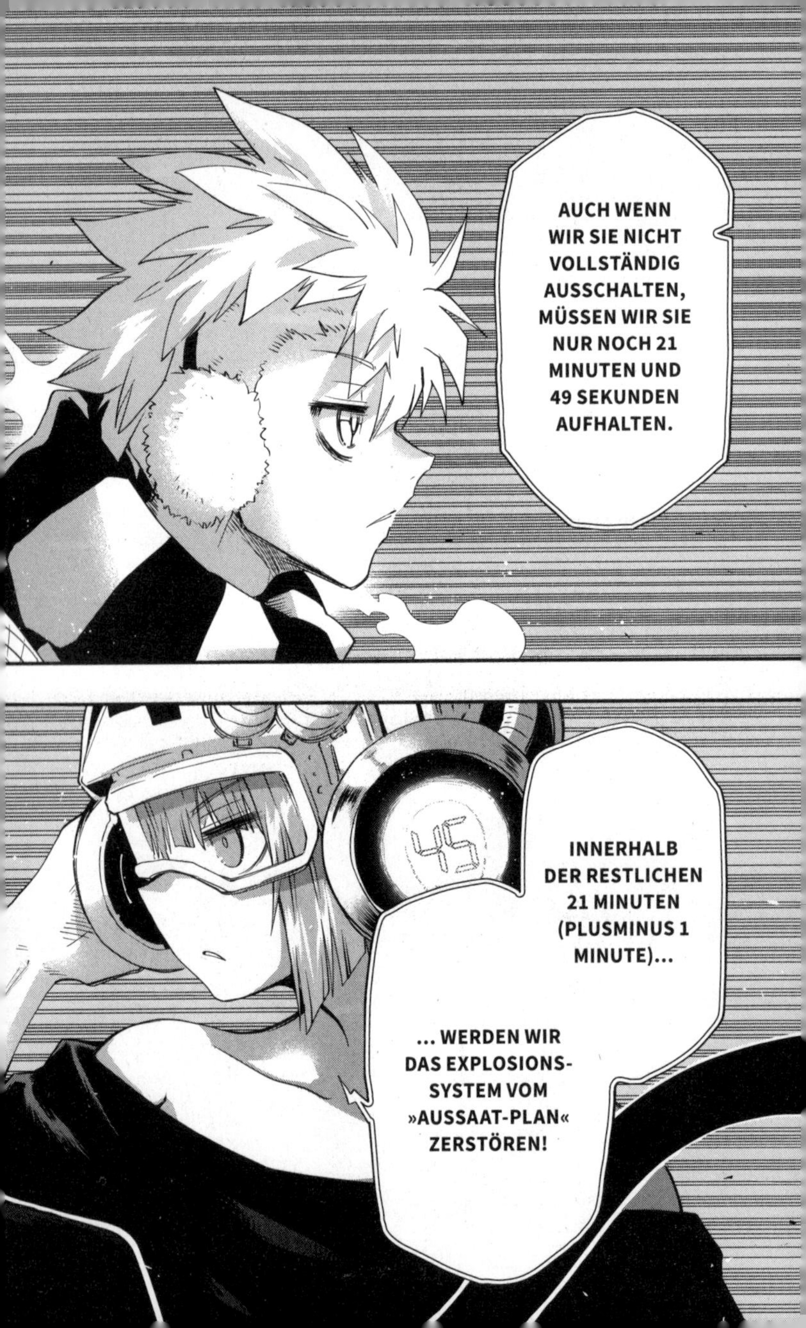
AUCH WENN WIR SIE NICHT VOLLSTÄNDIG AUSSCHALTEN, MÜSSEN WIR SIE NUR NOCH 21 MINUTEN UND 49 SEKUNDEN AUFHALTEN.
45
INNERHALB DER RESTLICHEN 21 MINUTEN (PLUSMINUS 1 MINUTE)...
... WERDEN WIR DAS EXPLOSIONS-SYSTEM VOM »AUSSAAT-PLAN« ZERSTÖREN!

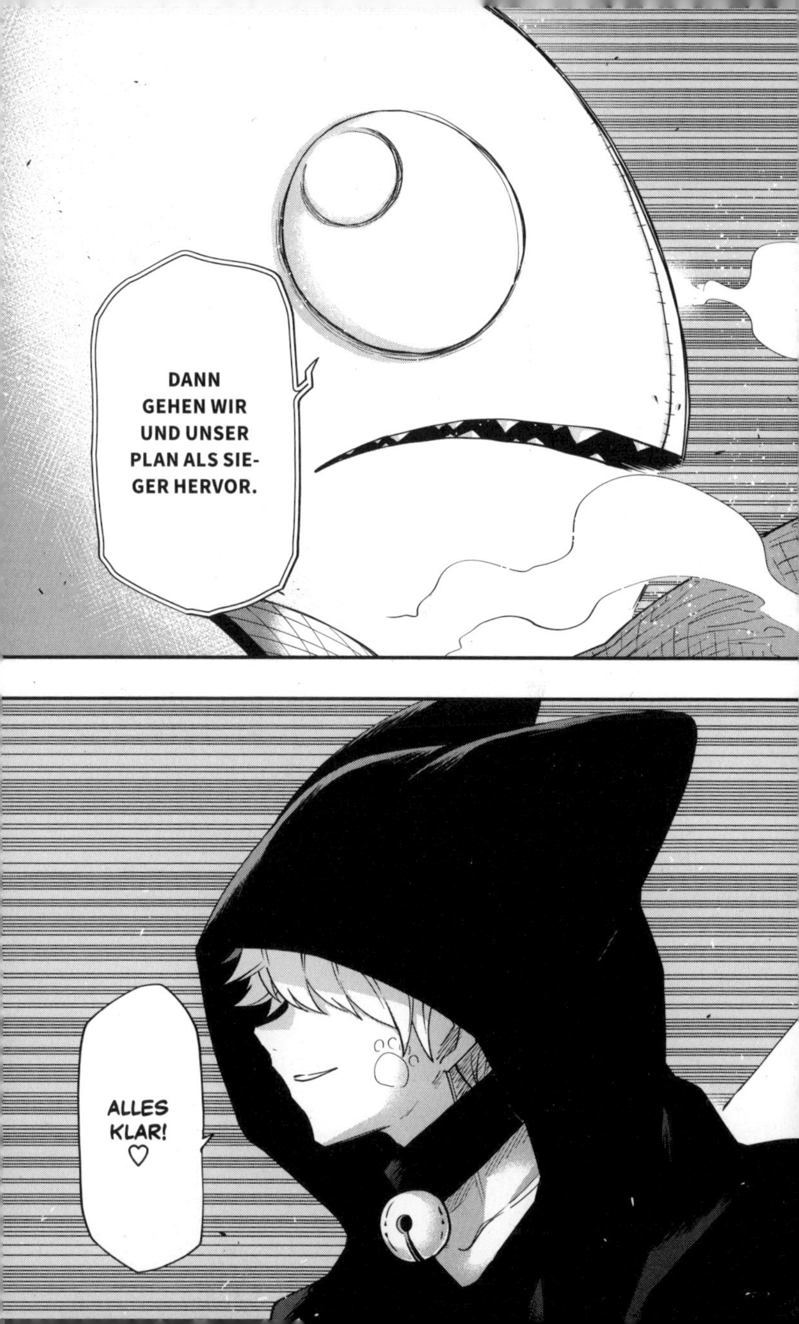
DANN GEHEN WIR UND UNSER PLAN ALS SIEGER HERVOR.
ALLES KLAR! ♡

☆ Shions und Kengos Alltag (in ihrer Kindheit)

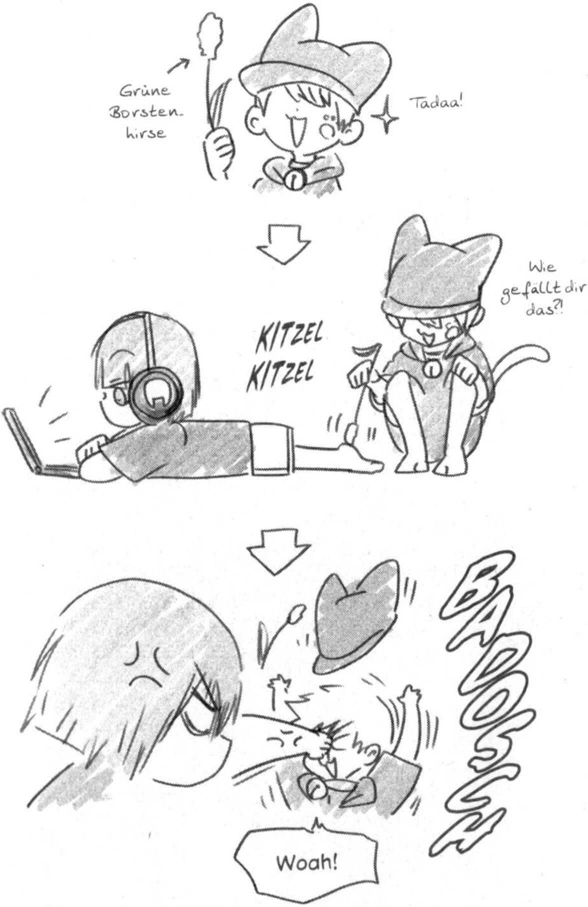

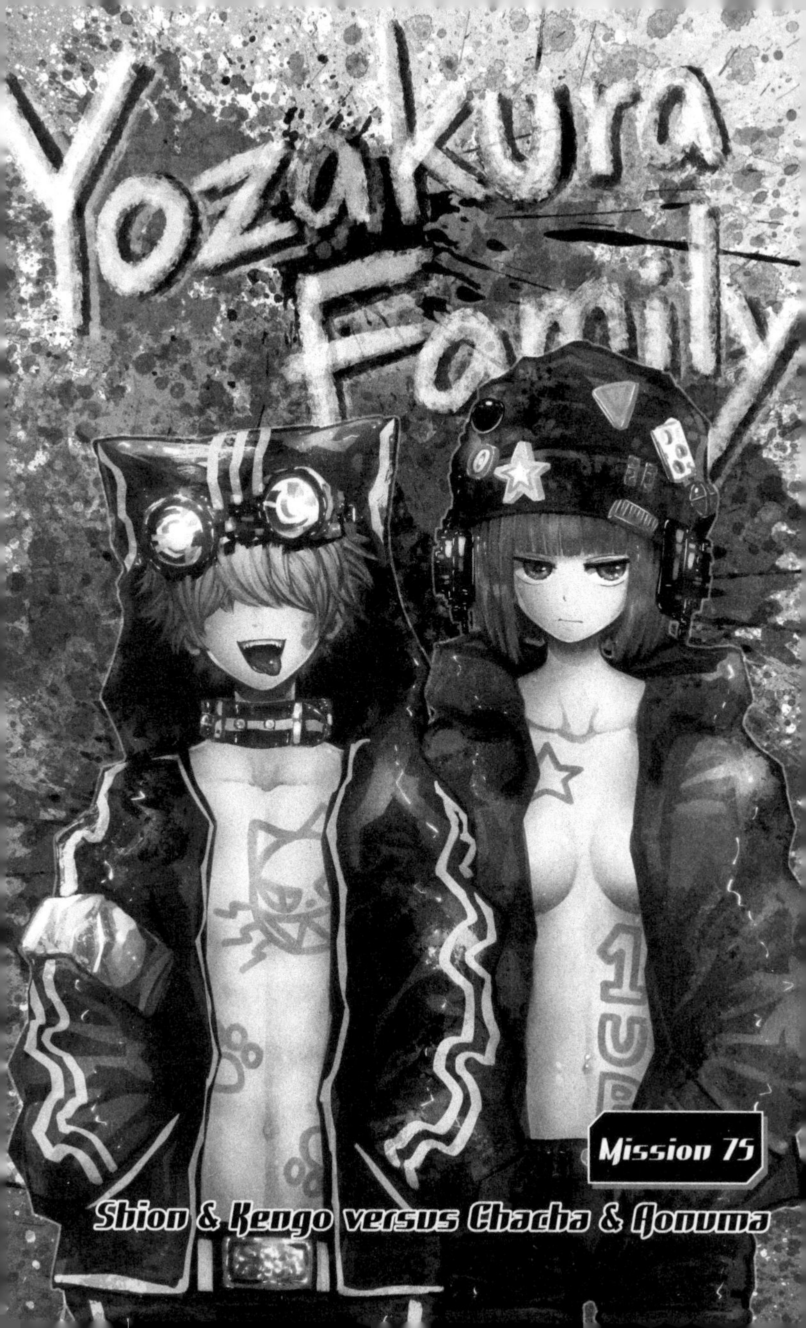
Yozakura Family
Mission 75
Shion & Kengo versus Chacha & Aonuma

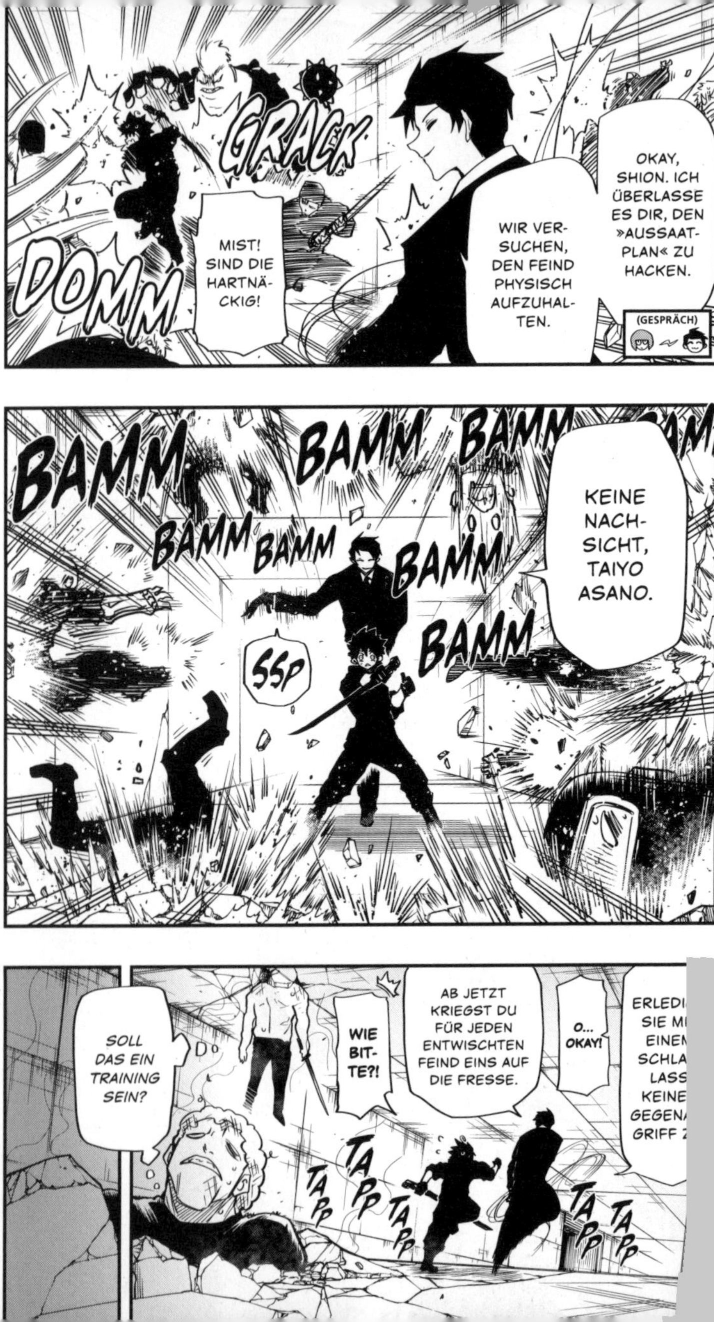
OKAY, SHION. ICH ÜBERLASSE ES DIR, DEN »AUSSAAT-PLAN« ZU HACKEN.
(GESPRÄCH)
WIR VERSUCHEN, DEN FEIND PHYSISCH AUFZUHALTEN.
GRACK
MIST! SIND DIE HARTNÄCKIG!
DOMM
KEINE NACHSICHT, TAIYO ASANO.
BAMM BAMM BAMM BAMM
BAMM BAMM BAMM BAMM
SSP
O... OKAY!
AB JETZT KRIEGST DU FÜR JEDEN ENTWISCHTEN FEIND EINS AUF DIE FRESSE.
WIE BITTE?!
SOLL DAS EIN TRAINING SEIN?
TAPP TAPP TAPP TAPP TAPP TAPP

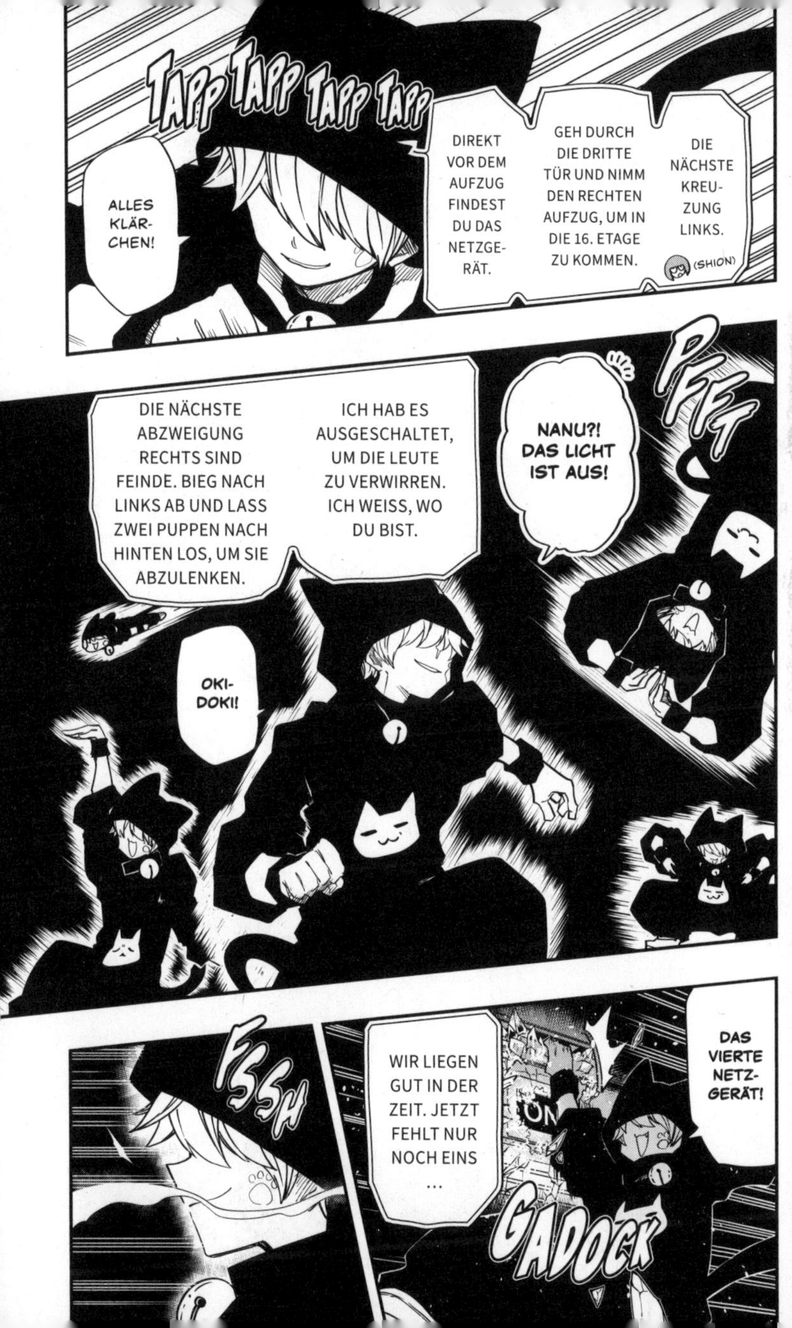
TAPP TAPP TAPP TAPP
DIE NÄCHSTE KREUZUNG LINKS.
(SHION)
GEH DURCH DIE DRITTE TÜR UND NIMM DEN RECHTEN AUFZUG, UM IN DIE 16. ETAGE ZU KOMMEN.
DIREKT VOR DEM AUFZUG FINDEST DU DAS NETZGERÄT.
ALLES KLÄRCHEN!
PFFT
NANU?! DAS LICHT IST AUS!
ICH HAB ES AUSGESCHALTET, UM DIE LEUTE ZU VERWIRREN. ICH WEISS, WO DU BIST.
DIE NÄCHSTE ABZWEIGUNG RECHTS SIND FEINDE. BIEG NACH LINKS AB UND LASS ZWEI PUPPEN NACH HINTEN LOS, UM SIE ABZULENKEN.
OKI-DOKI!
DAS VIERTE NETZGERÄT!
GADOCK
WIR LIEGEN GUT IN DER ZEIT. JETZT FEHLT NUR NOCH EINS …
FSSH

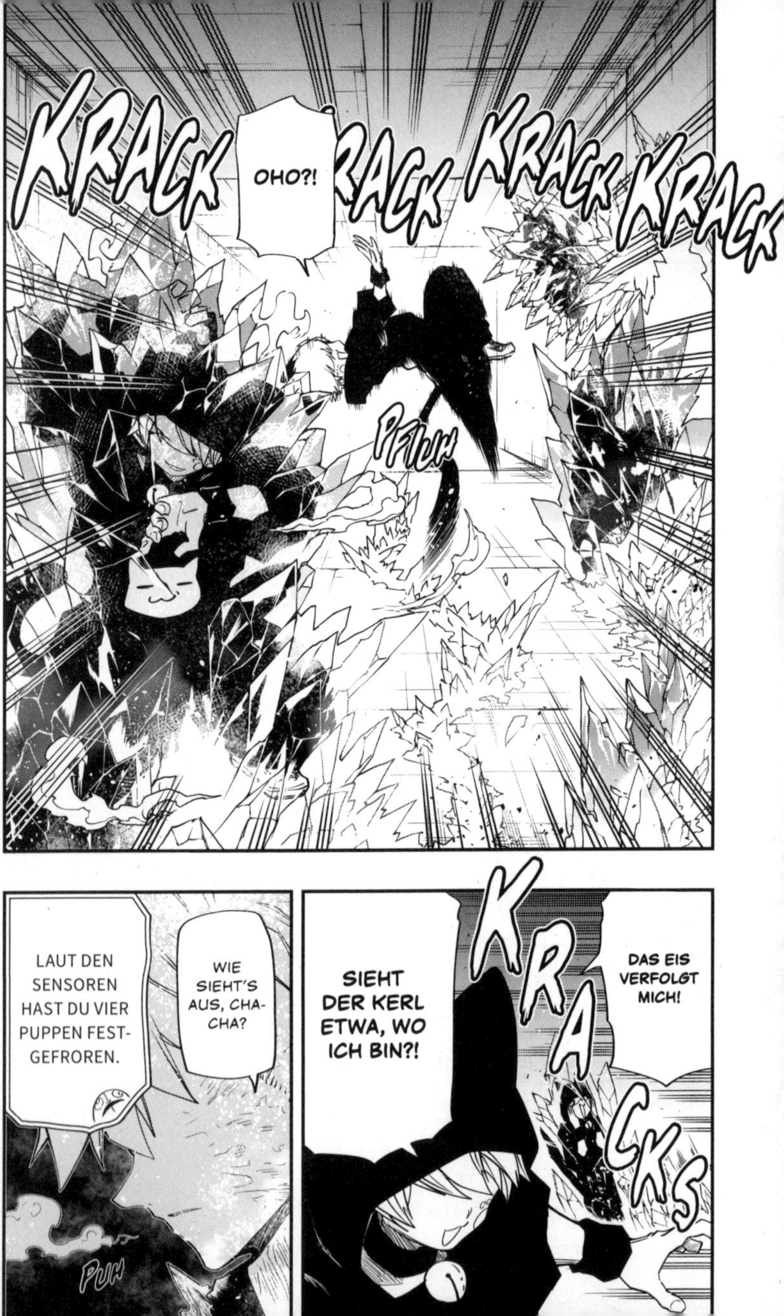
KRACK
OHO?!
KRACK
KRACK
KRACK
PFIUH
KRACKS
DAS EIS VERFOLGT MICH!
SIEHT DER KERL ETWA, WO ICH BIN?!
WIE SIEHT'S AUS, CHA-CHA?
LAUT DEN SENSOREN HAST DU VIER PUPPEN FEST-GEFROREN.
PUH

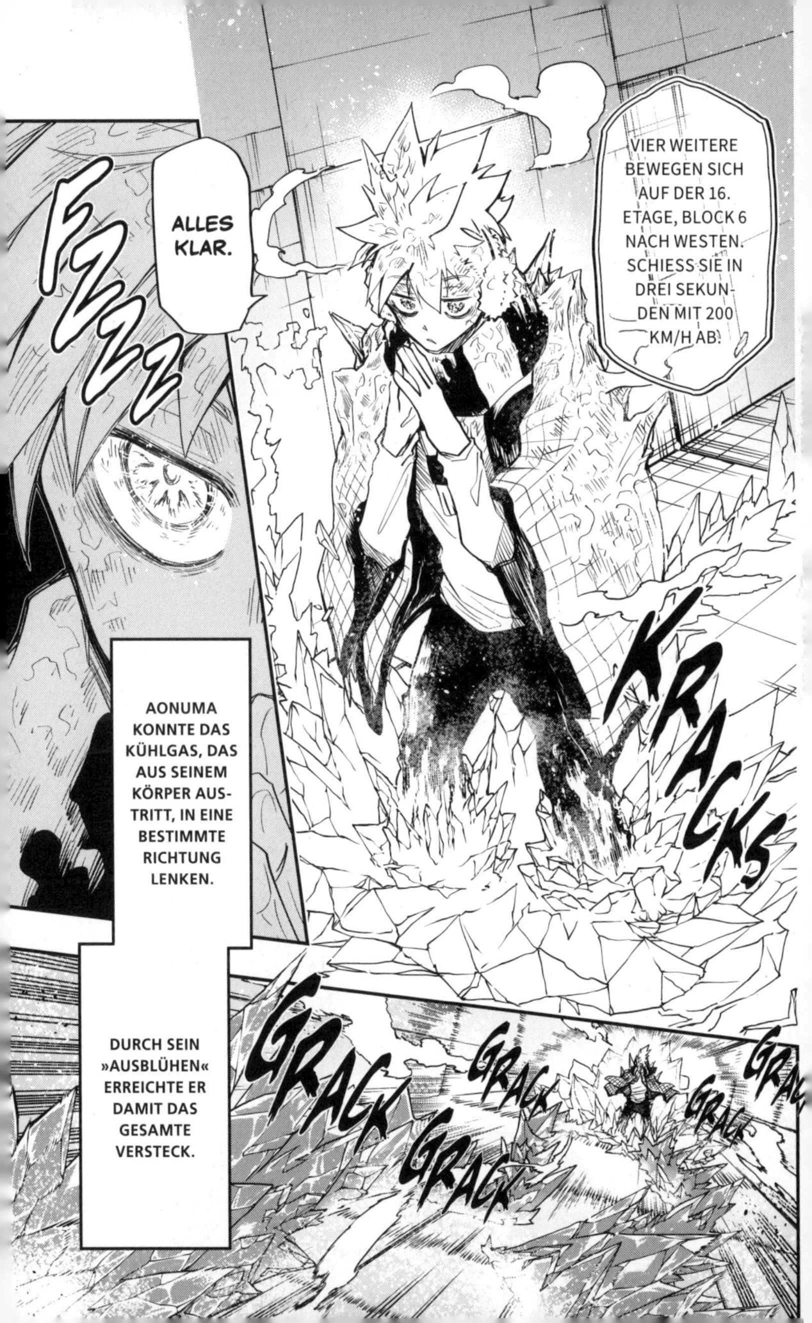
VIER WEITERE BEWEGEN SICH AUF DER 16. ETAGE, BLOCK 6 NACH WESTEN. SCHIESS SIE IN DREI SEKUNDEN MIT 200 KM/H AB.
ALLES KLAR.
FZZZZ
KRACKS
AONUMA KONNTE DAS KÜHLGAS, DAS AUS SEINEM KÖRPER AUSTRITT, IN EINE BESTIMMTE RICHTUNG LENKEN.
DURCH SEIN »AUSBLÜHEN« ERREICHTE ER DAMIT DAS GESAMTE VERSTECK.
GRACK
GRACK
GRACK
GRACK
GRACK

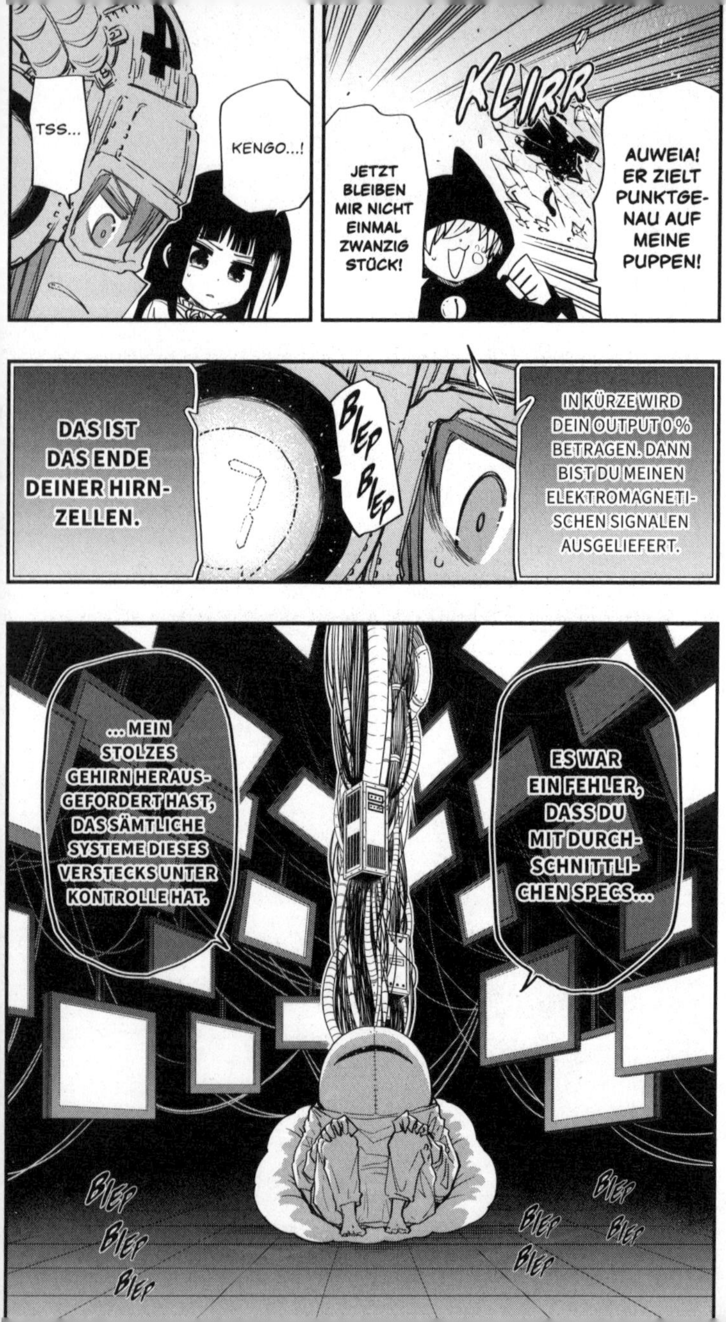
KLIRR
AUWEIA! ER ZIELT PUNKTGENAU AUF MEINE PUPPEN!
JETZT BLEIBEN MIR NICHT EINMAL ZWANZIG STÜCK!
KENGO...!
TSS...
IN KÜRZE WIRD DEIN OUTPUT 0 % BETRAGEN. DANN BIST DU MEINEN ELEKTROMAGNETISCHEN SIGNALEN AUSGELIEFERT.
BIEP BIEP
DAS IST DAS ENDE DEINER HIRNZELLEN.
ES WAR EIN FEHLER, DASS DU MIT DURCHSCHNITTLICHEN SPECS...
... MEIN STOLZES GEHIRN HERAUSGEFORDERT HAST, DAS SÄMTLICHE SYSTEME DIESES VERSTECKS UNTER KONTROLLE HAT.
BIEP BIEP BIEP
BIEP BIEP
BIEP BIEP BIEP

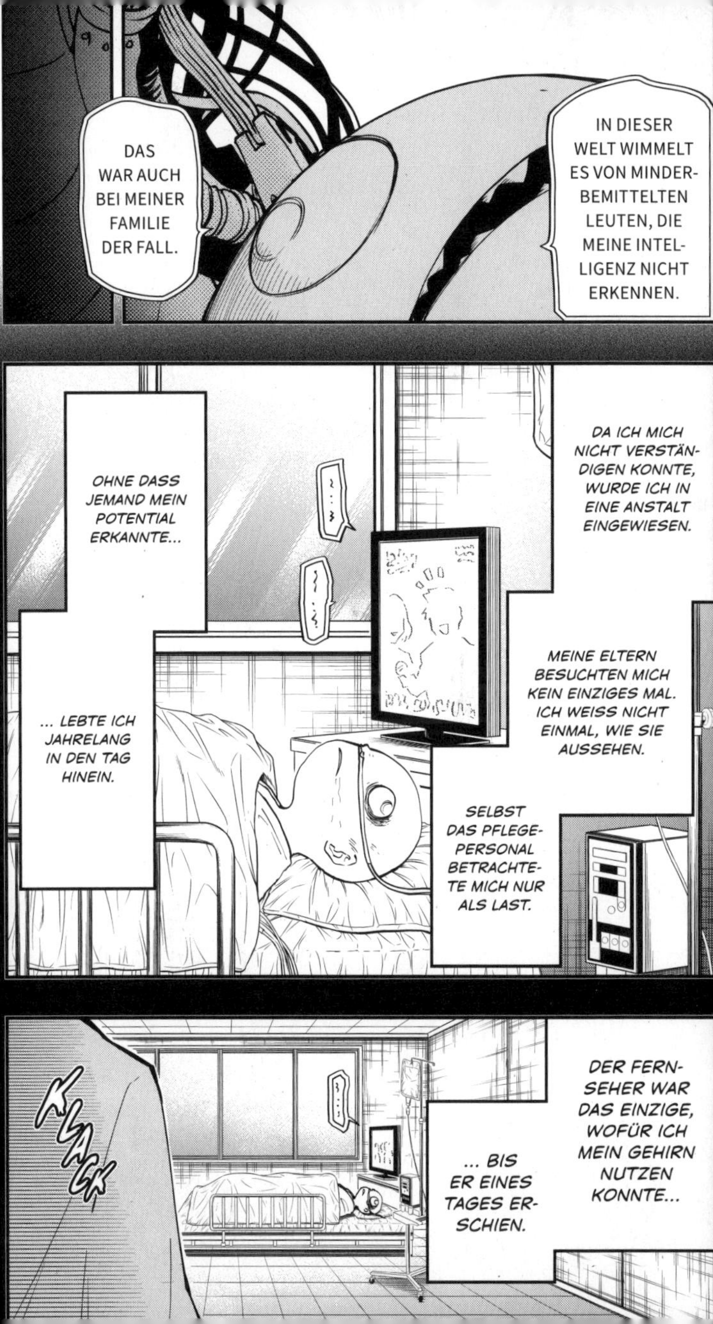

IN DIESER WELT WIMMELT ES VON MINDERBEMITTELTEN LEUTEN, DIE MEINE INTELLIGENZ NICHT ERKENNEN.
DAS WAR AUCH BEI MEINER FAMILIE DER FALL.
DA ICH MICH NICHT VERSTÄNDIGEN KONNTE, WURDE ICH IN EINE ANSTALT EINGEWIESEN.
OHNE DASS JEMAND MEIN POTENTIAL ERKANNTE...
MEINE ELTERN BESUCHTEN MICH KEIN EINZIGES MAL. ICH WEISS NICHT EINMAL, WIE SIE AUSSEHEN.
SELBST DAS PFLEGEPERSONAL BETRACHTETE MICH NUR ALS LAST.
... LEBTE ICH JAHRELANG IN DEN TAG HINEIN.
DER FERNSEHER WAR DAS EINZIGE, WOFÜR ICH MEIN GEHIRN NUTZEN KONNTE...
... BIS ER EINES TAGES ERSCHIEN.
KLACK

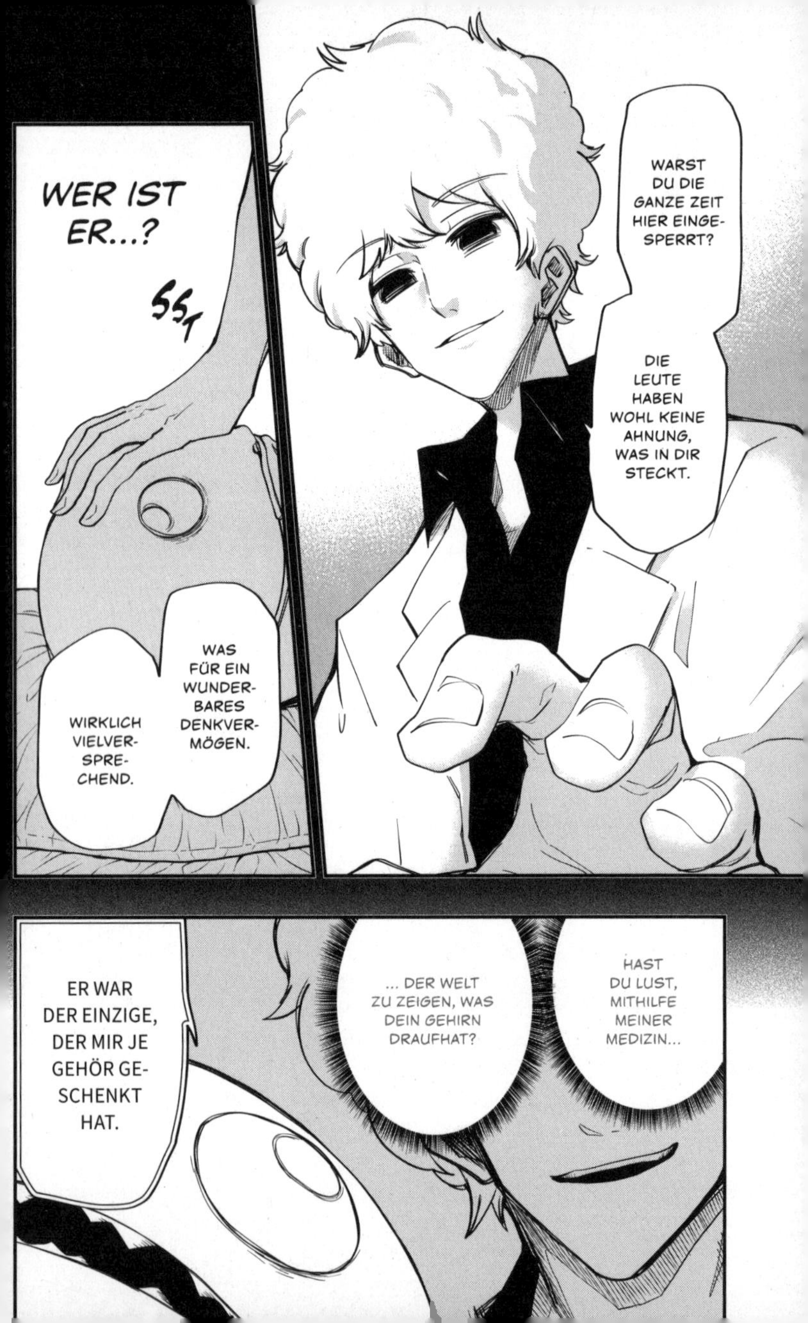
WARST DU DIE GANZE ZEIT HIER EINGE-SPERRT?
DIE LEUTE HABEN WOHL KEINE AHNUNG, WAS IN DIR STECKT.
WER IST ER...?
WAS FÜR EIN WUNDER-BARES DENKVER-MÖGEN.
WIRKLICH VIELVER-SPRE-CHEND.
HAST DU LUST, MITHILFE MEINER MEDIZIN...
... DER WELT ZU ZEIGEN, WAS DEIN GEHIRN DRAUFHAT?
ER WAR DER EINZIGE, DER MIR JE GEHÖR GE-SCHENKT HAT.

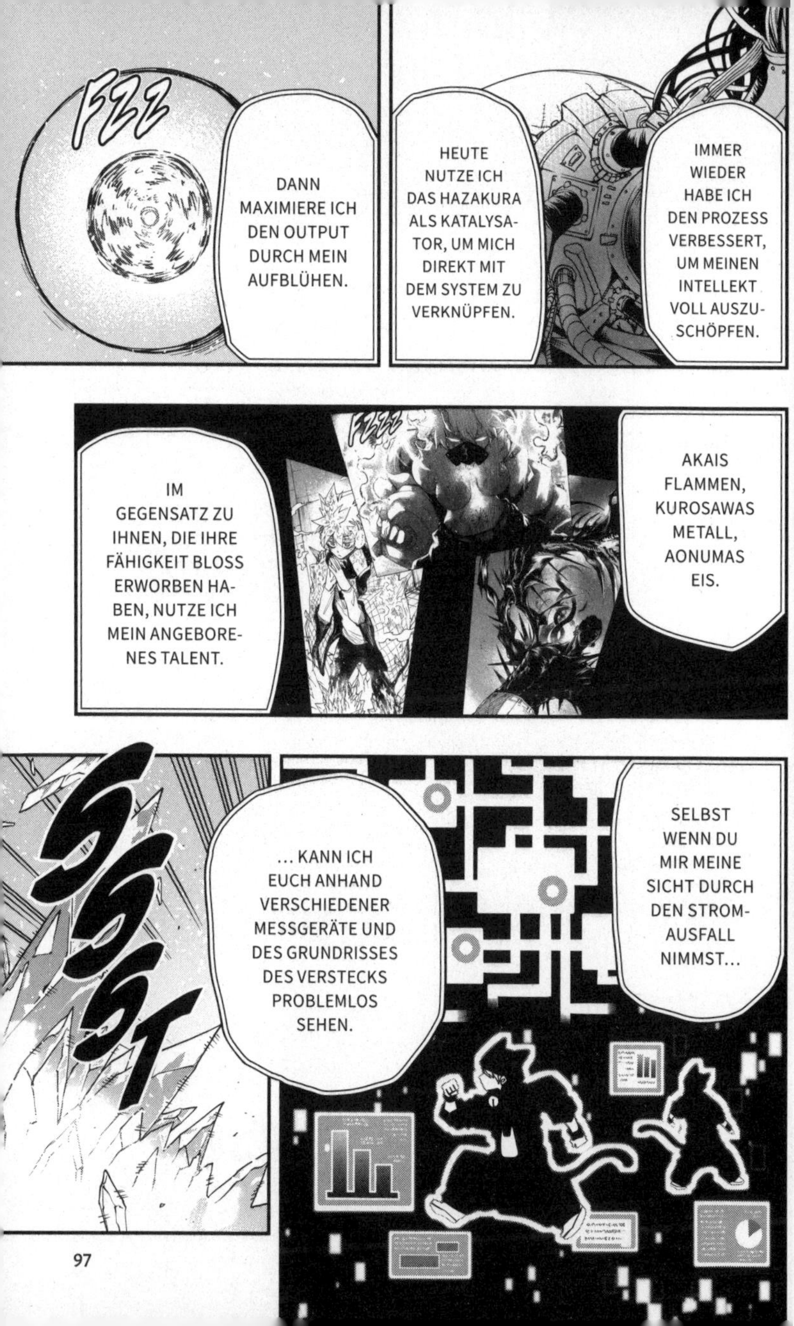
IMMER WIEDER HABE ICH DEN PROZESS VERBESSERT, UM MEINEN INTELLEKT VOLL AUSZU-SCHÖPFEN.
HEUTE NUTZE ICH DAS HAZAKURA ALS KATALYSA-TOR, UM MICH DIREKT MIT DEM SYSTEM ZU VERKNÜPFEN.
FZZ
DANN MAXIMIERE ICH DEN OUTPUT DURCH MEIN AUFBLÜHEN.
AKAIS FLAMMEN, KUROSAWAS METALL, AONUMAS EIS.
FZZZ
IM GEGENSATZ ZU IHNEN, DIE IHRE FÄHIGKEIT BLOSS ERWORBEN HA-BEN, NUTZE ICH MEIN ANGEBORE-NES TALENT.
SELBST WENN DU MIR MEINE SICHT DURCH DEN STROM-AUSFALL NIMMST...
... KANN ICH EUCH ANHAND VERSCHIEDENER MESSGERÄTE UND DES GRUNDRISSES DES VERSTECKS PROBLEMLOS SEHEN.
SSST

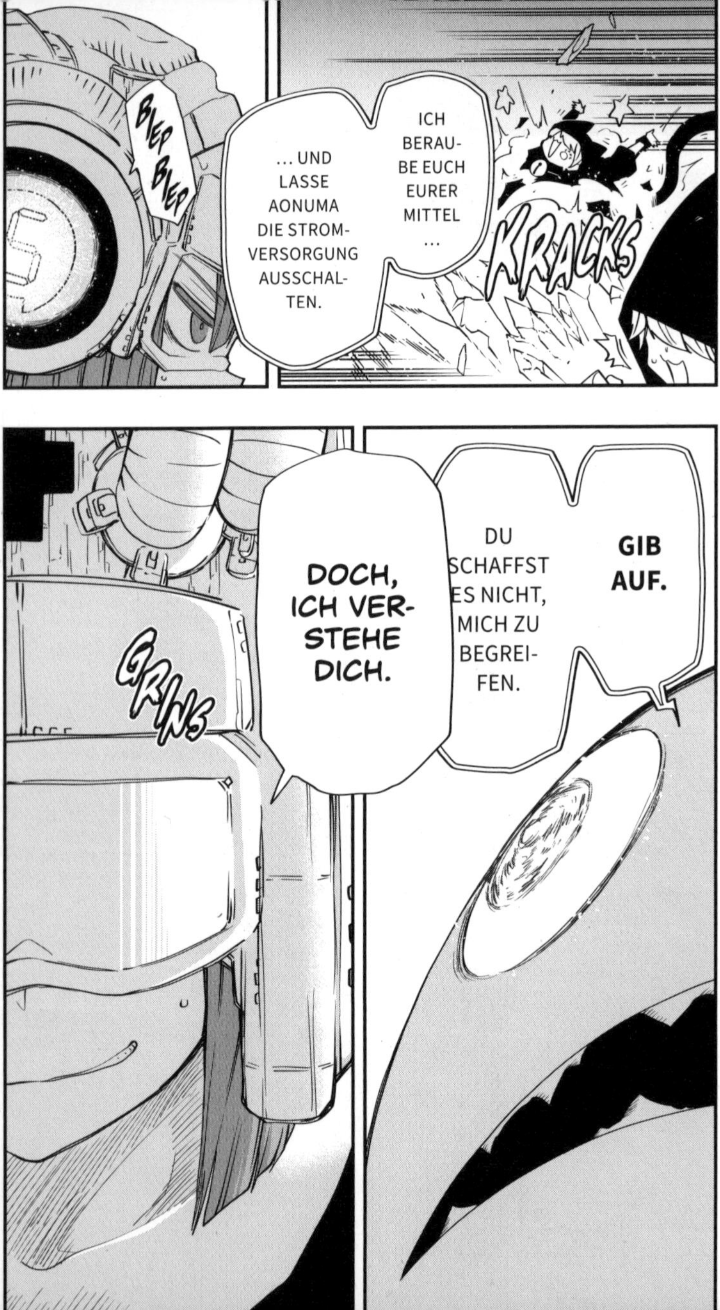
KRACKS
ICH BERAUBE EUCH EURER MITTEL …
… UND LASSE AONUMA DIE STROMVERSORGUNG AUSSCHALTEN.
BIEP BIEP
GIB AUF.
DU SCHAFFST ES NICHT, MICH ZU BEGREIFEN.
DOCH, ICH VERSTEHE DICH.
GRINS

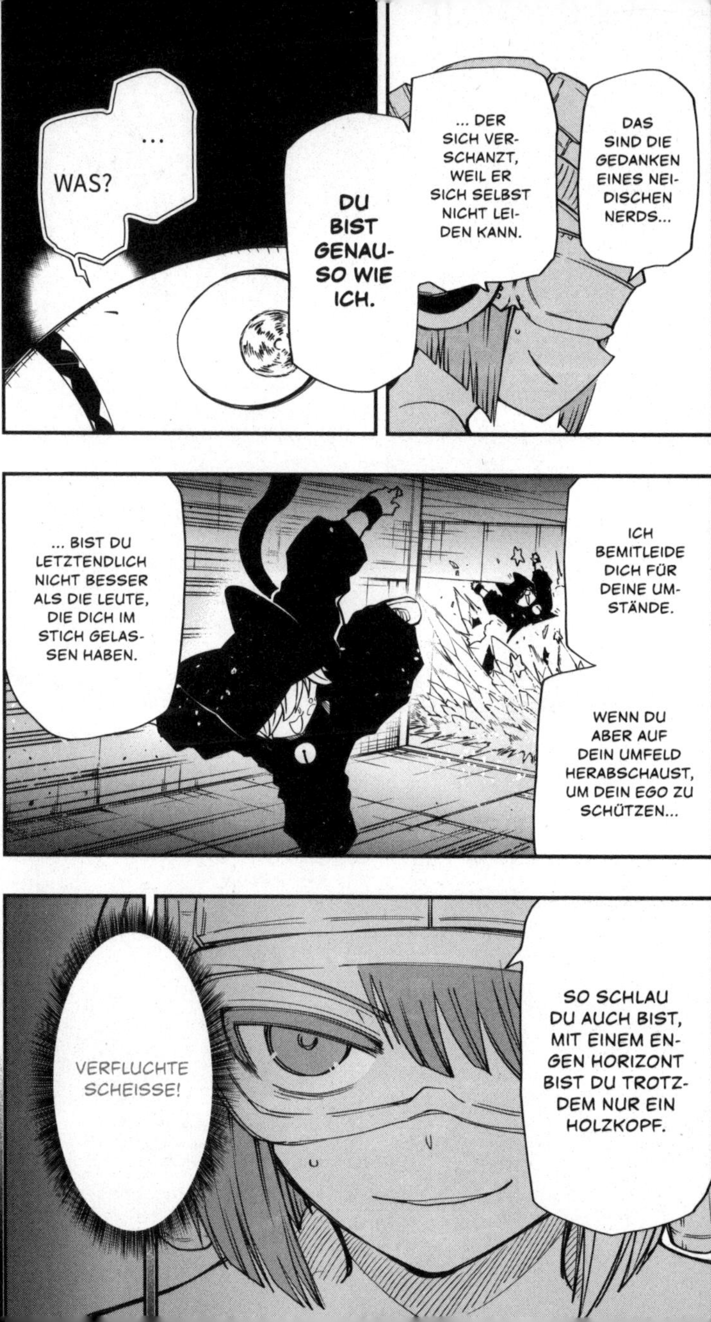
DAS SIND DIE GEDANKEN EINES NEIDISCHEN NERDS...
... DER SICH VERSCHANZT, WEIL ER SICH SELBST NICHT LEIDEN KANN.
DU BIST GENAUSO WIE ICH.
... WAS?
ICH BEMITLEIDE DICH FÜR DEINE UMSTÄNDE.
WENN DU ABER AUF DEIN UMFELD HERABSCHAUST, UM DEIN EGO ZU SCHÜTZEN...
... BIST DU LETZTENDLICH NICHT BESSER ALS DIE LEUTE, DIE DICH IM STICH GELASSEN HABEN.
SO SCHLAU DU AUCH BIST, MIT EINEM ENGEN HORIZONT BIST DU TROTZDEM NUR EIN HOLZKOPF.
VERFLUCHTE SCHEISSE!

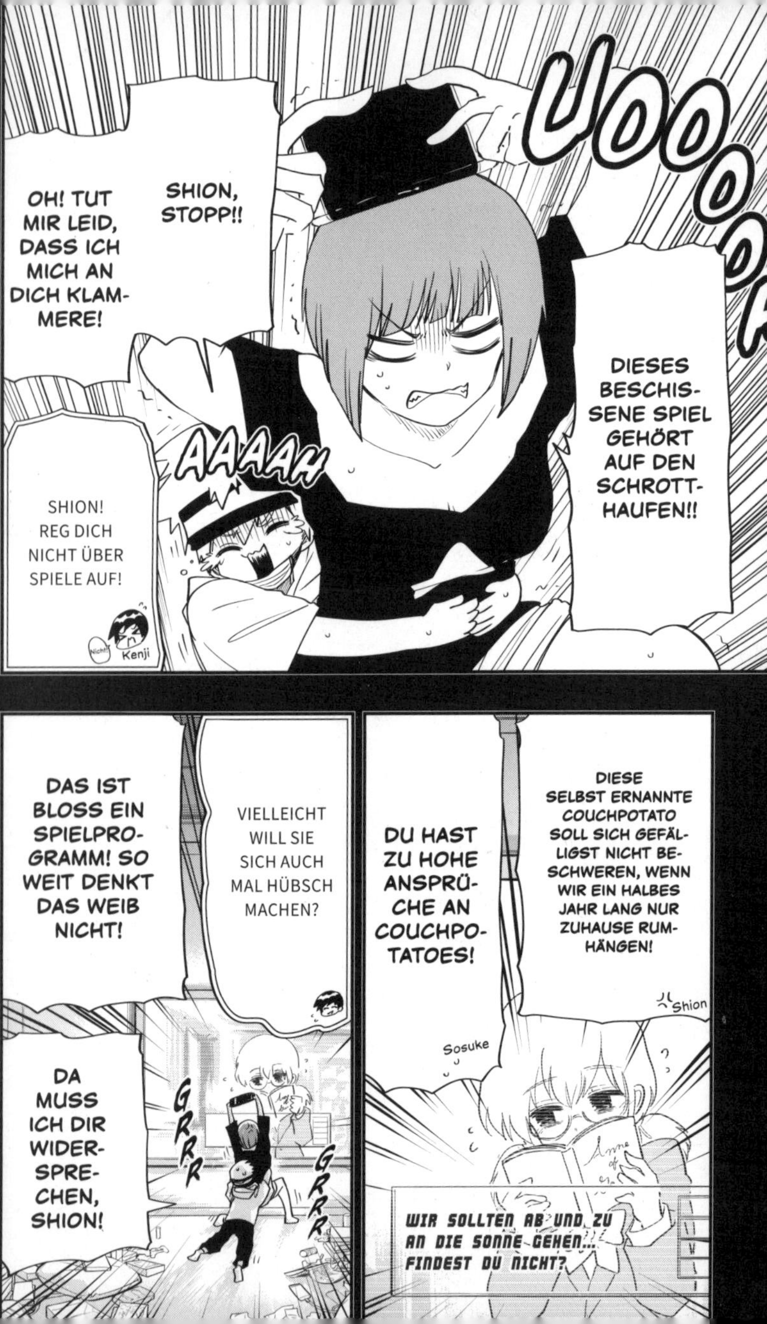
UOOOOH
DIESES BESCHISSENE SPIEL GEHÖRT AUF DEN SCHROTTHAUFEN!!
SHION, STOPP!!
OH! TUT MIR LEID, DASS ICH MICH AN DICH KLAMMERE!
AAAAH
SHION! REG DICH NICHT ÜBER SPIELE AUF!
Nicht!
Kenji
DIESE SELBST ERNANNTE COUCHPOTATO SOLL SICH GEFÄLLIGST NICHT BESCHWEREN, WENN WIR EIN HALBES JAHR LANG NUR ZUHAUSE RUMHÄNGEN!
Shion
DU HAST ZU HOHE ANSPRÜCHE AN COUCHPOTATOES!
Sosuke
WIR SOLLTEN AB UND ZU AN DIE SONNE GEHEN... FINDEST DU NICHT?
VIELLEICHT WILL SIE SICH AUCH MAL HÜBSCH MACHEN?
DAS IST BLOSS EIN SPIELPROGRAMM! SO WEIT DENKT DAS WEIB NICHT!
DA MUSS ICH DIR WIDERSPRECHEN, SHION!
GRRR
GRRR

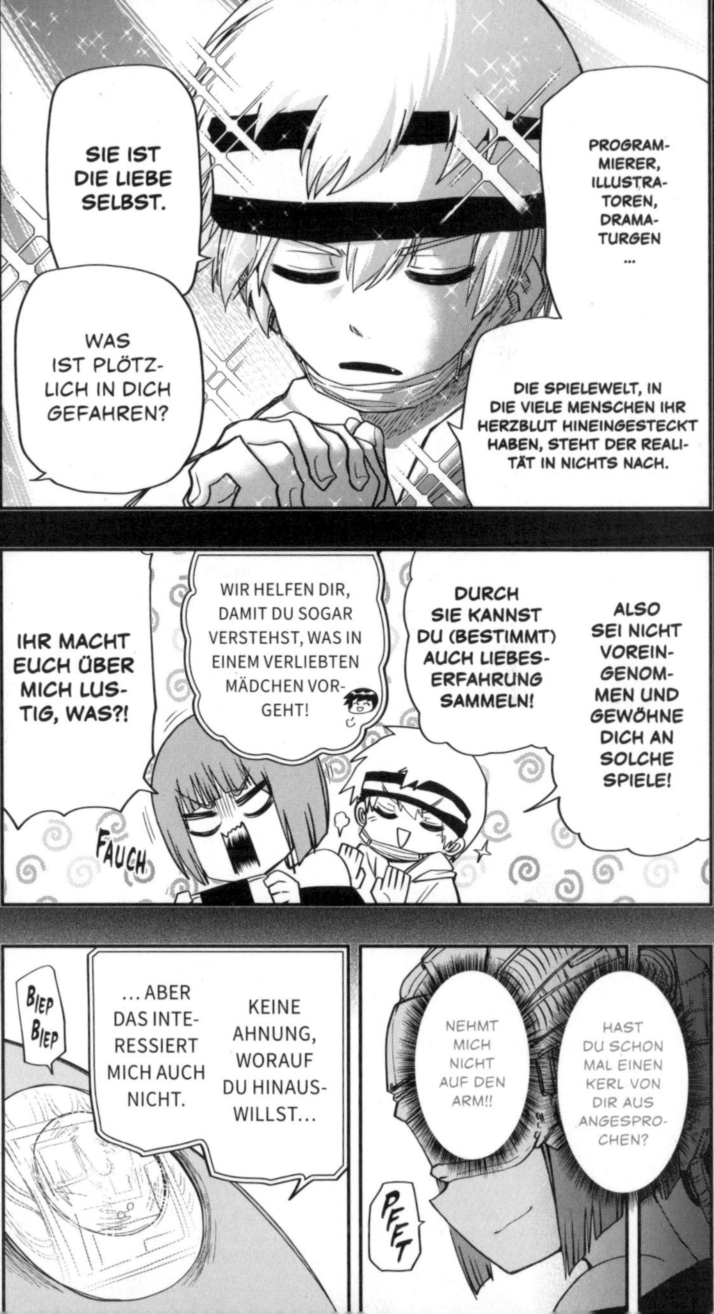
PROGRAMMIERER, ILLUSTRATOREN, DRAMATURGEN ...
DIE SPIELEWELT, IN DIE VIELE MENSCHEN IHR HERZBLUT HINEINGESTECKT HABEN, STEHT DER REALITÄT IN NICHTS NACH.
SIE IST DIE LIEBE SELBST.
WAS IST PLÖTZLICH IN DICH GEFAHREN?
ALSO SEI NICHT VOREINGENOMMEN UND GEWÖHNE DICH AN SOLCHE SPIELE!
DURCH SIE KANNST DU (BESTIMMT) AUCH LIEBESERFAHRUNG SAMMELN!
WIR HELFEN DIR, DAMIT DU SOGAR VERSTEHST, WAS IN EINEM VERLIEBTEN MÄDCHEN VORGEHT!
IHR MACHT EUCH ÜBER MICH LUSTIG, WAS?!
FAUCH
HAST DU SCHON MAL EINEN KERL VON DIR AUS ANGESPROCHEN?
NEHMT MICH NICHT AUF DEN ARM!!
PFFT
KEINE AHNUNG, WORAUF DU HINAUSWILLST…
… ABER DAS INTERESSIERT MICH AUCH NICHT.
BIEP BIEP

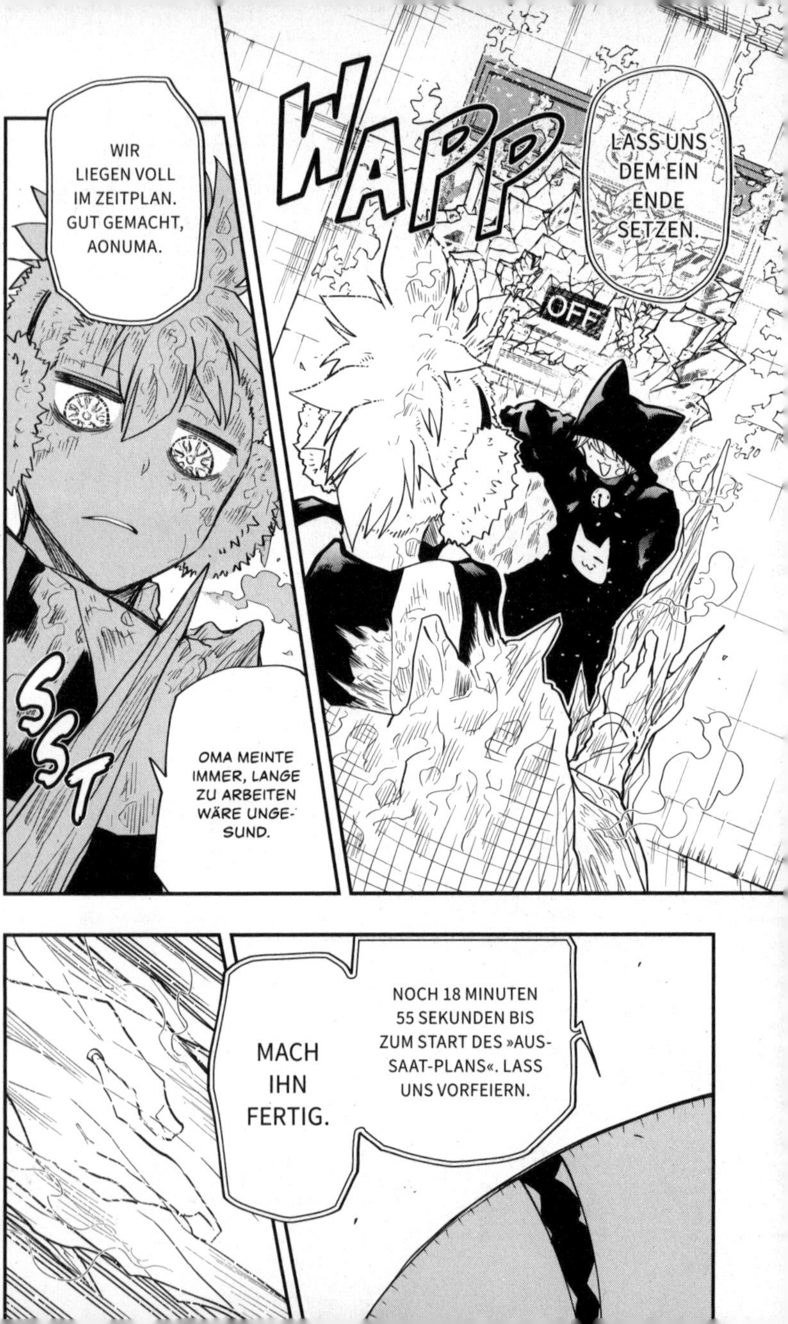
WAPP
LASS UNS DEM EIN ENDE SETZEN.
OFF
WIR LIEGEN VOLL IM ZEITPLAN. GUT GEMACHT, AONUMA.
SSST
OMA MEINTE IMMER, LANGE ZU ARBEITEN WÄRE UNGE-SUND.
NOCH 18 MINUTEN 55 SEKUNDEN BIS ZUM START DES »AUS-SAAT-PLANS«. LASS UNS VORFEIERN.
MACH IHN FERTIG.

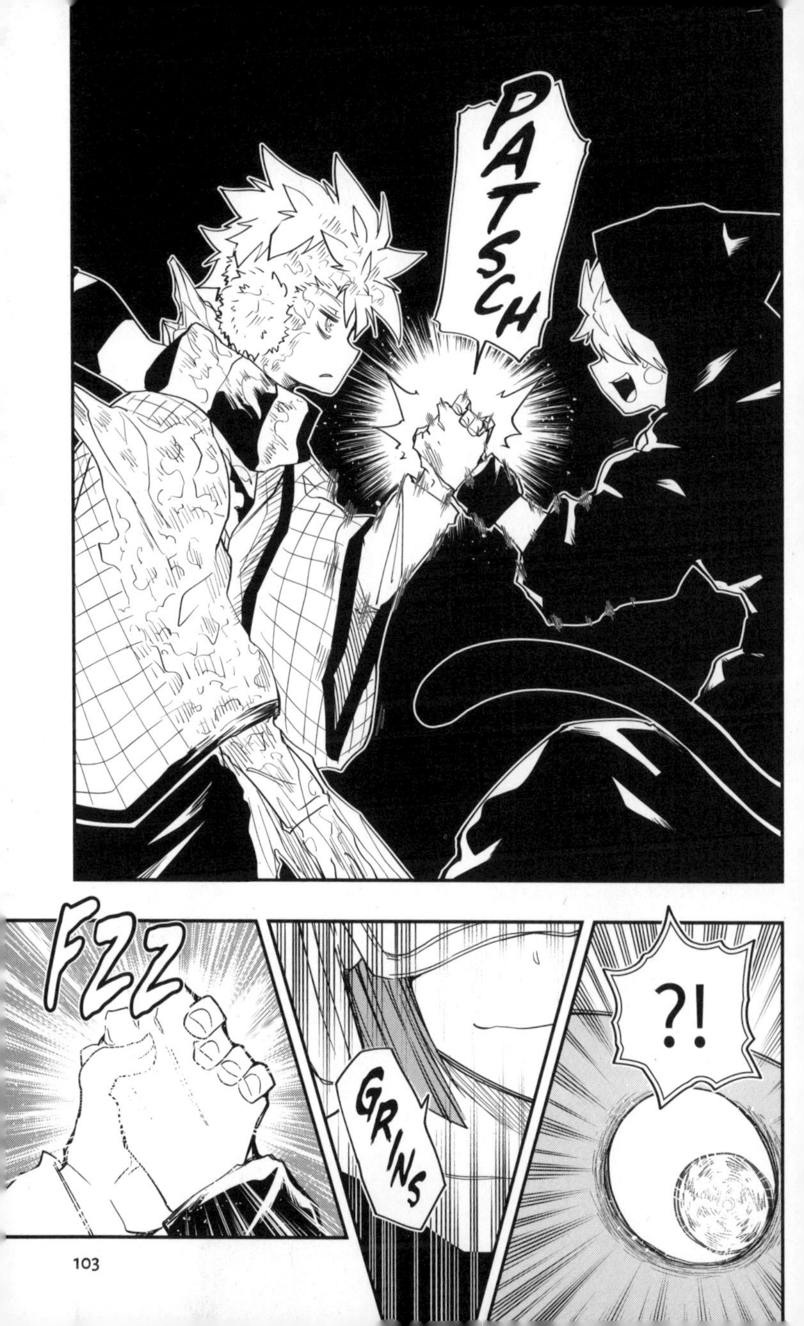
PATSCH
FZZ
GRINS
?!

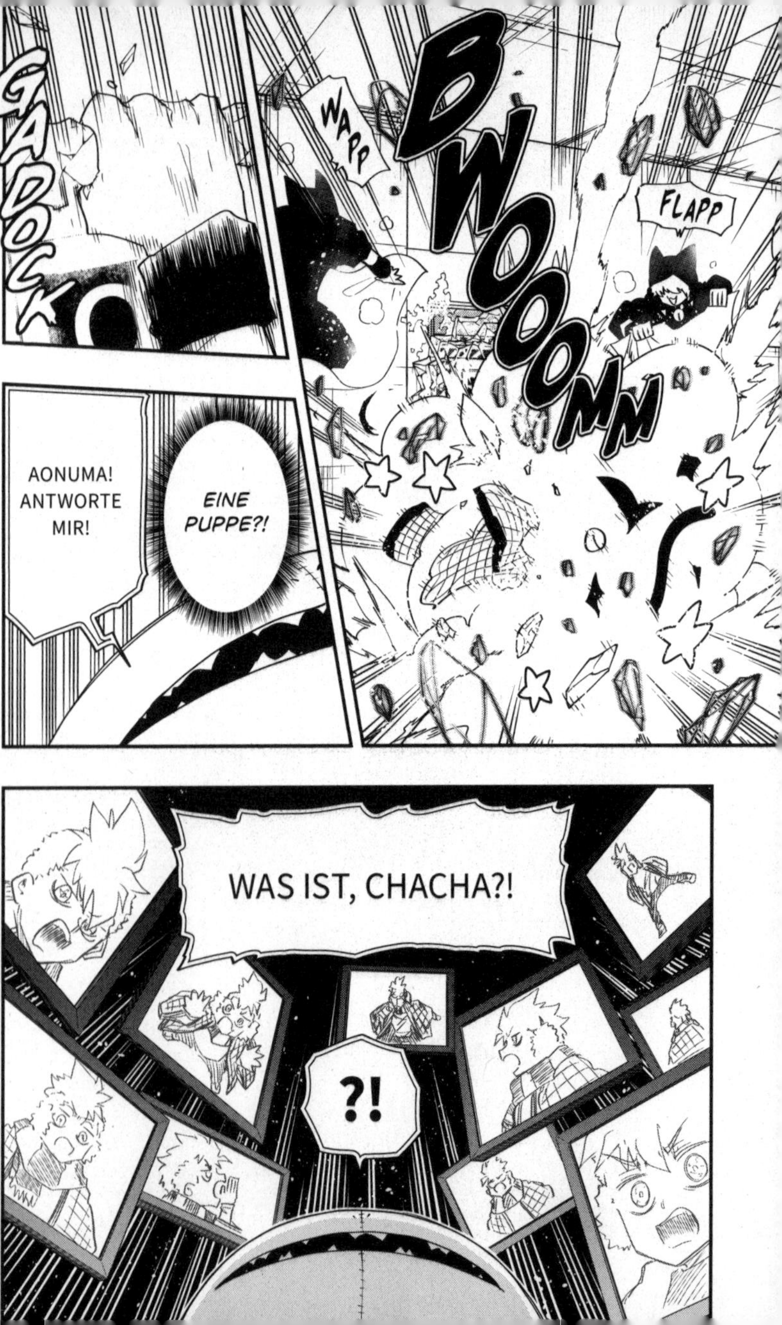
WAPP
BWOOOMM
FLAPP
GADOCK
EINE PUPPE?!
AONUMA! ANTWORTE MIR!
WAS IST, CHACHA?!
?!

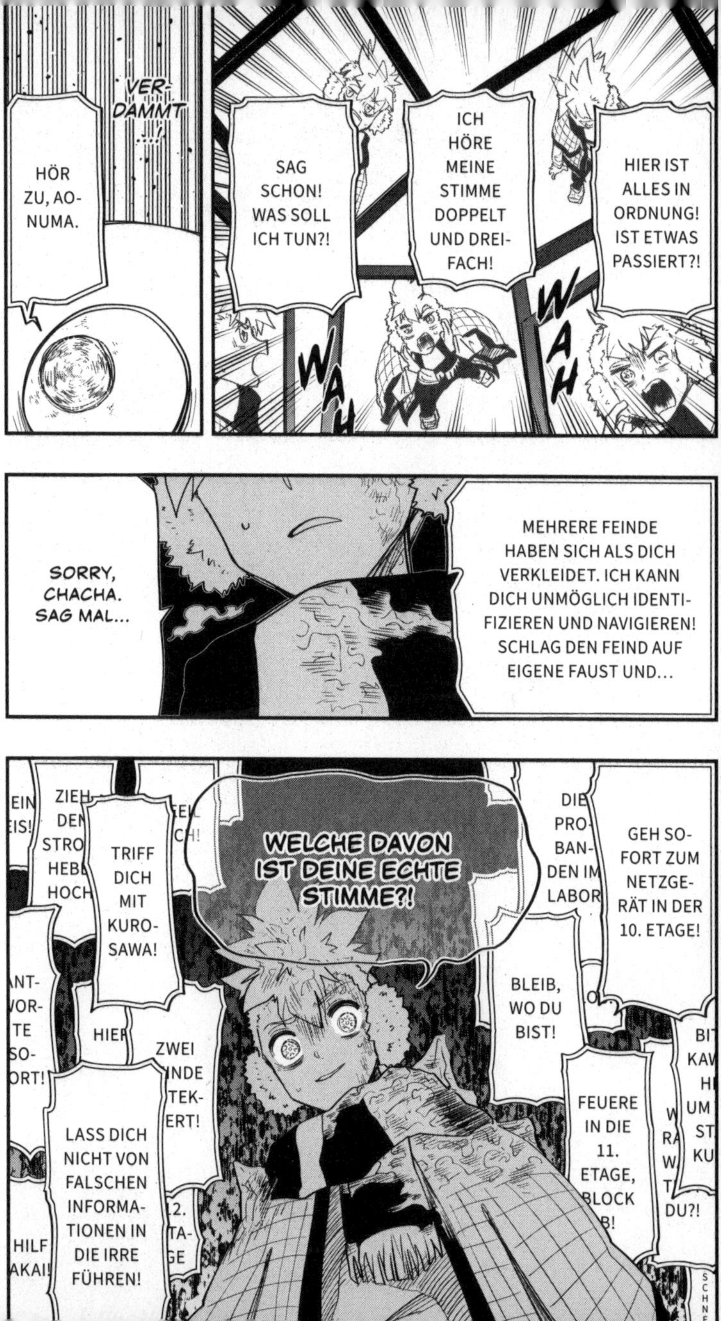
HIER IST ALLES IN ORDNUNG! IST ETWAS PASSIERT?!
WAH
ICH HÖRE MEINE STIMME DOPPELT UND DREI-FACH!
SAG SCHON! WAS SOLL ICH TUN?!
WAH
VER-DAMMT ...?!
HÖR ZU, AO-NUMA.
MEHRERE FEINDE HABEN SICH ALS DICH VERKLEIDET. ICH KANN DICH UNMÖGLICH IDENTI-FIZIEREN UND NAVIGIEREN! SCHLAG DEN FEIND AUF EIGENE FAUST UND…
SORRY, CHACHA. SAG MAL…
GEH SO-FORT ZUM NETZGE-RÄT IN DER 10. ETAGE!
BLEIB, WO DU BIST!
WELCHE DAVON IST DEINE ECHTE STIMME?!
TRIFF DICH MIT KURO-SAWA!
LASS DICH NICHT VON FALSCHEN INFORMA-TIONEN IN DIE IRRE FÜHREN!

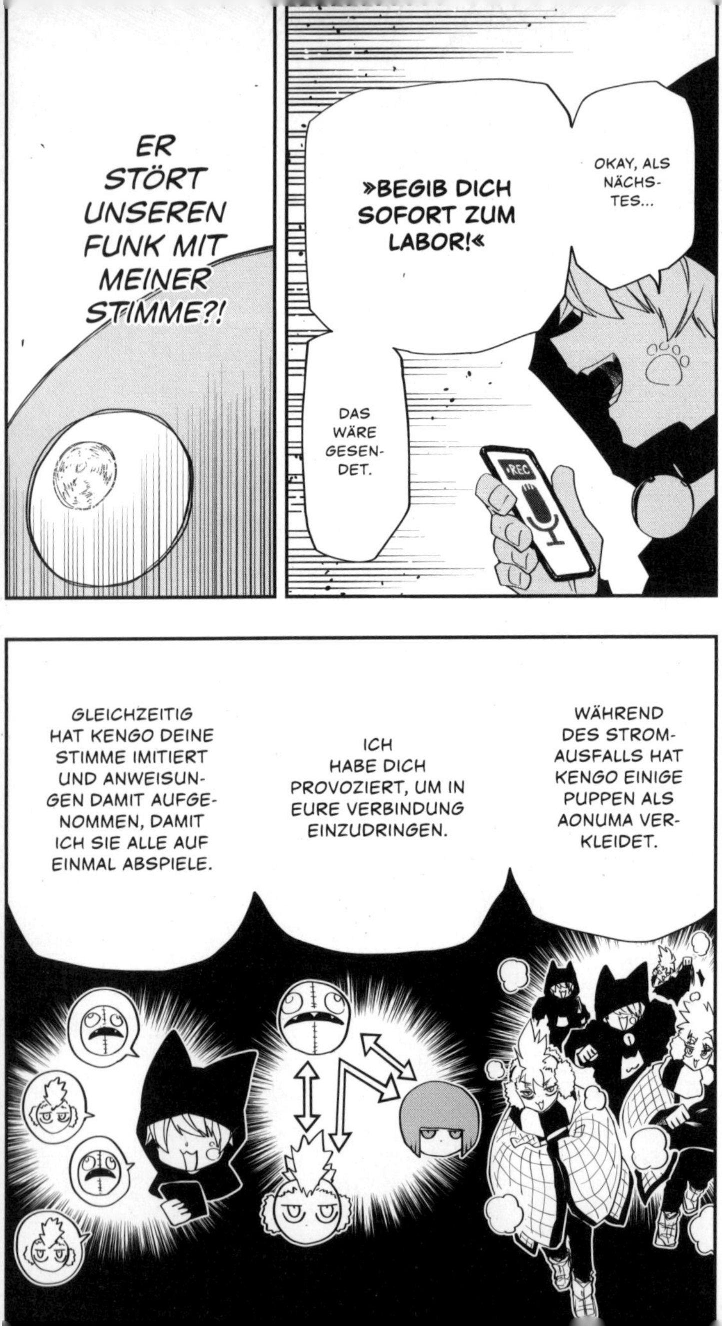
OKAY, ALS NÄCHSTES...
»BEGIB DICH SOFORT ZUM LABOR!«
REC
DAS WÄRE GESENDET.
ER STÖRT UNSEREN FUNK MIT MEINER STIMME?!
WÄHREND DES STROMAUSFALLS HAT KENGO EINIGE PUPPEN ALS AONUMA VERKLEIDET.
ICH HABE DICH PROVOZIERT, UM IN EURE VERBINDUNG EINZUDRINGEN.
GLEICHZEITIG HAT KENGO DEINE STIMME IMITIERT UND ANWEISUNGEN DAMIT AUFGENOMMEN, DAMIT ICH SIE ALLE AUF EINMAL ABSPIELE.

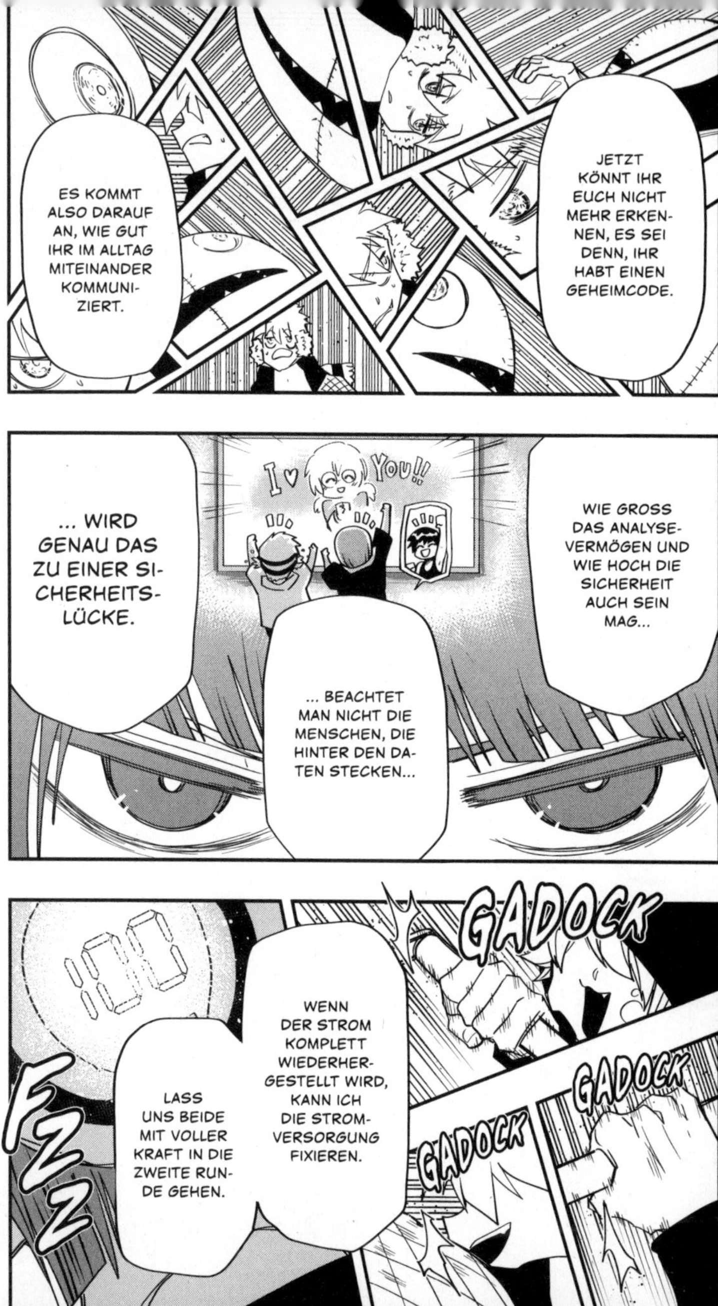
JETZT KÖNNT IHR EUCH NICHT MEHR ERKENNEN, ES SEI DENN, IHR HABT EINEN GEHEIMCODE.
ES KOMMT ALSO DARAUF AN, WIE GUT IHR IM ALLTAG MITEINANDER KOMMUNIZIERT.
I ♥ YOU!!
WIE GROSS DAS ANALYSEVERMÖGEN UND WIE HOCH DIE SICHERHEIT AUCH SEIN MAG...
... BEACHTET MAN NICHT DIE MENSCHEN, DIE HINTER DEN DATEN STECKEN...
... WIRD GENAU DAS ZU EINER SICHERHEITSLÜCKE.
GADOCK
WENN DER STROM KOMPLETT WIEDERHERGESTELLT WIRD, KANN ICH DIE STROMVERSORGUNG FIXIEREN.
GADOCK
GADOCK
LASS UNS BEIDE MIT VOLLER KRAFT IN DIE ZWEITE RUNDE GEHEN.
FZZ

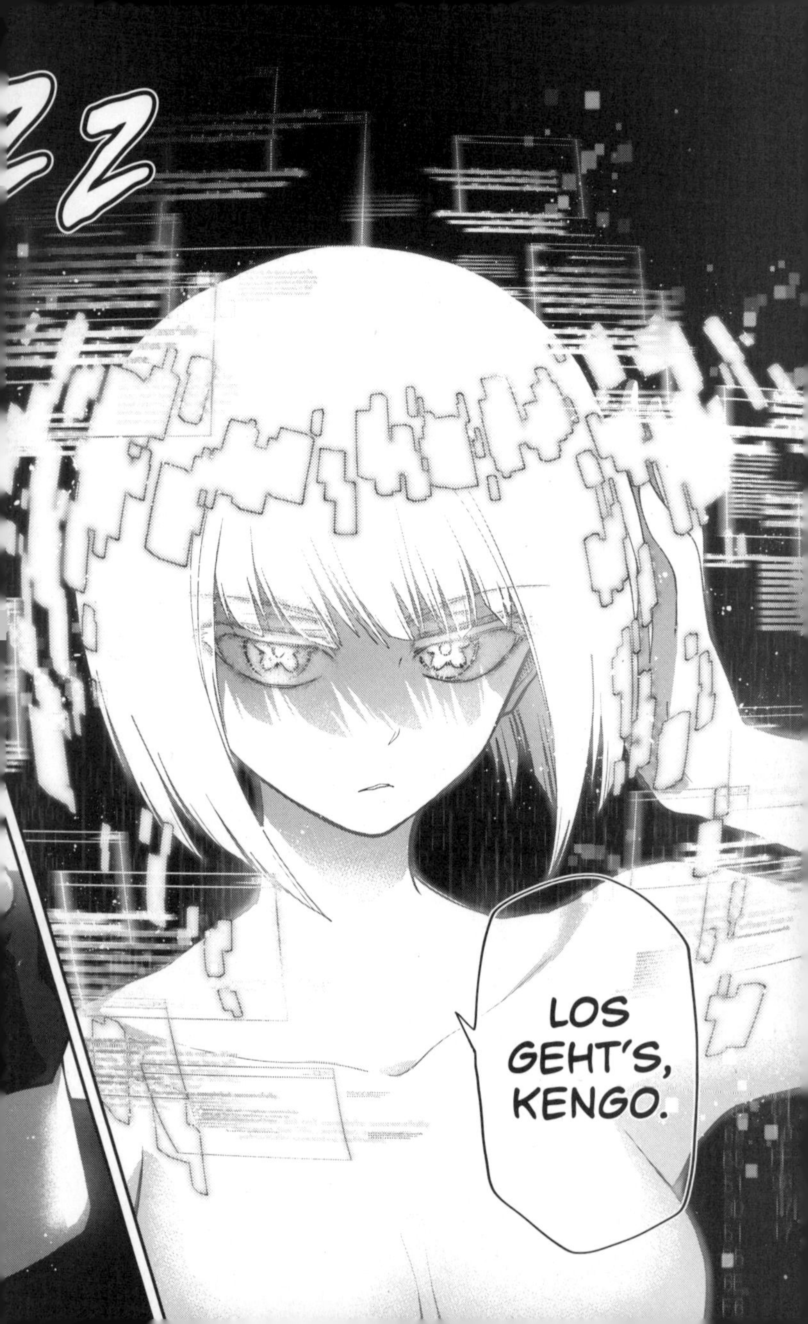
ZZ
LOS GEHT'S, KENGO.

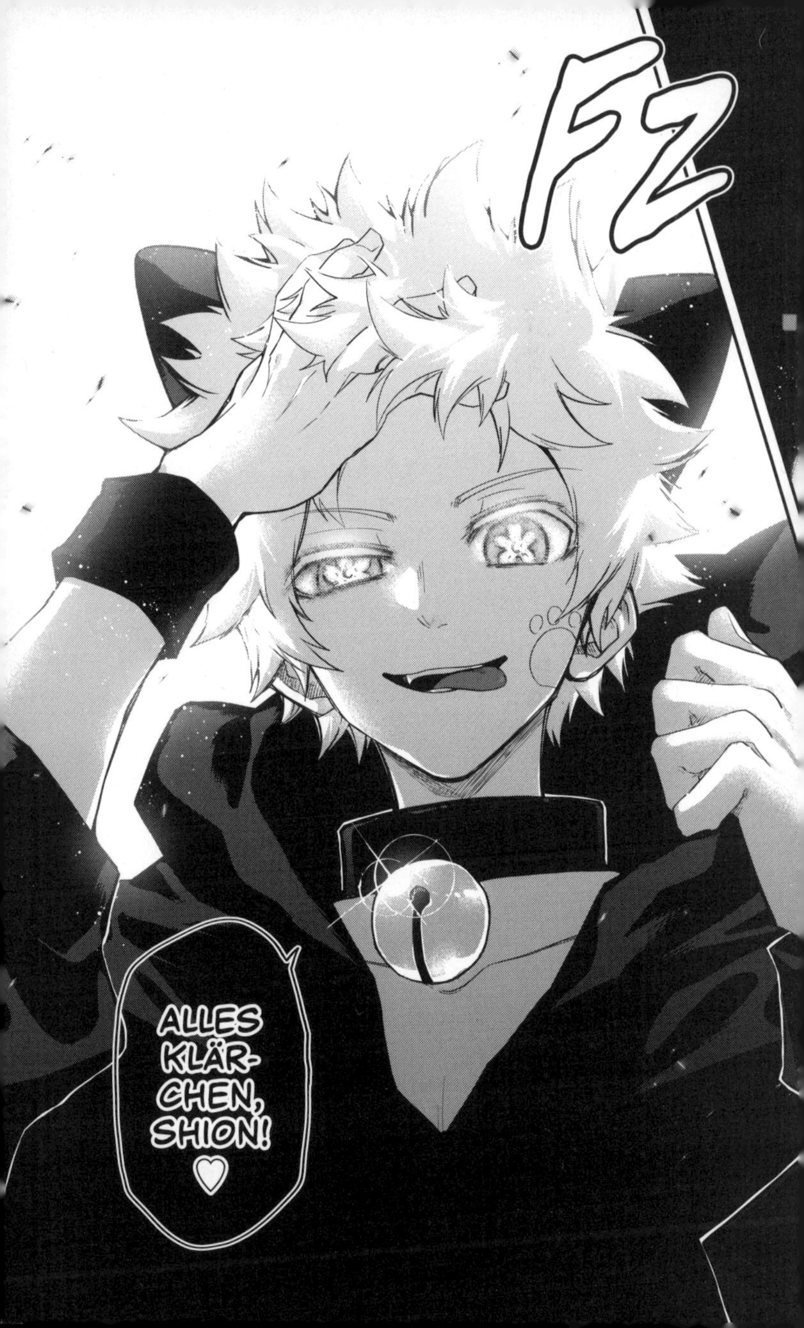
FZ
ALLES KLÄR-CHEN, SHION! ♡

»Dokidoki Apocalypse«

Ein legendäres Liebessimulationsspiel, das trotz niedrigen Budgets und geringer Datenkapazität eine enorme Menge an Textdateien verwirklicht hat, sodass es tausende spielbare Szenarien gibt. Nur 0,01 % aller Spieler können beim ersten Versuch das beste Ende erreichen. In 30 % aller Fälle wird der Protagonist mit dem Messer erstochen und in 50 % aller Fälle endet die Geschichte damit, dass das Mädchen sich in eine Dämonenkönigin verwandelt und die Welt untergeht.

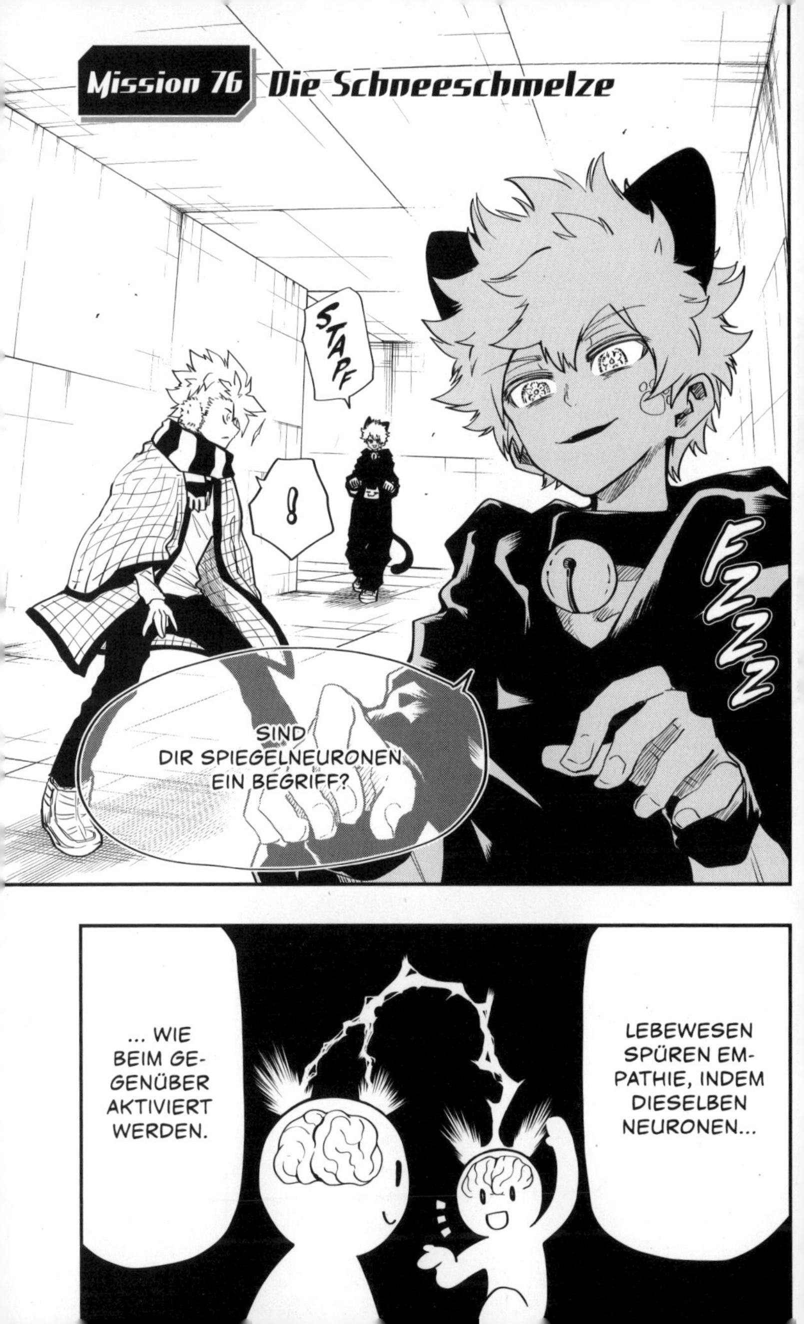
Mission 76 Die Schneeschmelze
STAPF
!
FZZZ
SIND DIR SPIEGELNEURONEN EIN BEGRIFF?
LEBEWESEN SPÜREN EM-PATHIE, INDEM DIESELBEN NEURONEN...
... WIE BEIM GE-GENÜBER AKTIVIERT WERDEN.

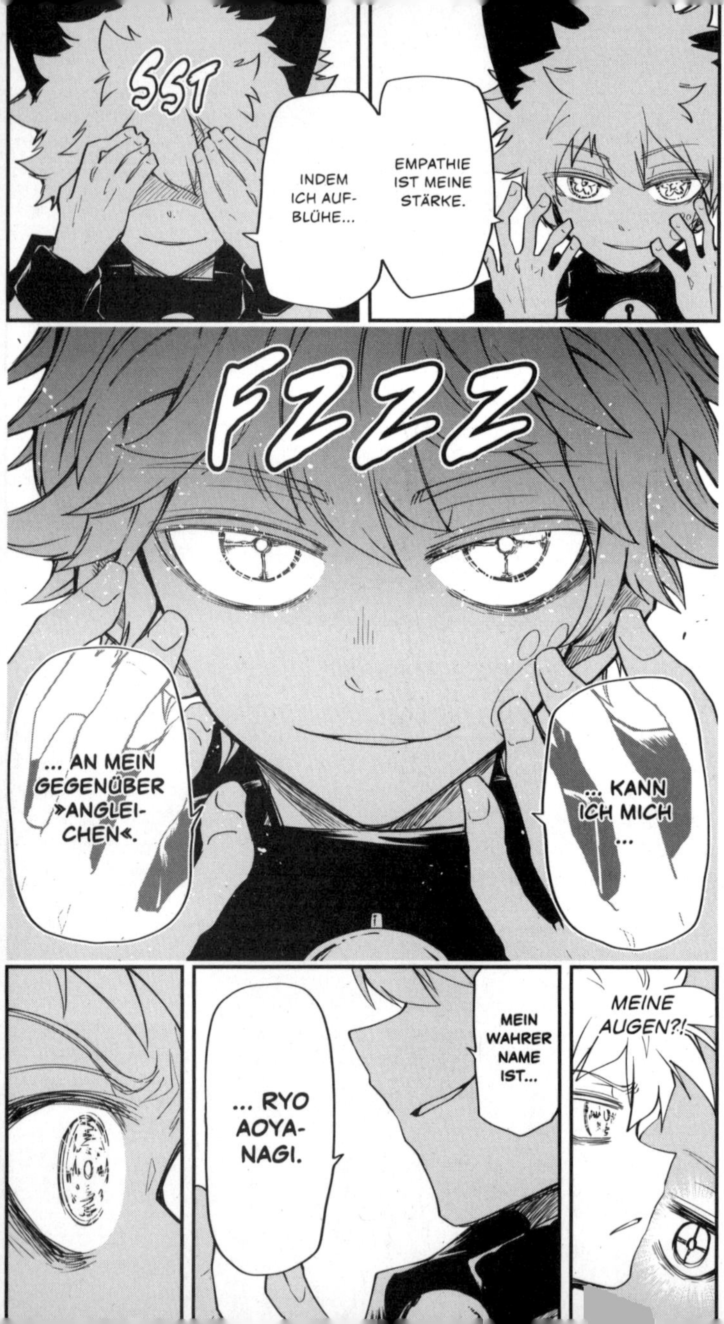
EMPATHIE IST MEINE STÄRKE.
INDEM ICH AUF-BLÜHE...
SST
FZZZ
... KANN ICH MICH ...
... AN MEIN GEGENÜBER »ANGLEI-CHEN«.
MEINE AUGEN?!
MEIN WAHRER NAME IST...
... RYO AOYA-NAGI.

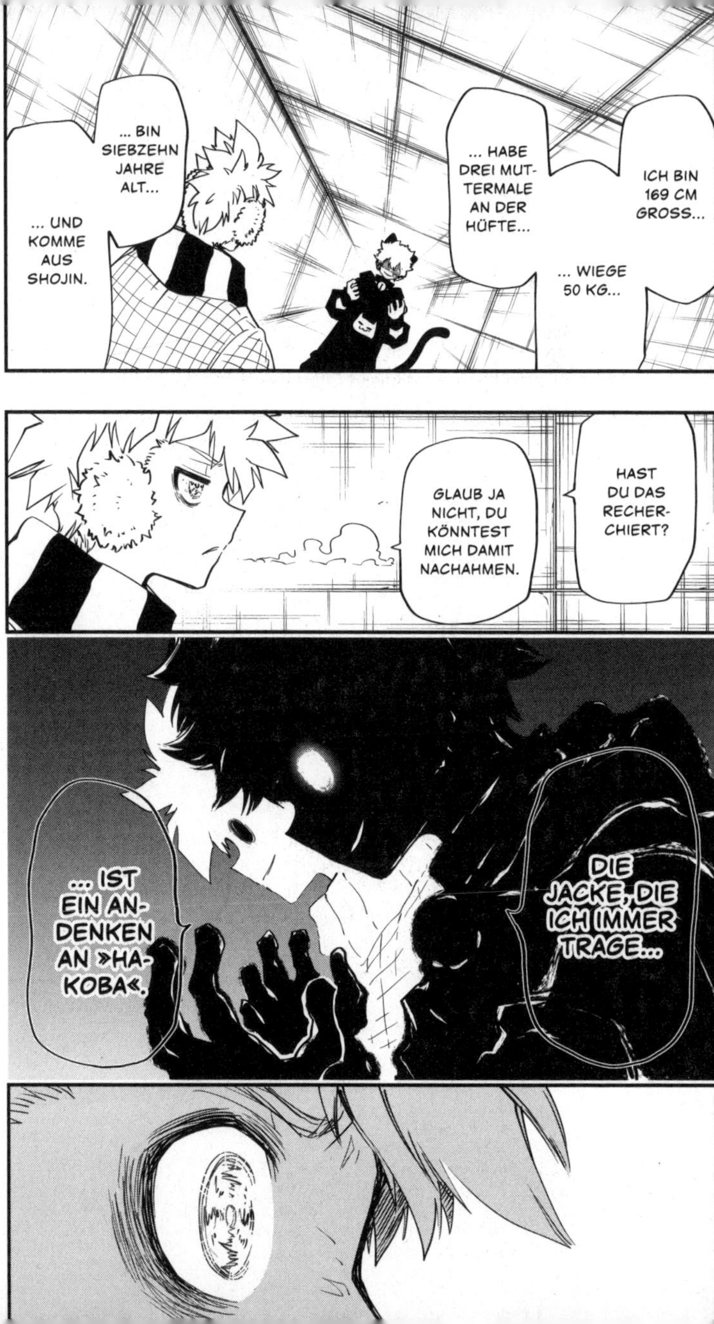
ICH BIN 169 CM GROSS...
... WIEGE 50 KG...
... HABE DREI MUTTERMALE AN DER HÜFTE...
... BIN SIEBZEHN JAHRE ALT...
... UND KOMME AUS SHOJIN.
HAST DU DAS RECHERCHIERT?
GLAUB JA NICHT, DU KÖNNTEST MICH DAMIT NACHAHMEN.
DIE JACKE, DIE ICH IMMER TRAGE...
... IST EIN ANDENKEN AN »HAKOBA«.

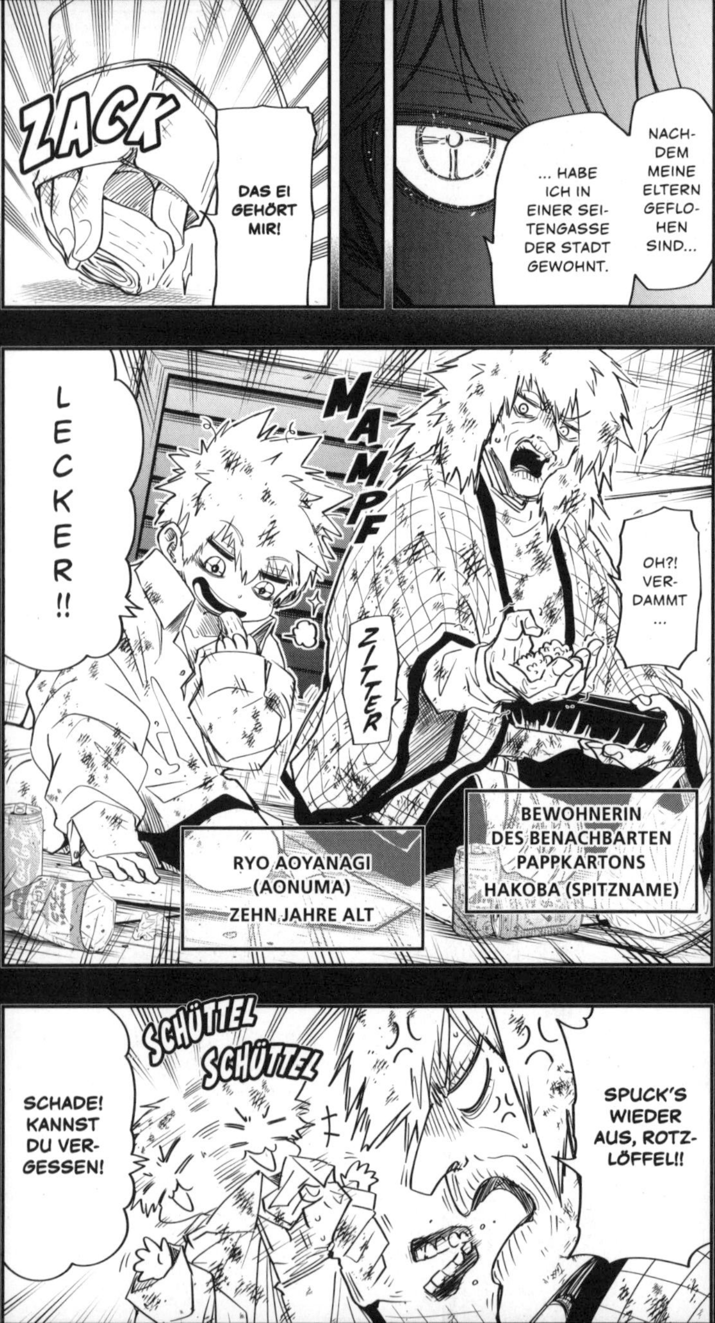
NACHDEM MEINE ELTERN GEFLOHEN SIND...
... HABE ICH IN EINER SEITENGASSE DER STADT GEWOHNT.
ZACK
DAS EI GEHÖRT MIR!
OH?! VERDAMMT ...
ZITTER
MAMPF
LECKER!!
BEWOHNERIN DES BENACHBARTEN PAPPKARTONS HAKOBA (SPITZNAME)
RYO AOYANAGI (AONUMA) ZEHN JAHRE ALT
SPUCK'S WIEDER AUS, ROTZLÖFFEL!!
SCHÜTTEL SCHÜTTEL
SCHADE! KANNST DU VERGESSEN!

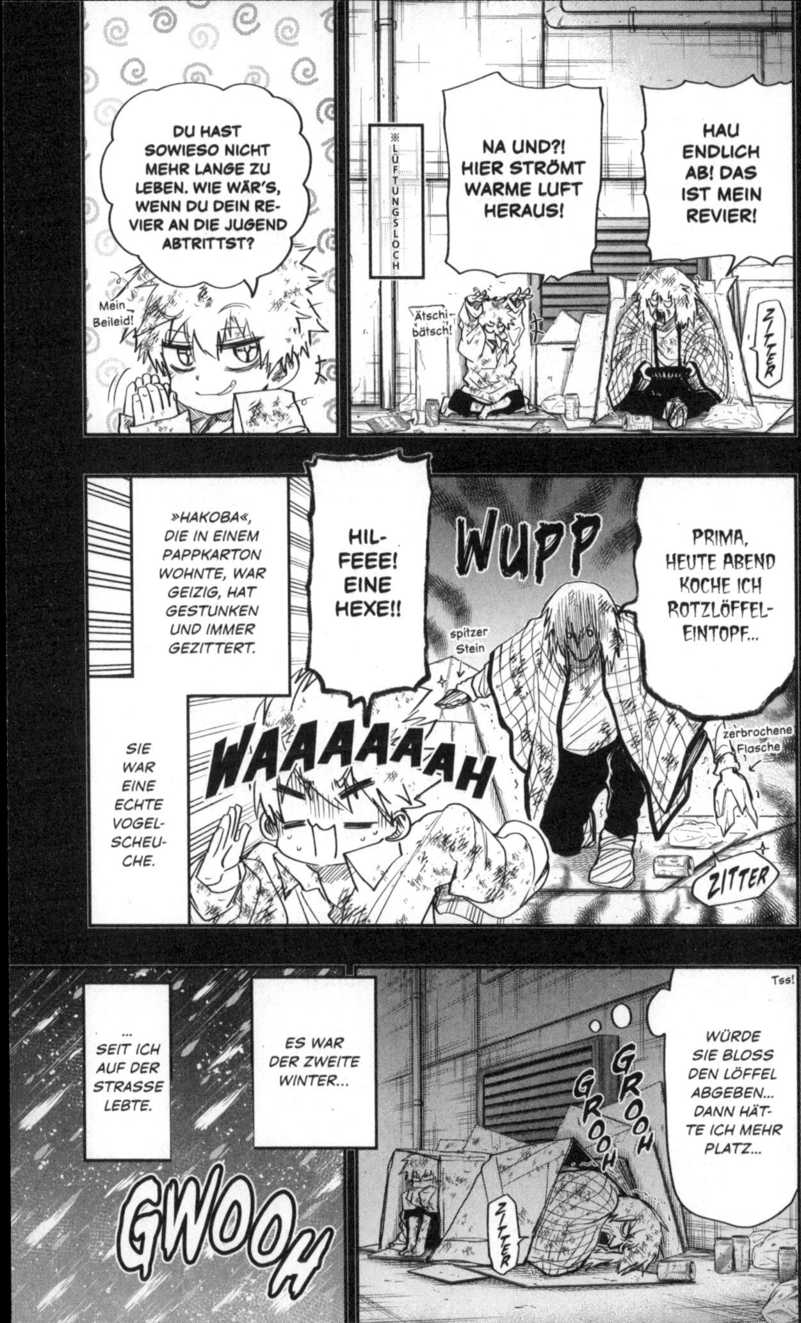
HAU ENDLICH AB! DAS IST MEIN REVIER!
NA UND?! HIER STRÖMT WARME LUFT HERAUS!
※LÜFTUNGSLOCH
Ätschi-bätsch!
ZITTER
DU HAST SOWIESO NICHT MEHR LANGE ZU LEBEN. WIE WÄR'S, WENN DU DEIN REVIER AN DIE JUGEND ABTRITTST?
Mein Beileid!
PRIMA, HEUTE ABEND KOCHE ICH ROTZLÖFFEL-EINTOPF...
WUPP
zerbrochene Flasche
spitzer Stein
HIL-FEEE! EINE HEXE!!
WAAAAAAAH
ZITTER
»HAKOBA«, DIE IN EINEM PAPPKARTON WOHNTE, WAR GEIZIG, HAT GESTUNKEN UND IMMER GEZITTERT.
SIE WAR EINE ECHTE VOGEL-SCHEU-CHE.
Tss!
WÜRDE SIE BLOSS DEN LÖFFEL ABGEBEN... DANN HÄTTE ICH MEHR PLATZ...
GROOH
GROOH
ZITTER
ES WAR DER ZWEITE WINTER...
... SEIT ICH AUF DER STRASSE LEBTE.
GWOOH

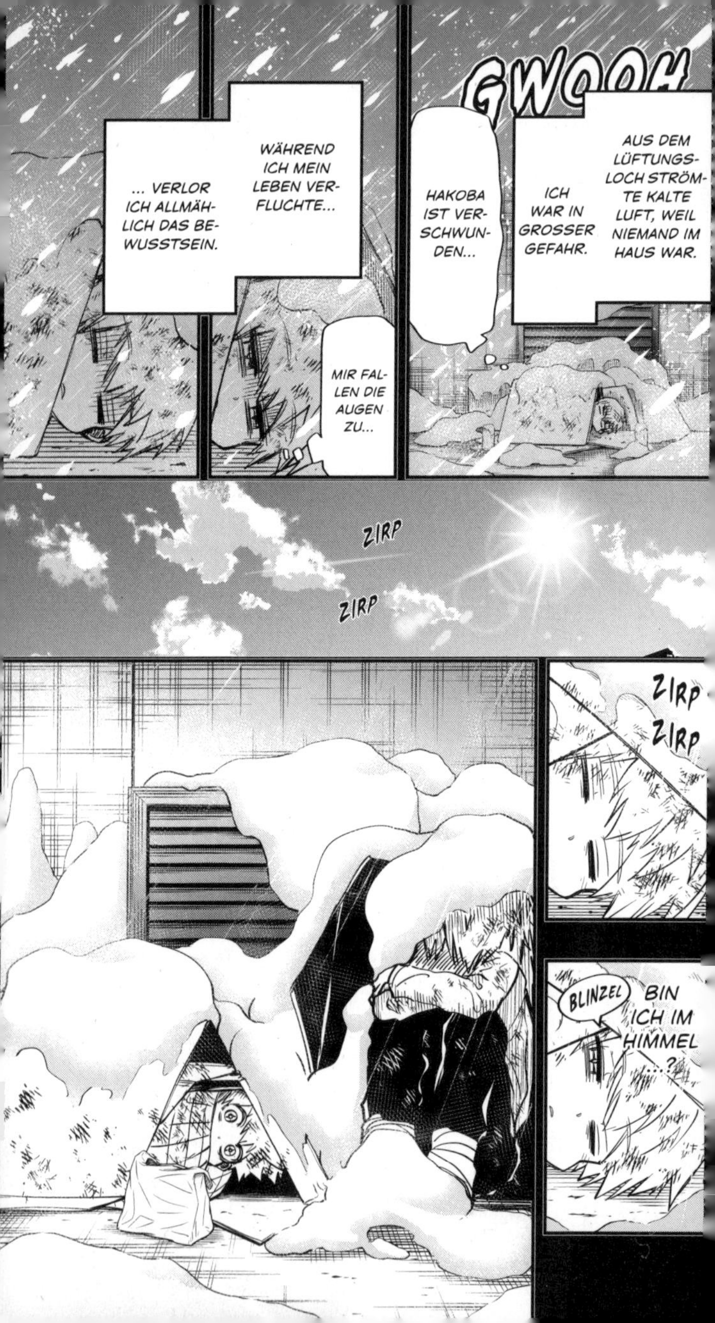
GWOOH
AUS DEM LÜFTUNGSLOCH STRÖMTE KALTE LUFT, WEIL NIEMAND IM HAUS WAR.
ICH WAR IN GROSSER GEFAHR.
HAKOBA IST VERSCHWUNDEN...
WÄHREND ICH MEIN LEBEN VERFLUCHTE...
MIR FALLEN DIE AUGEN ZU...
... VERLOR ICH ALLMÄHLICH DAS BEWUSSTSEIN.
ZIRP
ZIRP
ZIRP
ZIRP
BLINZEL
BIN ICH IM HIMMEL ...?

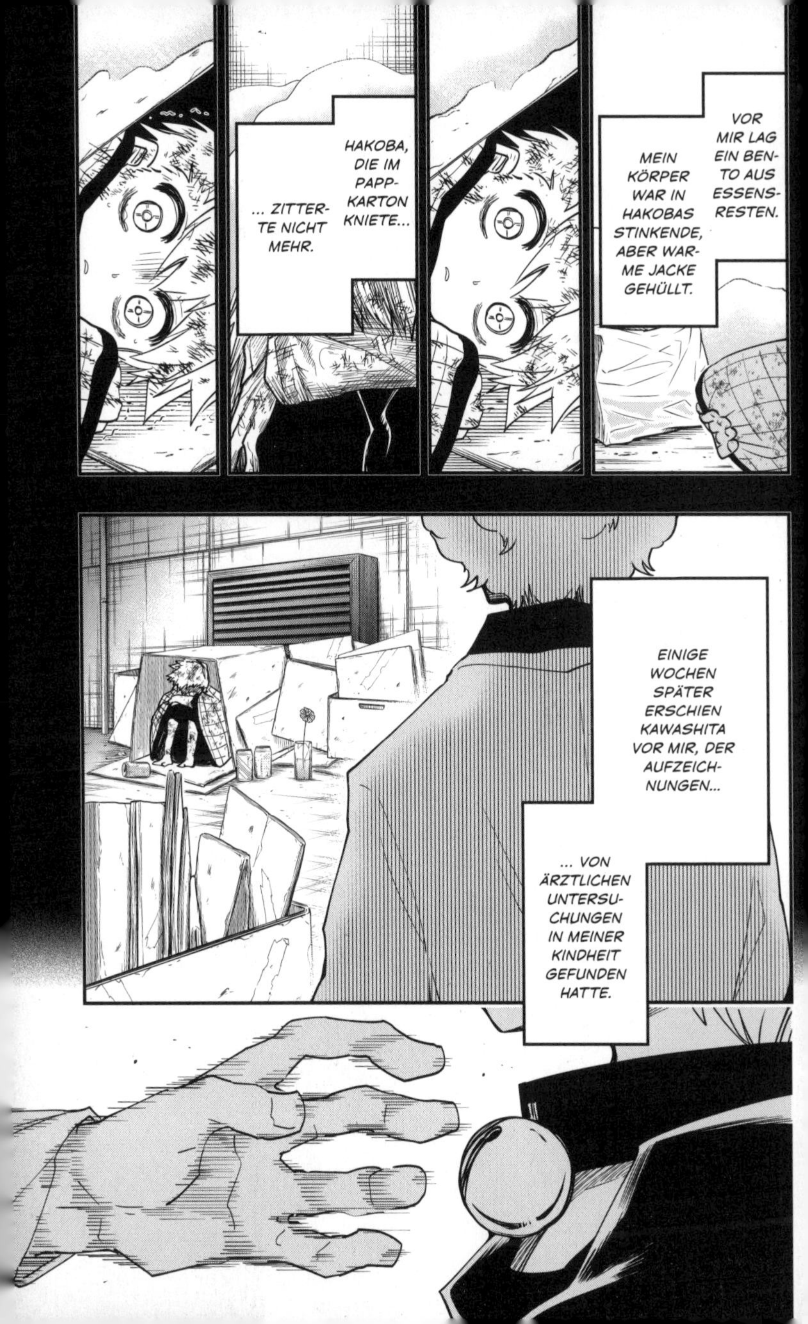
VOR MIR LAG EIN BENTO AUS ESSENSRESTEN.
MEIN KÖRPER WAR IN HAKOBAS STINKENDE, ABER WARME JACKE GEHÜLLT.
HAKOBA, DIE IM PAPPKARTON KNIETE...
... ZITTERTE NICHT MEHR.
EINIGE WOCHEN SPÄTER ERSCHIEN KAWASHITA VOR MIR, DER AUFZEICHNUNGEN...
... VON ÄRZTLICHEN UNTERSUCHUNGEN IN MEINER KINDHEIT GEFUNDEN HATTE.

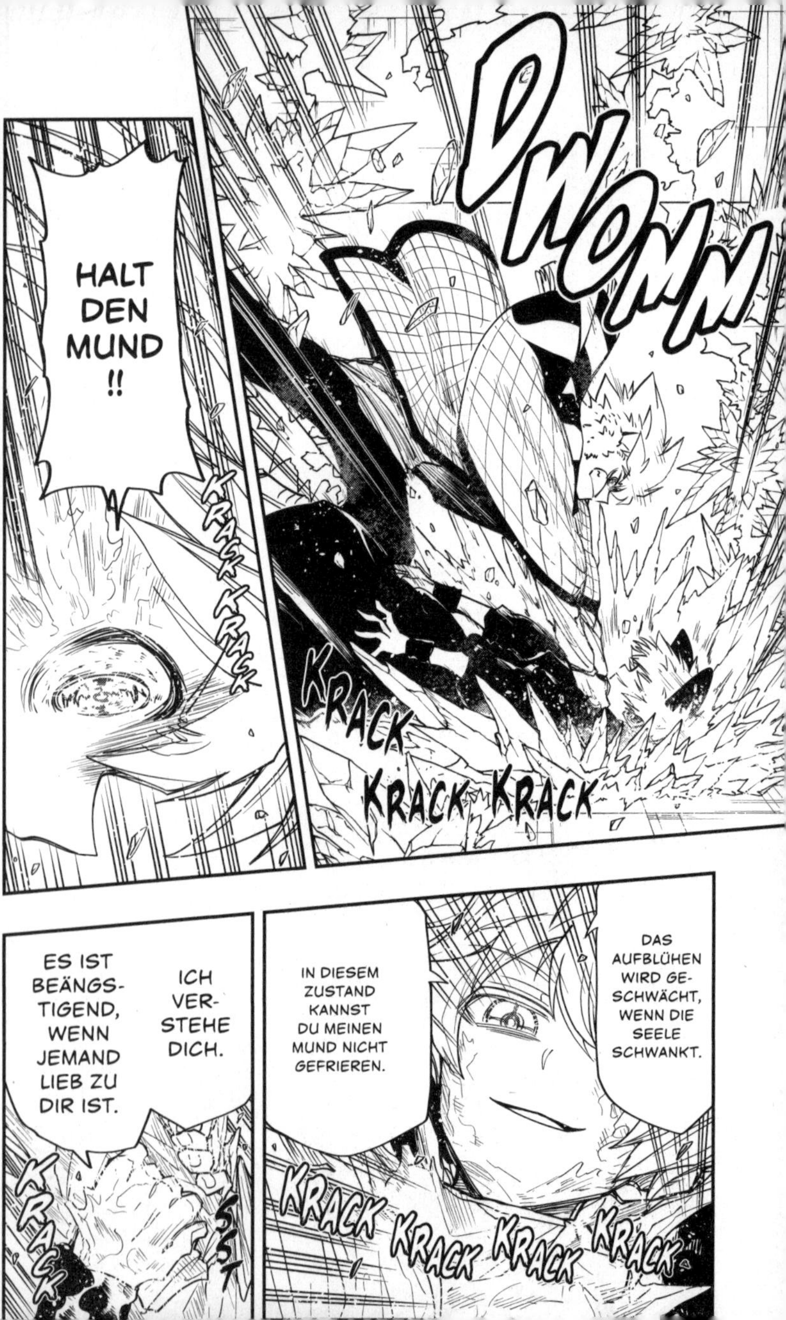
DWOMM
KRACK
KRACK KRACK
HALT DEN MUND!!
KRACK KRACK
DAS AUFBLÜHEN WIRD GE-SCHWÄCHT, WENN DIE SEELE SCHWANKT.
IN DIESEM ZUSTAND KANNST DU MEINEN MUND NICHT GEFRIEREN.
KRACK KRACK KRACK KRACK
ICH VER-STEHE DICH.
ES IST BEÄNGS-TIGEND, WENN JEMAND LIEB ZU DIR IST.
SSST
KRACK

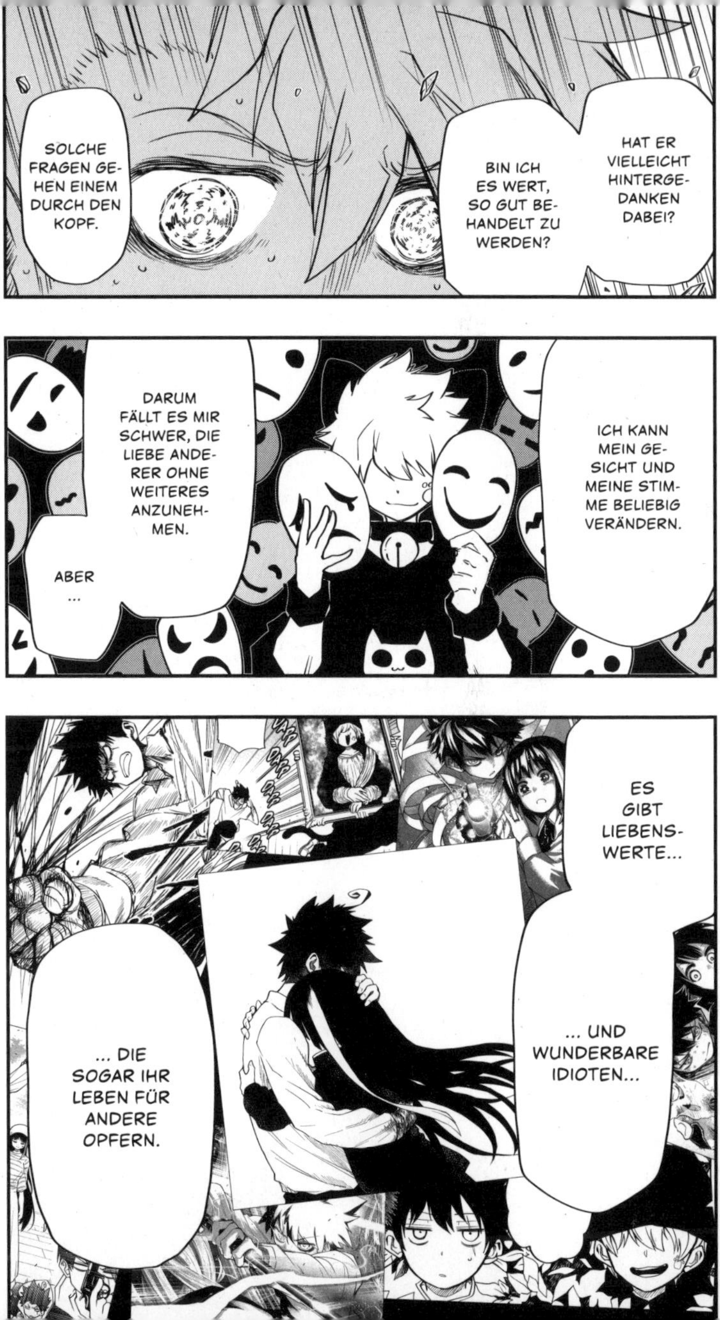
HAT ER VIELLEICHT HINTERGE- DANKEN DABEI?
BIN ICH ES WERT, SO GUT BE- HANDELT ZU WERDEN?
SOLCHE FRAGEN GE- HEN EINEM DURCH DEN KOPF.
ICH KANN MEIN GE- SICHT UND MEINE STIM- ME BELIEBIG VERÄNDERN.
DARUM FÄLLT ES MIR SCHWER, DIE LIEBE ANDE- RER OHNE WEITERES ANZUNEH- MEN.
ABER ...
ES GIBT LIEBENS- WERTE...
... UND WUNDERBARE IDIOTEN...
... DIE SOGAR IHR LEBEN FÜR ANDERE OPFERN.

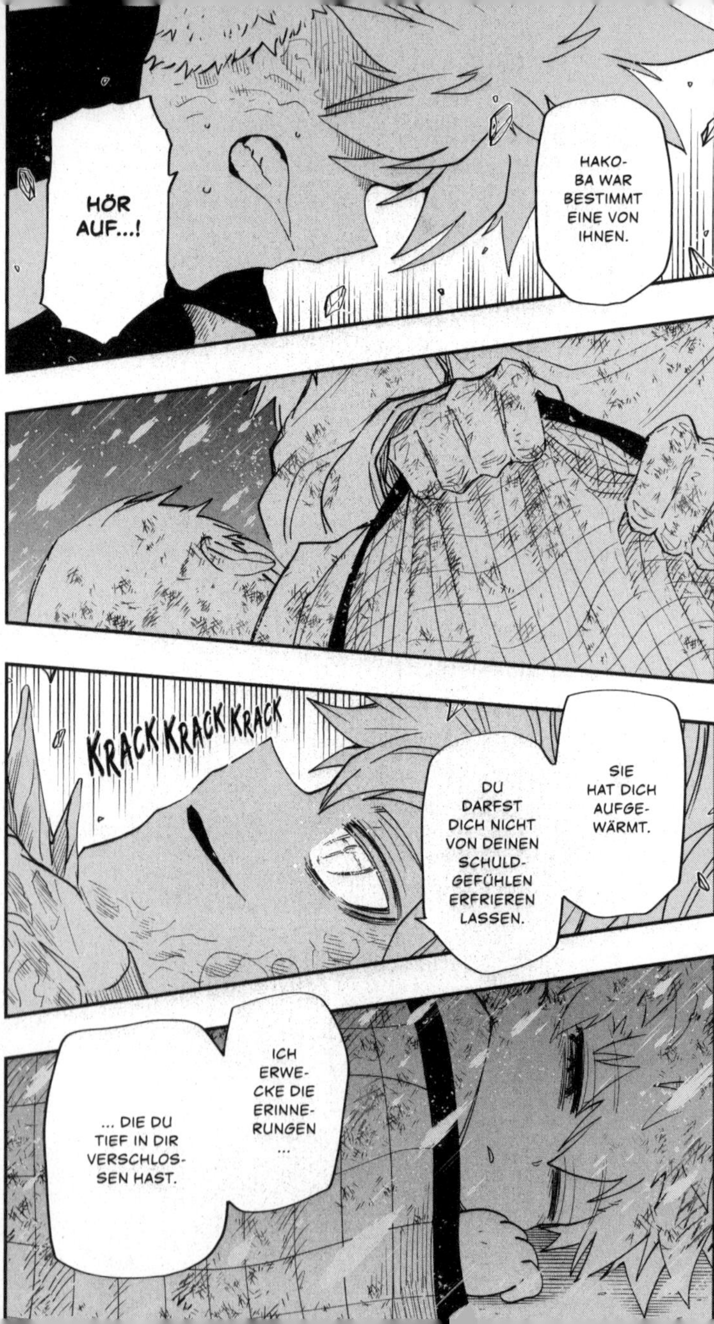
HAKOBA WAR BESTIMMT EINE VON IHNEN.
HÖR AUF...!
KRACK KRACK KRACK
SIE HAT DICH AUFGEWÄRMT.
DU DARFST DICH NICHT VON DEINEN SCHULDGEFÜHLEN ERFRIEREN LASSEN.
ICH ERWECKE DIE ERINNERUNGEN ...
... DIE DU TIEF IN DIR VERSCHLOSSEN HAST.

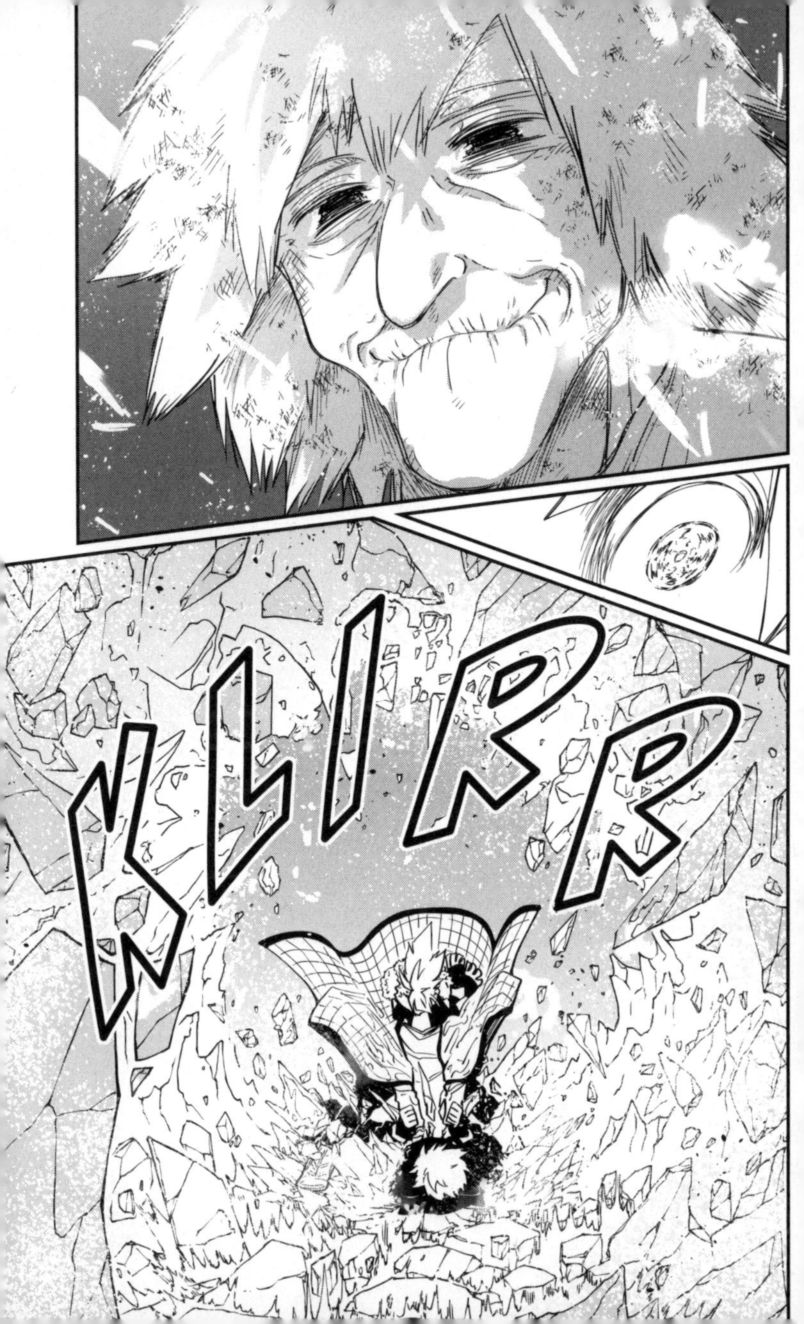
KLIRR

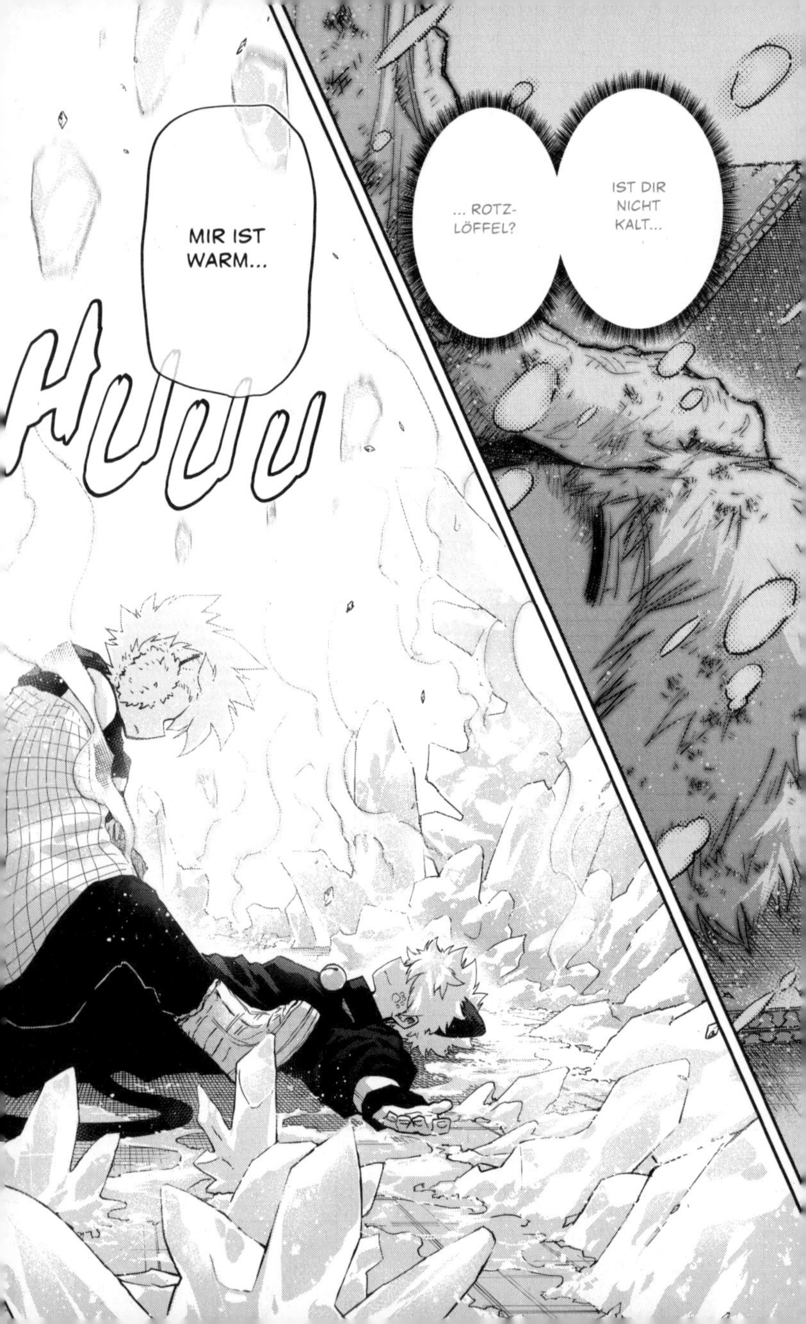
IST DIR NICHT KALT...
... ROTZ-LÖFFEL?
MIR IST WARM...
HUUU

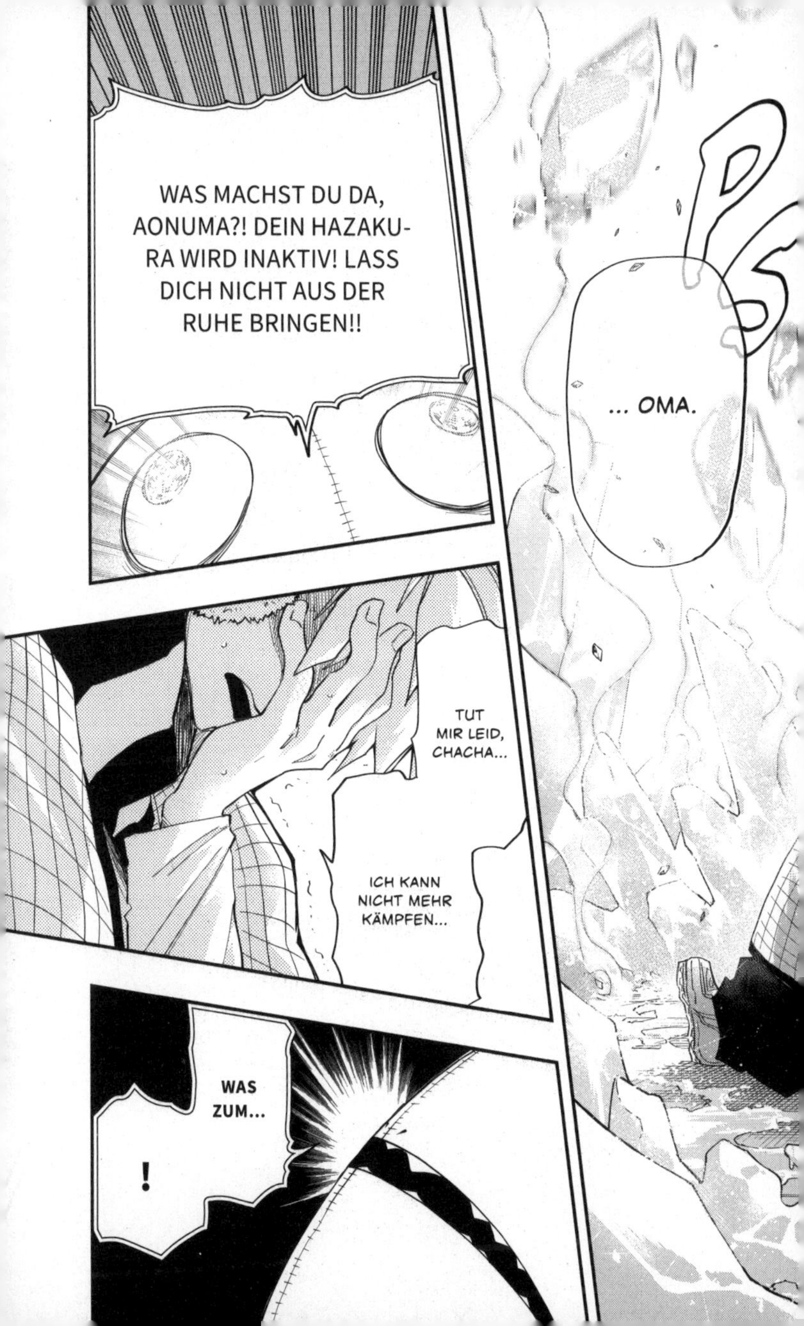
... OMA.
WAS MACHST DU DA, AONUMA?! DEIN HAZAKU-RA WIRD INAKTIV! LASS DICH NICHT AUS DER RUHE BRINGEN!!
TUT MIR LEID, CHACHA...
ICH KANN NICHT MEHR KÄMPFEN...
WAS ZUM...
!

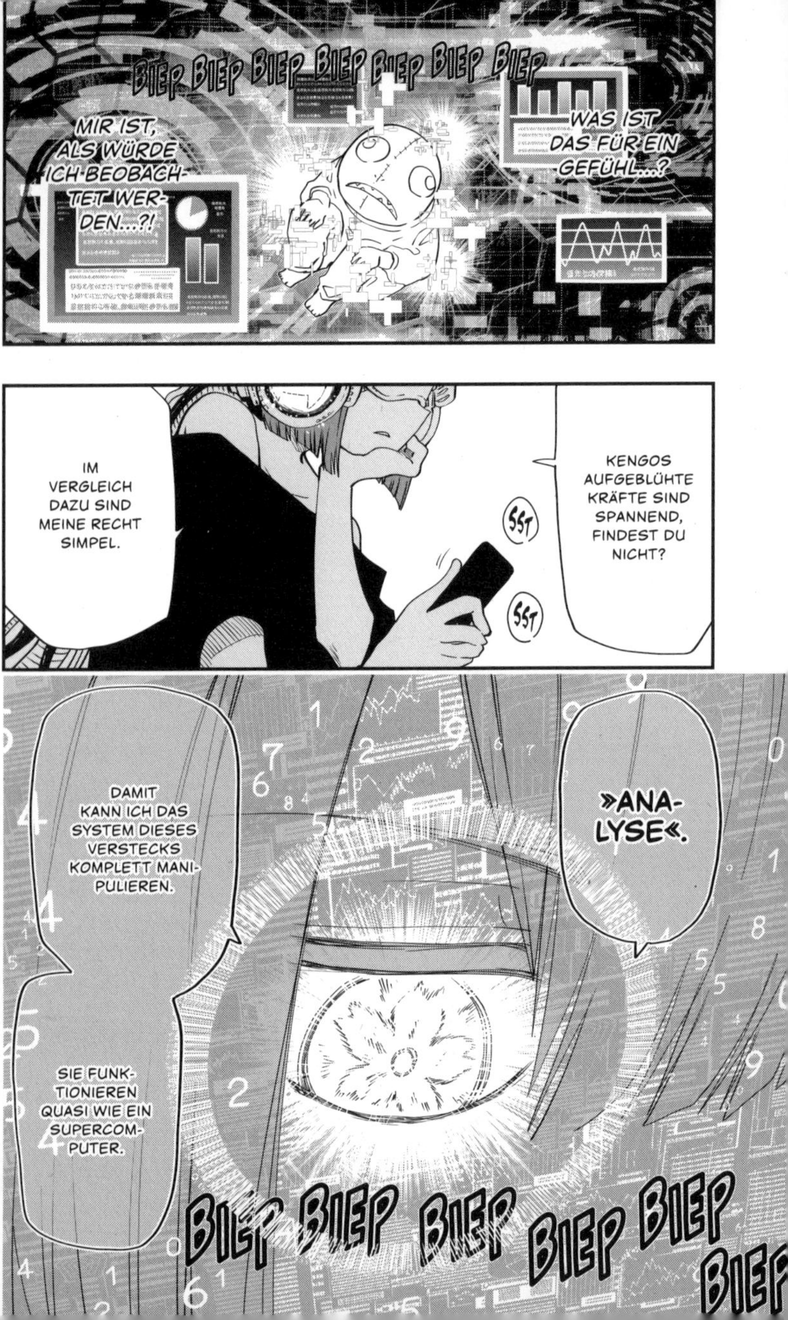
BIEP BIEP BIEP BIEP BIEP BIEP BIEP
WAS IST DAS FÜR EIN GEFÜHL...?
MIR IST, ALS WÜRDE ICH BEOBACHTET WERDEN...?!
KENGOS AUFGEBLÜHTE KRÄFTE SIND SPANNEND, FINDEST DU NICHT?
SST
SST
IM VERGLEICH DAZU SIND MEINE RECHT SIMPEL.
»ANALYSE«.
DAMIT KANN ICH DAS SYSTEM DIESES VERSTECKS KOMPLETT MANIPULIEREN.
SIE FUNKTIONIEREN QUASI WIE EIN SUPERCOMPUTER.
BIEP BIEP BIEP BIEP BIEP BIEP

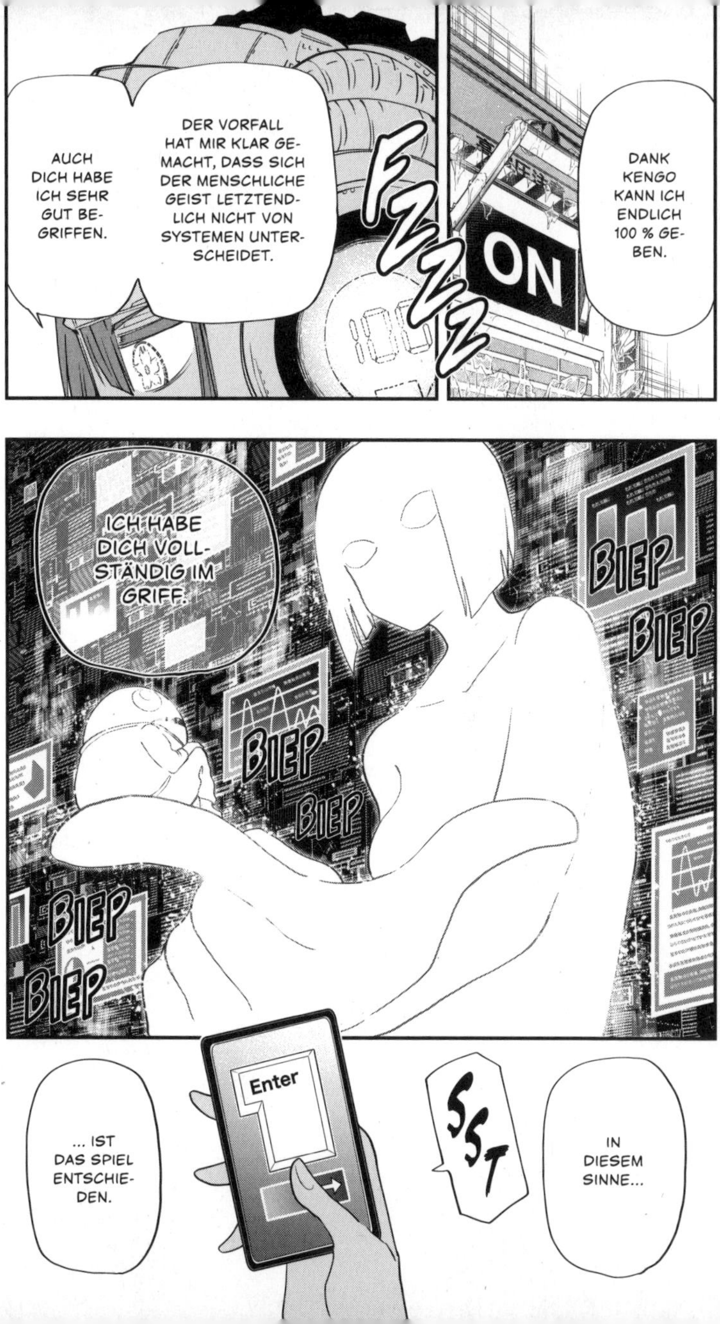
DANK KENGO KANN ICH ENDLICH 100 % GEBEN.
ON
FZZZZ
DER VORFALL HAT MIR KLAR GEMACHT, DASS SICH DER MENSCHLICHE GEIST LETZTENDLICH NICHT VON SYSTEMEN UNTERSCHEIDET.
AUCH DICH HABE ICH SEHR GUT BEGRIFFEN.
BIEP BIEP
ICH HABE DICH VOLLSTÄNDIG IM GRIFF.
BIEP BIEP
BIEP BIEP
IN DIESEM SINNE...
SST
Enter
... IST DAS SPIEL ENTSCHIEDEN.

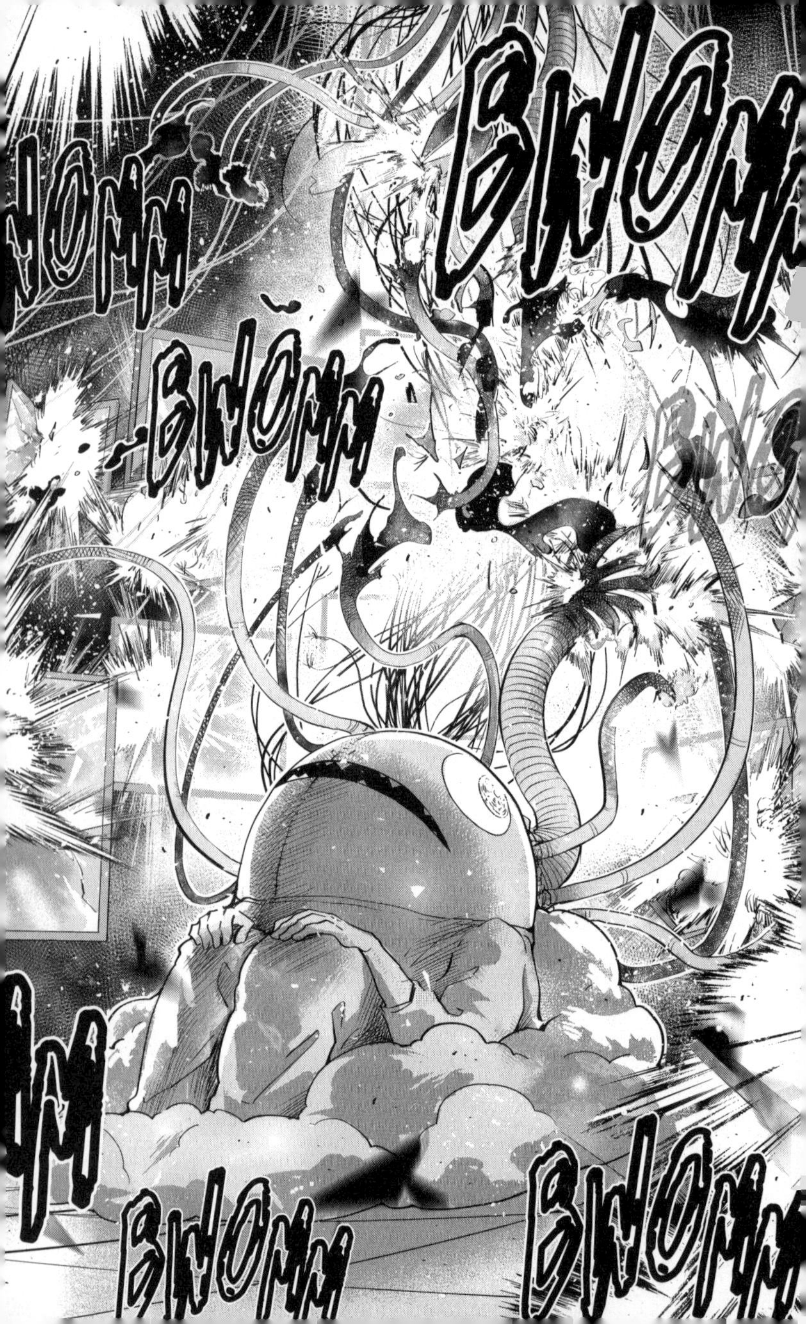
BWOMM
BWOMM
BWOMM
BWOMM

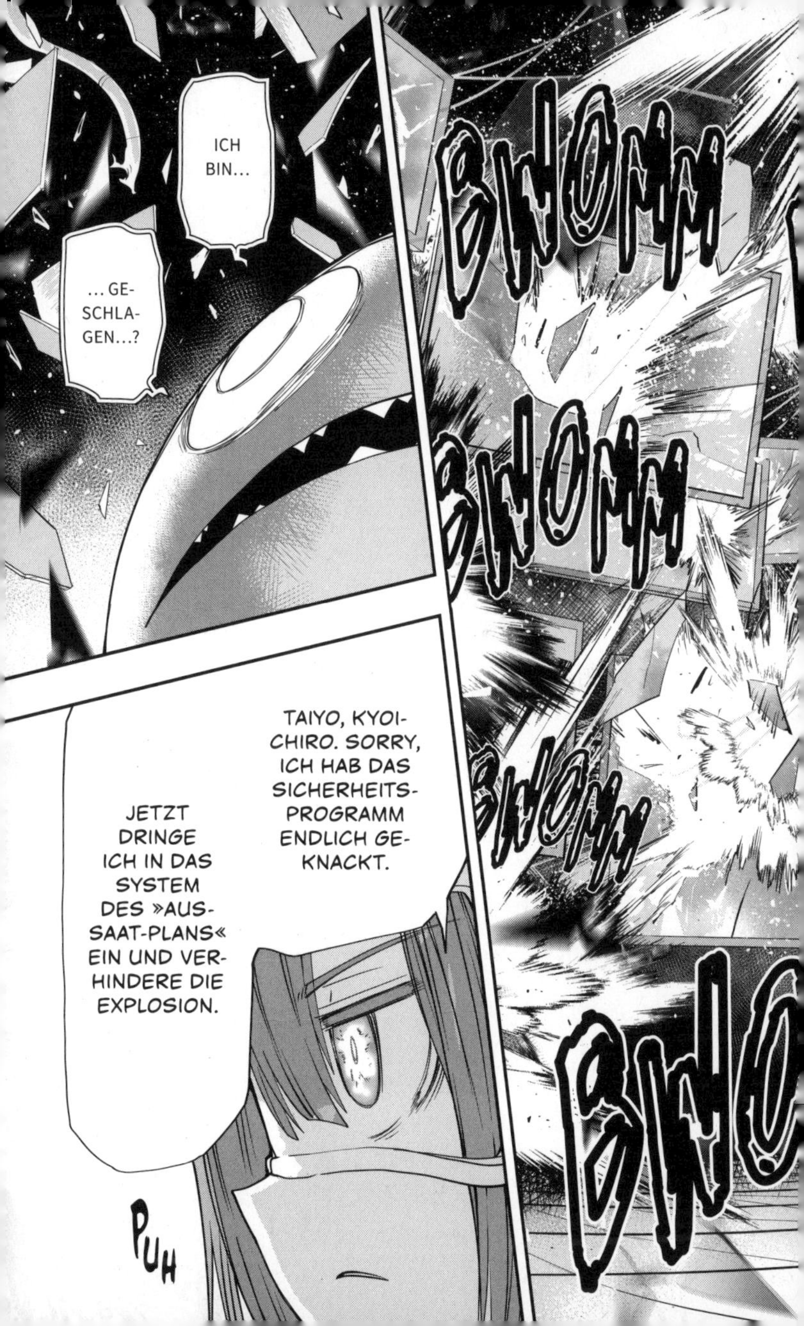
BWOM
BWOM
BWOM
BWO
ICH BIN…
…GE-SCHLA-GEN…?
TAIYO, KYOI-CHIRO. SORRY, ICH HAB DAS SICHERHEITS-PROGRAMM ENDLICH GE-KNACKT.
JETZT DRINGE ICH IN DAS SYSTEM DES »AUS-SAAT-PLANS« EIN UND VER-HINDERE DIE EXPLOSION.
PUH

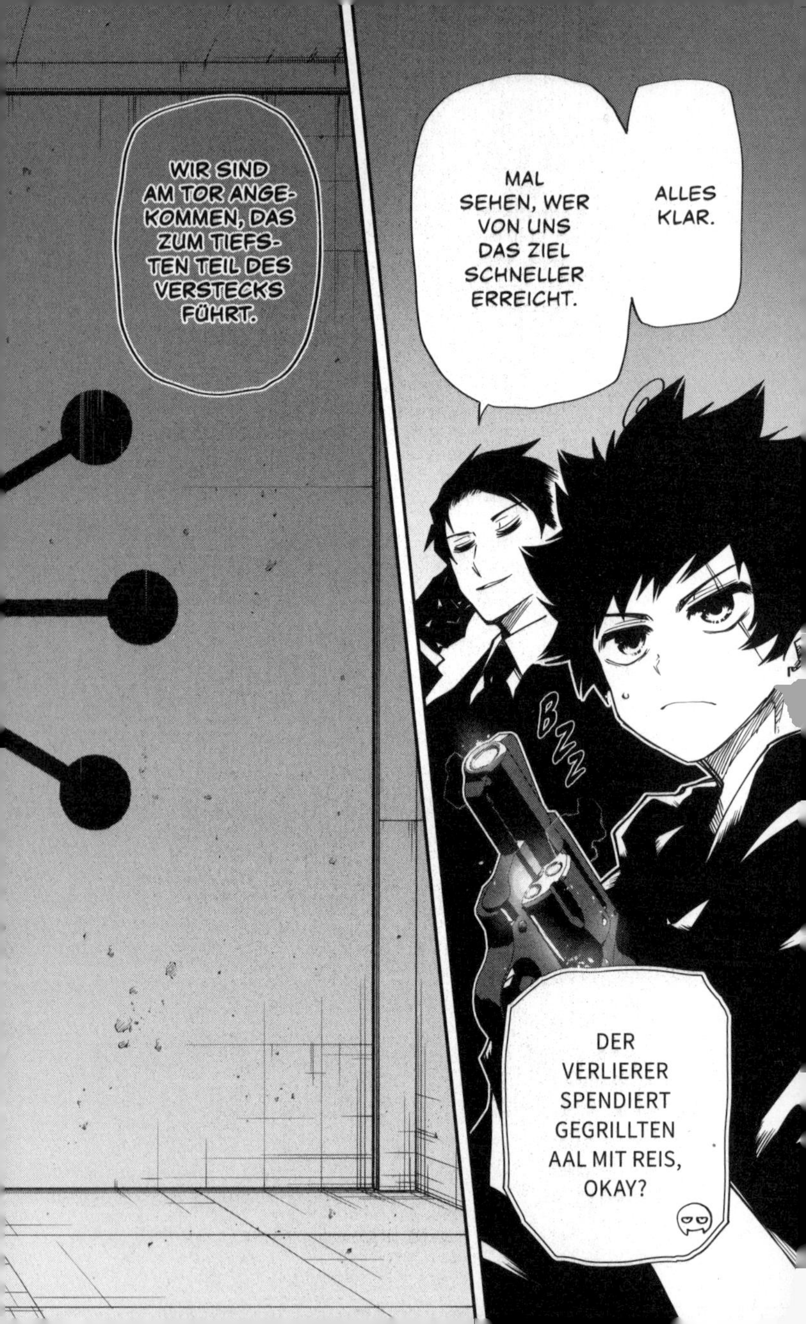

WIR SIND AM TOR ANGE-KOMMEN, DAS ZUM TIEFS-TEN TEIL DES VERSTECKS FÜHRT.
ALLES KLAR.
MAL SEHEN, WER VON UNS DAS ZIEL SCHNELLER ERREICHT.
DER VERLIERER SPENDIERT GEGRILLTEN AAL MIT REIS, OKAY?

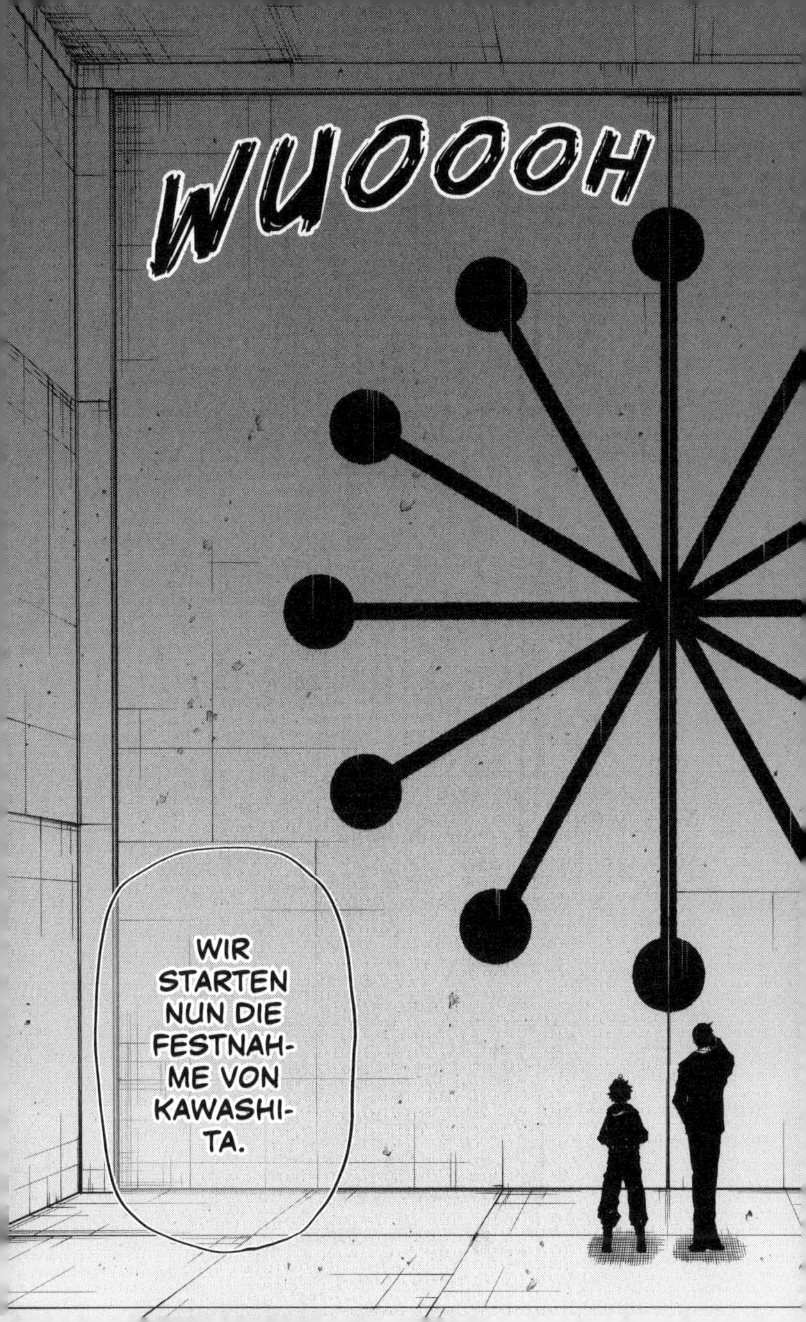
WUOOOH
WIR STARTEN NUN DIE FESTNAHME VON KAWASHITA.

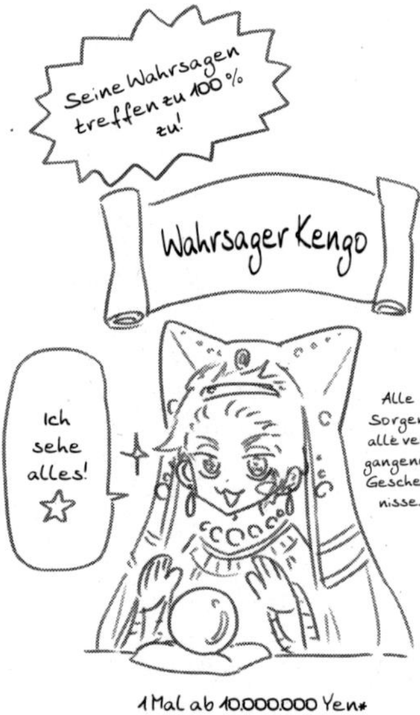
Seine Wahrsagen treffen zu 100 % zu!
Wahrsager Kengo
Ich sehe alles! ☆
Alle Sorgen, alle vergangenen Geschehnisse...
1 Mal ab 10.000.000 Yen*

* ca. 64.000 €

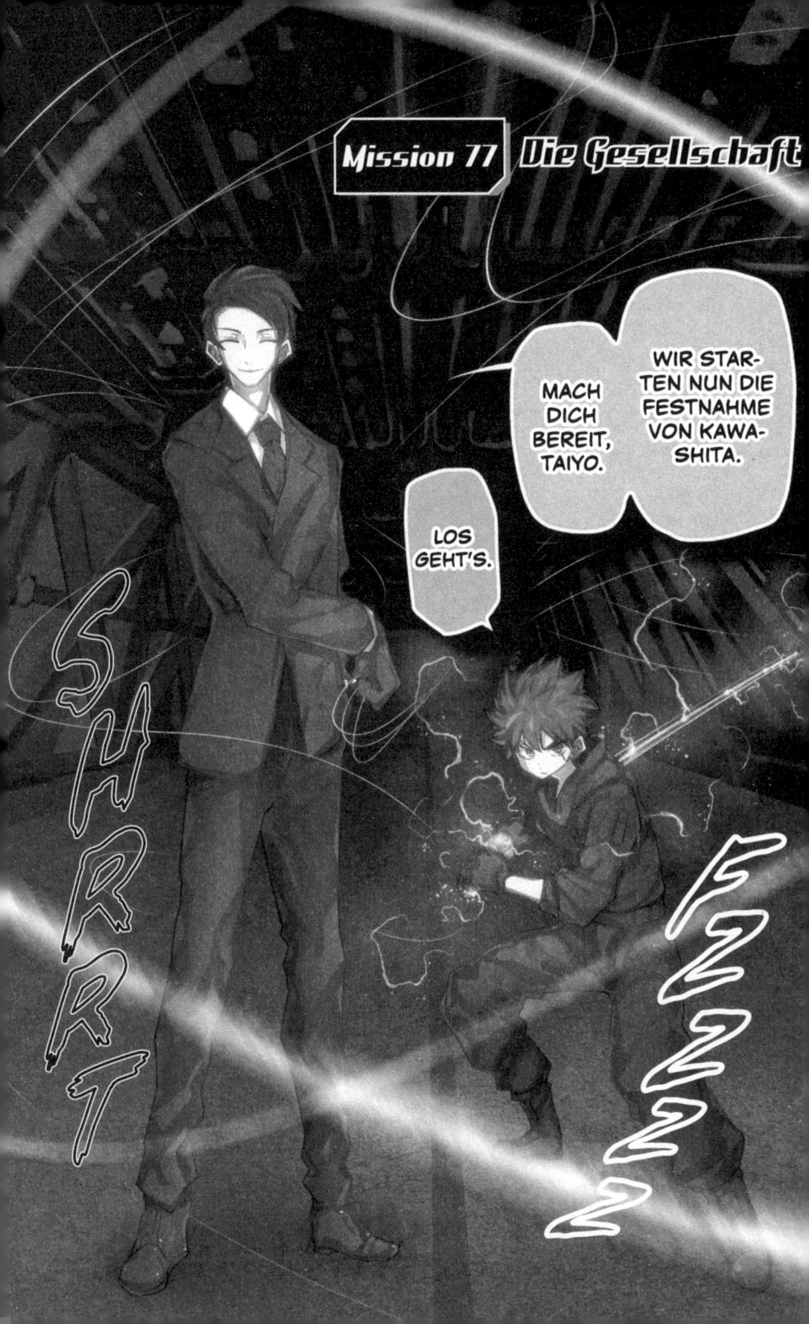
Mission 77 Die Gesellschaft
WIR STARTEN NUN DIE FESTNAHME VON KAWASHITA.
MACH DICH BEREIT, TAIYO.
LOS GEHT'S.
FZZZZ
SHRRT

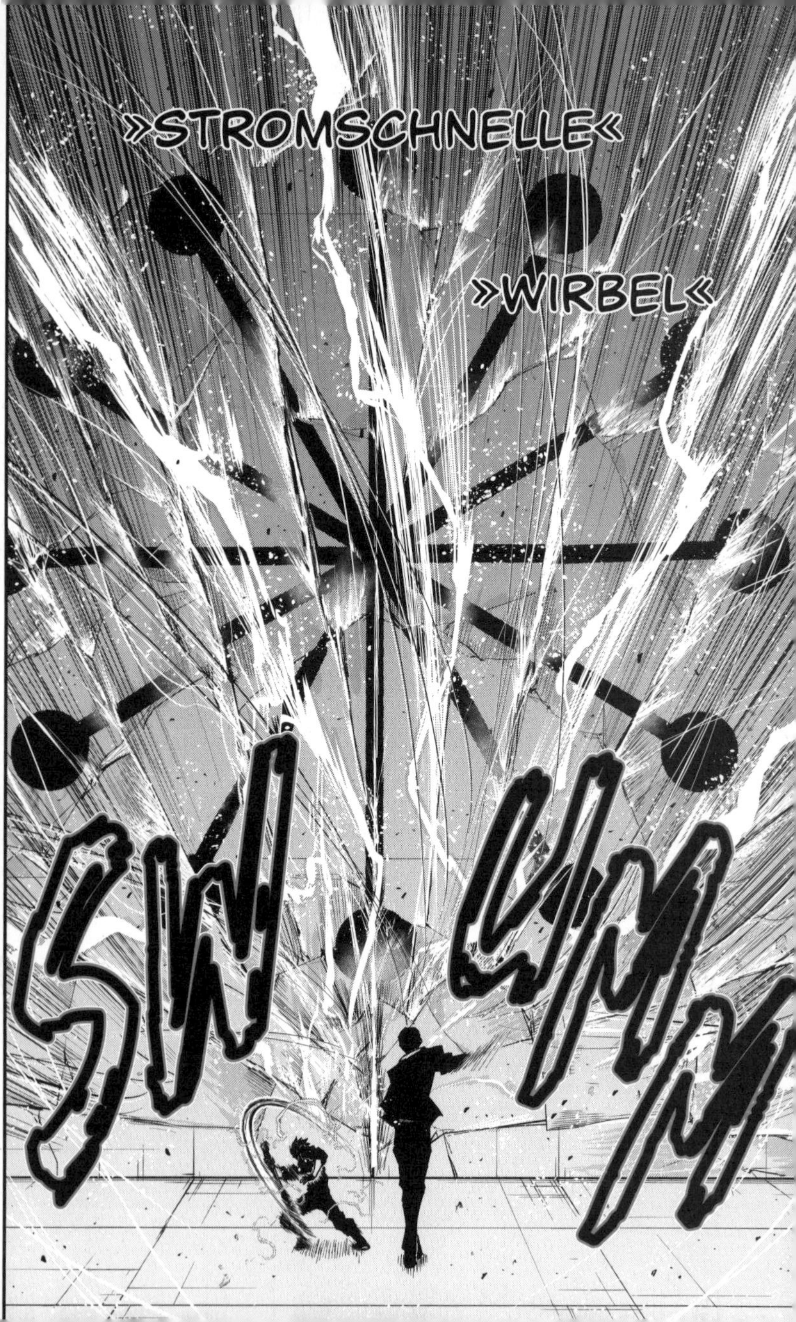
»STROMSCHNELLE«
»WIRBEL«
SWUMM

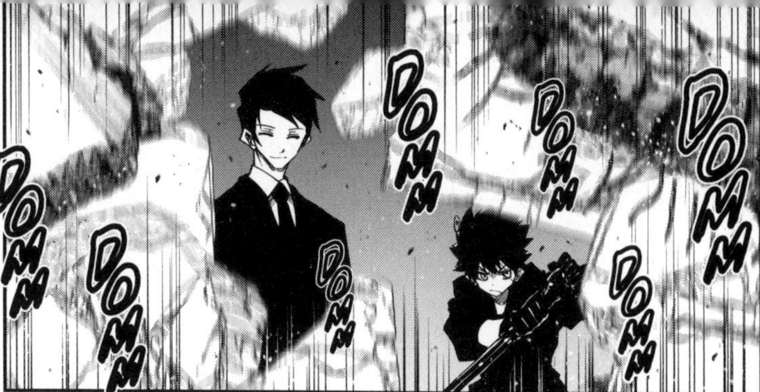
DOMM
DOMM
DOMM
DOMM
DOMM
DOMM

* ca. 640.000 €

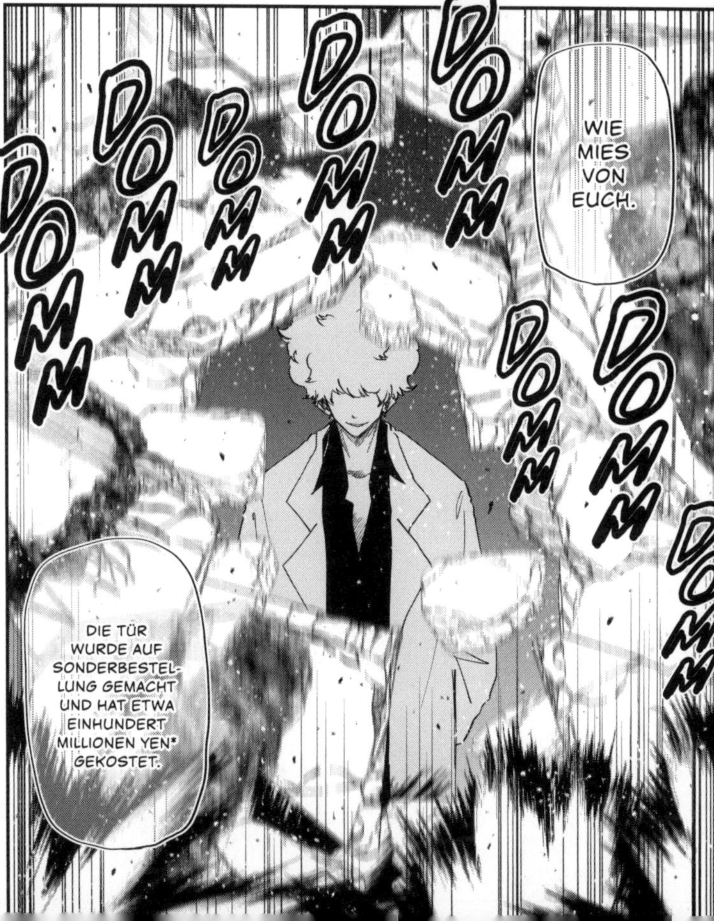
WIE MIES VON EUCH.
DOMM
DOMM
DOMM
DOMM
DOMM
DOMM
DOMM
DOMM
DIE TÜR WURDE AUF SONDERBESTEL-LUNG GEMACHT UND HAT ETWA EINHUNDERT MILLIONEN YEN* GEKOSTET.

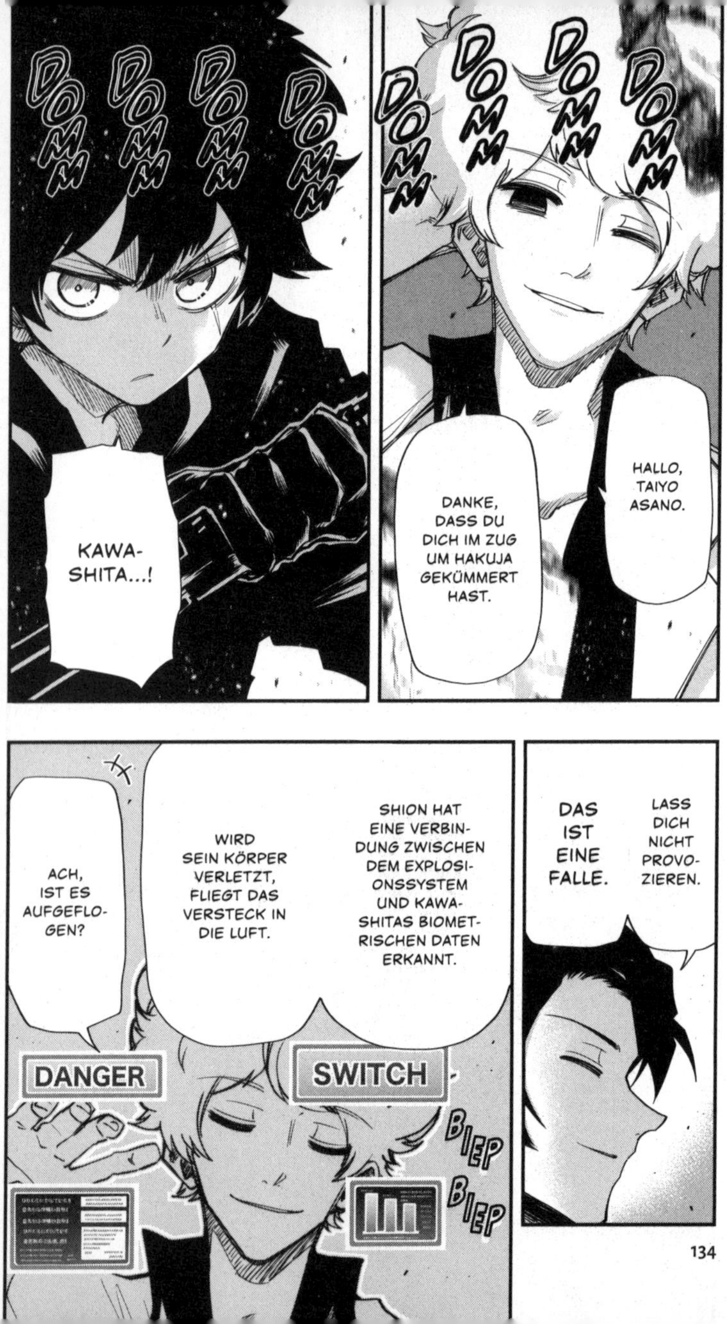
DOMM DOMM DOMM DOMM
DOMM DOMM DOMM DOMM
HALLO, TAIYO ASANO.
DANKE, DASS DU DICH IM ZUG UM HAKUJA GEKÜMMERT HAST.
KAWA-SHITA…!
LASS DICH NICHT PROVO-ZIEREN.
DAS IST EINE FALLE.
SHION HAT EINE VERBIN-DUNG ZWISCHEN DEM EXPLOSI-ONSSYSTEM UND KAWA-SHITAS BIOMET-RISCHEN DATEN ERKANNT.
WIRD SEIN KÖRPER VERLETZT, FLIEGT DAS VERSTECK IN DIE LUFT.
ACH, IST ES AUFGEFLO-GEN?
DANGER
SWITCH
BIEP BIEP

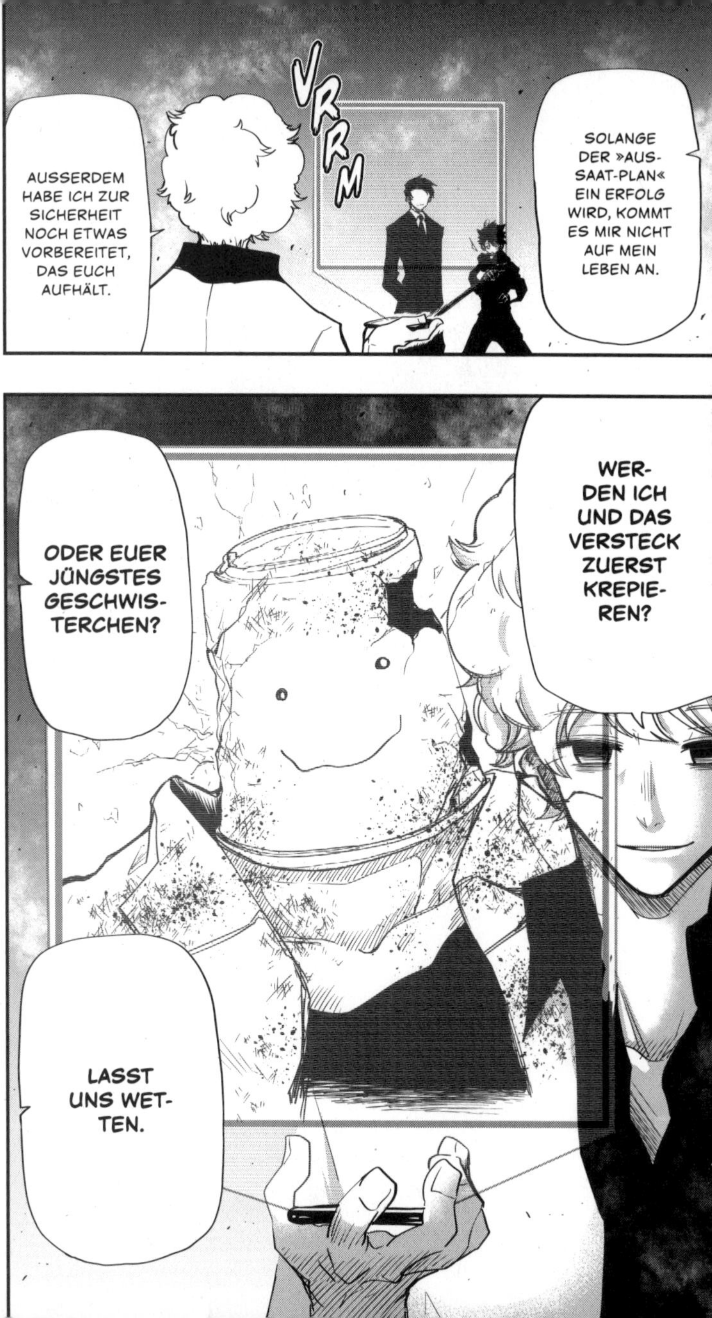
SOLANGE DER »AUS-SAAT-PLAN« EIN ERFOLG WIRD, KOMMT ES MIR NICHT AUF MEIN LEBEN AN.
VRRM
AUSSERDEM HABE ICH ZUR SICHERHEIT NOCH ETWAS VORBEREITET, DAS EUCH AUFHÄLT.
WER-DEN ICH UND DAS VERSTECK ZUERST KREPIE-REN?
ODER EUER JÜNGSTES GESCHWIS-TERCHEN?
LASST UNS WET-TEN.

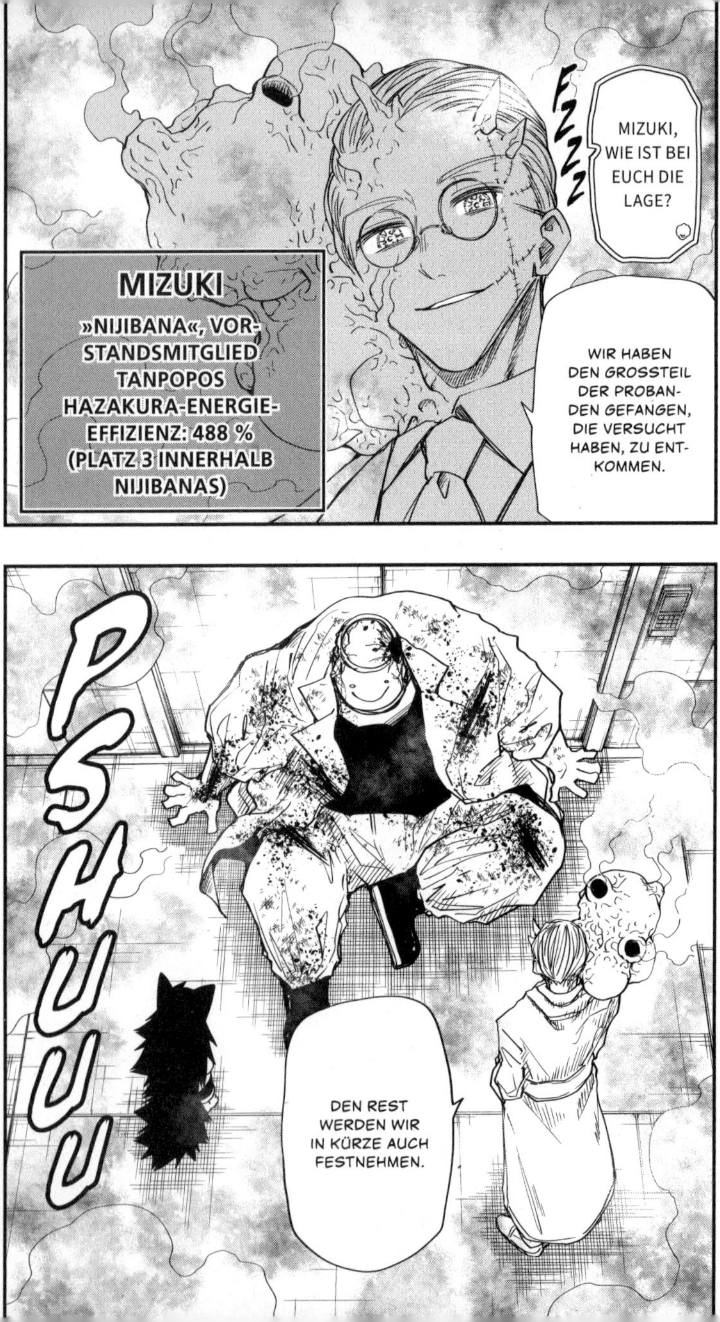
MIZUKI, WIE IST BEI EUCH DIE LAGE?
FZZZ
WIR HABEN DEN GROSSTEIL DER PROBAN- DEN GEFANGEN, DIE VERSUCHT HABEN, ZU ENT- KOMMEN.
MIZUKI
»NIJIBANA«, VOR- STANDSMITGLIED TANPOPOS
HAZAKURA-ENERGIE- EFFIZIENZ: 488 % (PLATZ 3 INNERHALB NIJIBANAS)
DEN REST WERDEN WIR IN KÜRZE AUCH FESTNEHMEN.
PSHUUU

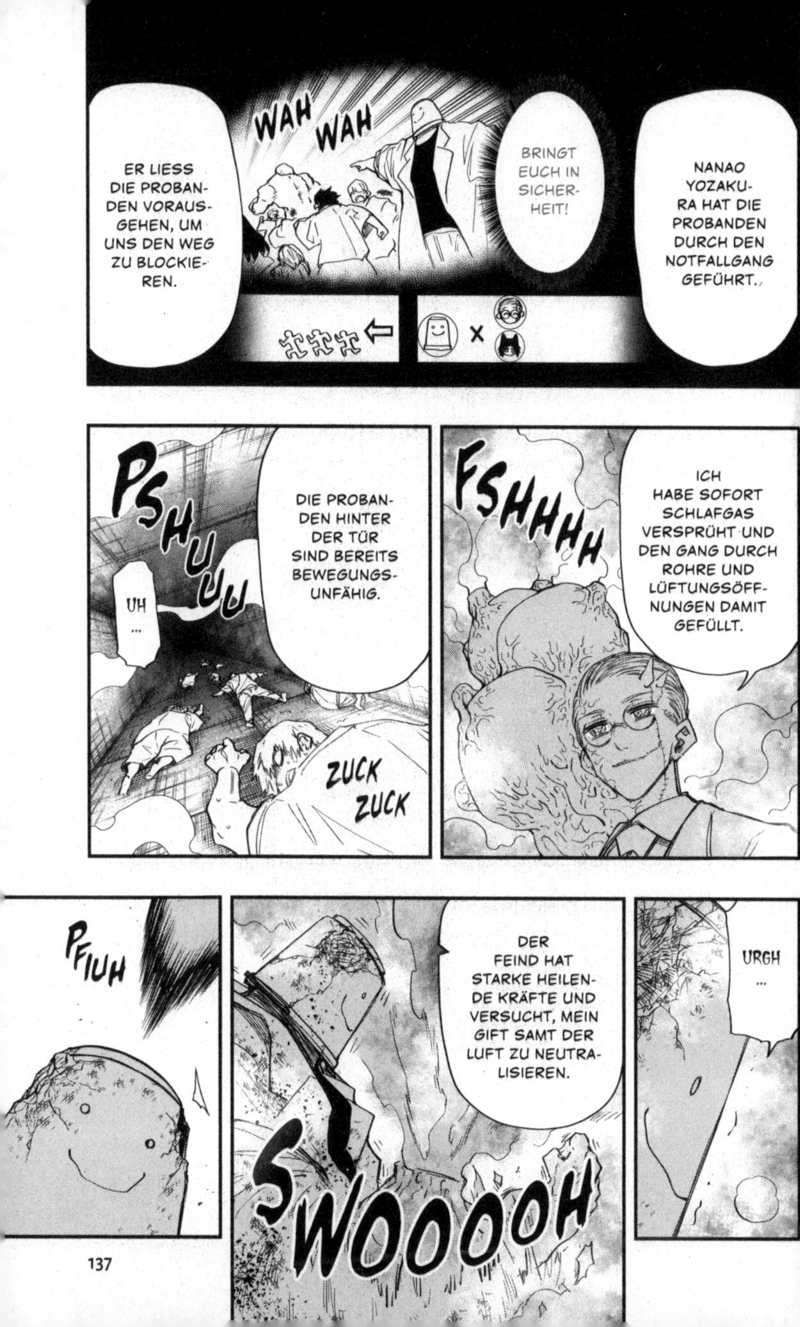
NANAO YOZAKURA HAT DIE PROBANDEN DURCH DEN NOTFALLGANG GEFÜHRT.
BRINGT EUCH IN SICHERHEIT!
WAH WAH
ER LIESS DIE PROBANDEN VORAUSGEHEN, UM UNS DEN WEG ZU BLOCKIEREN.
FSHHHHH
ICH HABE SOFORT SCHLAFGAS VERSPRÜHT UND DEN GANG DURCH ROHRE UND LÜFTUNGSÖFFNUNGEN DAMIT GEFÜLLT.
PSHUUUU
DIE PROBANDEN HINTER DER TÜR SIND BEREITS BEWEGUNGSUNFÄHIG.
UH ...
ZUCK ZUCK
URGH ...
DER FEIND HAT STARKE HEILENDE KRÄFTE UND VERSUCHT, MEIN GIFT SAMT DER LUFT ZU NEUTRALISIEREN.
SWOOOOH
PFIUH

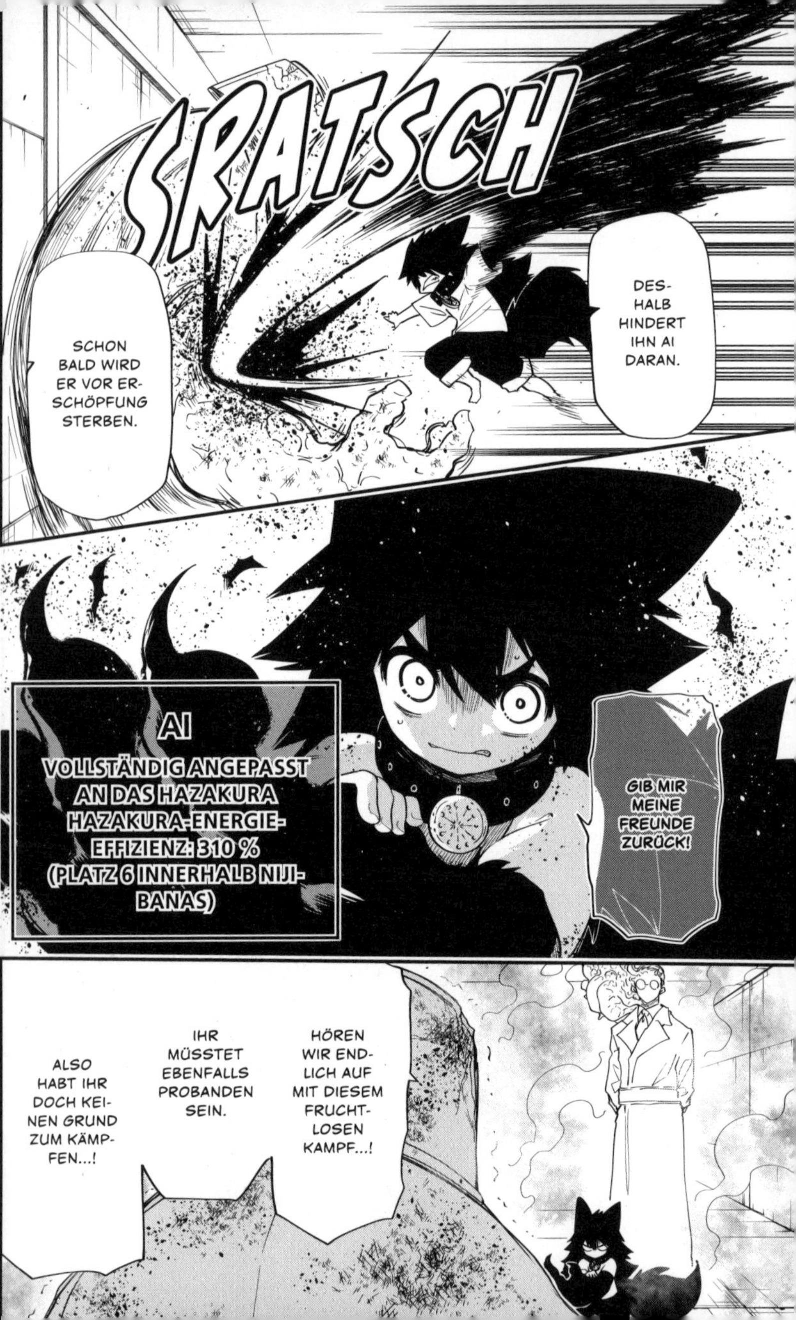

SRATSCH
DES-HALB HINDERT IHN AI DARAN.
SCHON BALD WIRD ER VOR ERSCHÖPFUNG STERBEN.
GIB MIR MEINE FREUNDE ZURÜCK!
AI
VOLLSTÄNDIG ANGEPASST AN DAS HAZAKURA
HAZAKURA-ENERGIE-EFFIZIENZ: 310 %
(PLATZ 6 INNERHALB NIJIBANAS)
HÖREN WIR ENDLICH AUF MIT DIESEM FRUCHTLOSEN KAMPF...!
IHR MÜSSTET EBENFALLS PROBANDEN SEIN.
ALSO HABT IHR DOCH KEINEN GRUND ZUM KÄMPFEN...!

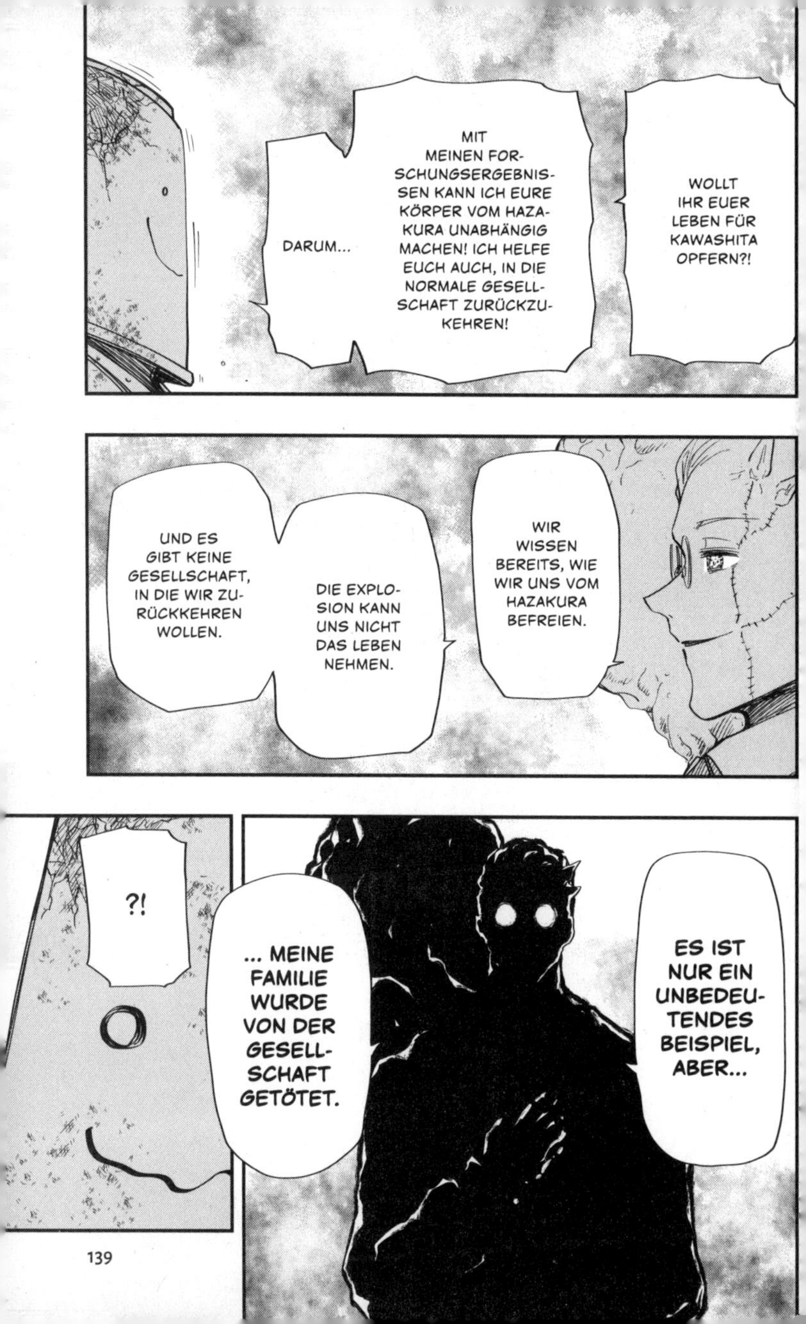
WOLLT IHR EUER LEBEN FÜR KAWASHITA OPFERN?!
MIT MEINEN FORSCHUNGSERGEBNISSEN KANN ICH EURE KÖRPER VOM HAZAKURA UNABHÄNGIG MACHEN! ICH HELFE EUCH AUCH, IN DIE NORMALE GESELLSCHAFT ZURÜCKZUKEHREN!
DARUM...
WIR WISSEN BEREITS, WIE WIR UNS VOM HAZAKURA BEFREIEN.
DIE EXPLOSION KANN UNS NICHT DAS LEBEN NEHMEN.
UND ES GIBT KEINE GESELLSCHAFT, IN DIE WIR ZURÜCKKEHREN WOLLEN.
ES IST NUR EIN UNBEDEUTENDES BEISPIEL, ABER...
... MEINE FAMILIE WURDE VON DER GESELLSCHAFT GETÖTET.
?!

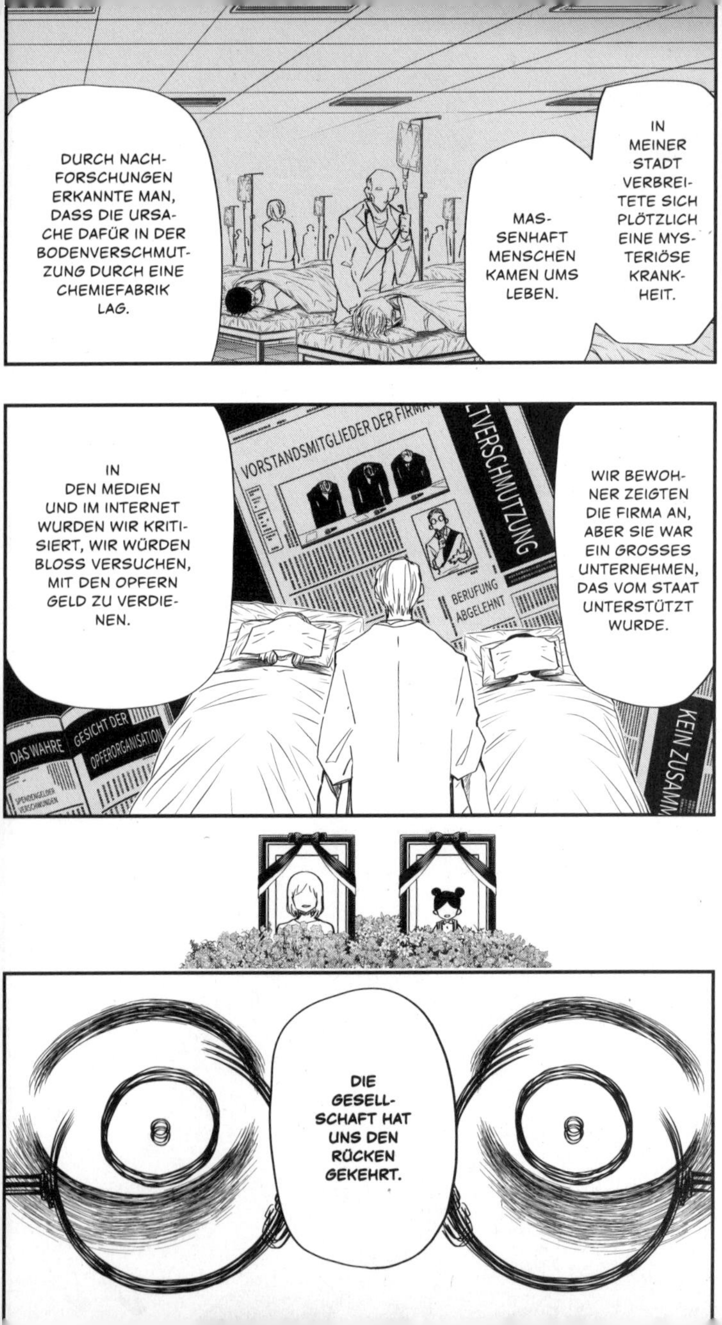
IN MEINER STADT VERBREITETE SICH PLÖTZLICH EINE MYSTERIÖSE KRANKHEIT.
MASSENHAFT MENSCHEN KAMEN UMS LEBEN.
DURCH NACHFORSCHUNGEN ERKANNTE MAN, DASS DIE URSACHE DAFÜR IN DER BODENVERSCHMUTZUNG DURCH EINE CHEMIEFABRIK LAG.
WIR BEWOHNER ZEIGTEN DIE FIRMA AN, ABER SIE WAR EIN GROSSES UNTERNEHMEN, DAS VOM STAAT UNTERSTÜTZT WURDE.
VORSTANDSMITGLIEDER DER FIRMA
BERUFUNG ABGELEHNT
IN DEN MEDIEN UND IM INTERNET WURDEN WIR KRITISIERT, WIR WÜRDEN BLOSS VERSUCHEN, MIT DEN OPFERN GELD ZU VERDIENEN.
DAS WAHRE GESICHT DER OPFERORGANISATION
SPENDENGELDER VERSCHWUNDEN
DIE GESELLSCHAFT HAT UNS DEN RÜCKEN GEKEHRT.

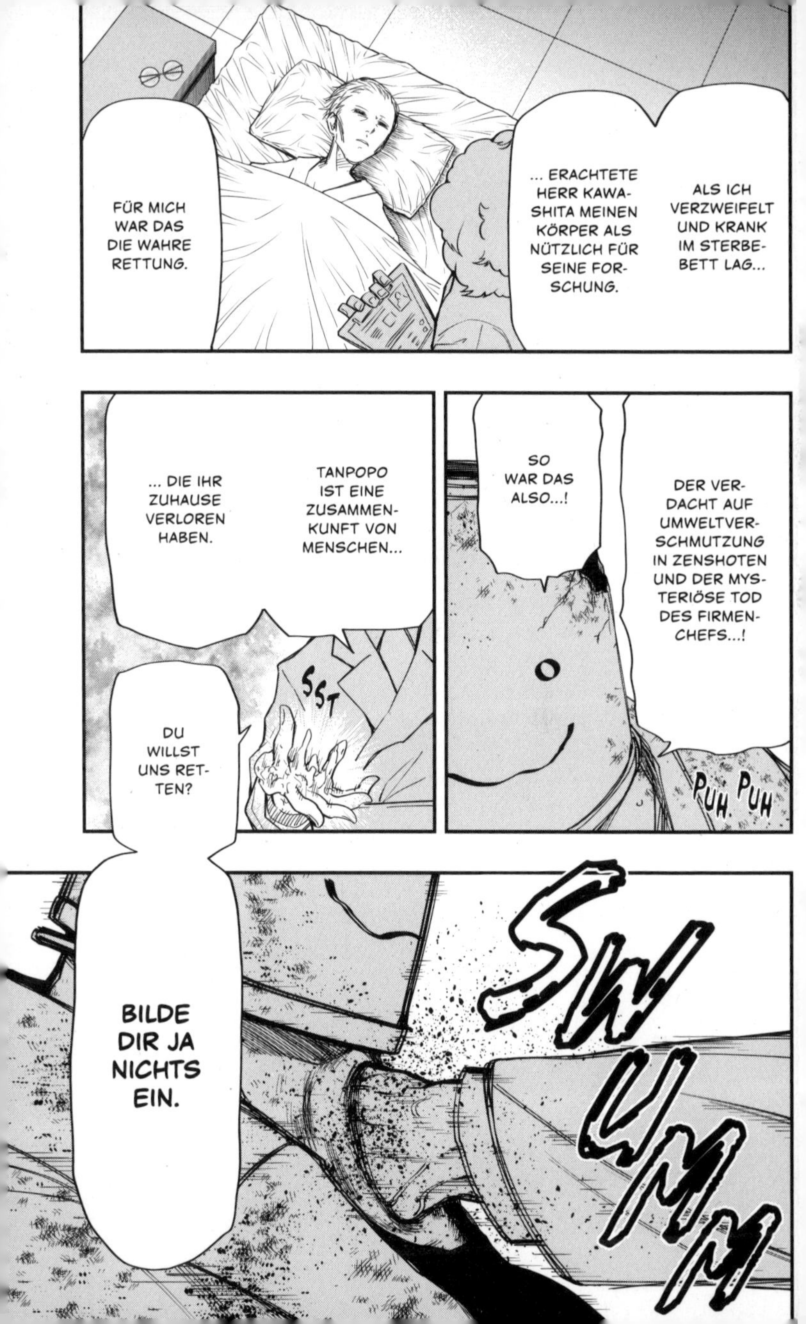

ALS ICH VERZWEIFELT UND KRANK IM STERBEBETT LAG...
... ERACHTETE HERR KAWASHITA MEINEN KÖRPER ALS NÜTZLICH FÜR SEINE FORSCHUNG.
FÜR MICH WAR DAS DIE WAHRE RETTUNG.
DER VERDACHT AUF UMWELTVERSCHMUTZUNG IN ZENSHOTEN UND DER MYSTERIÖSE TOD DES FIRMENCHEFS...!
SO WAR DAS ALSO...!
PUH PUH
TANPOPO IST EINE ZUSAMMENKUNFT VON MENSCHEN...
... DIE IHR ZUHAUSE VERLOREN HABEN.
SST
DU WILLST UNS RETTEN?
BILDE DIR JA NICHTS EIN.
SWUMM

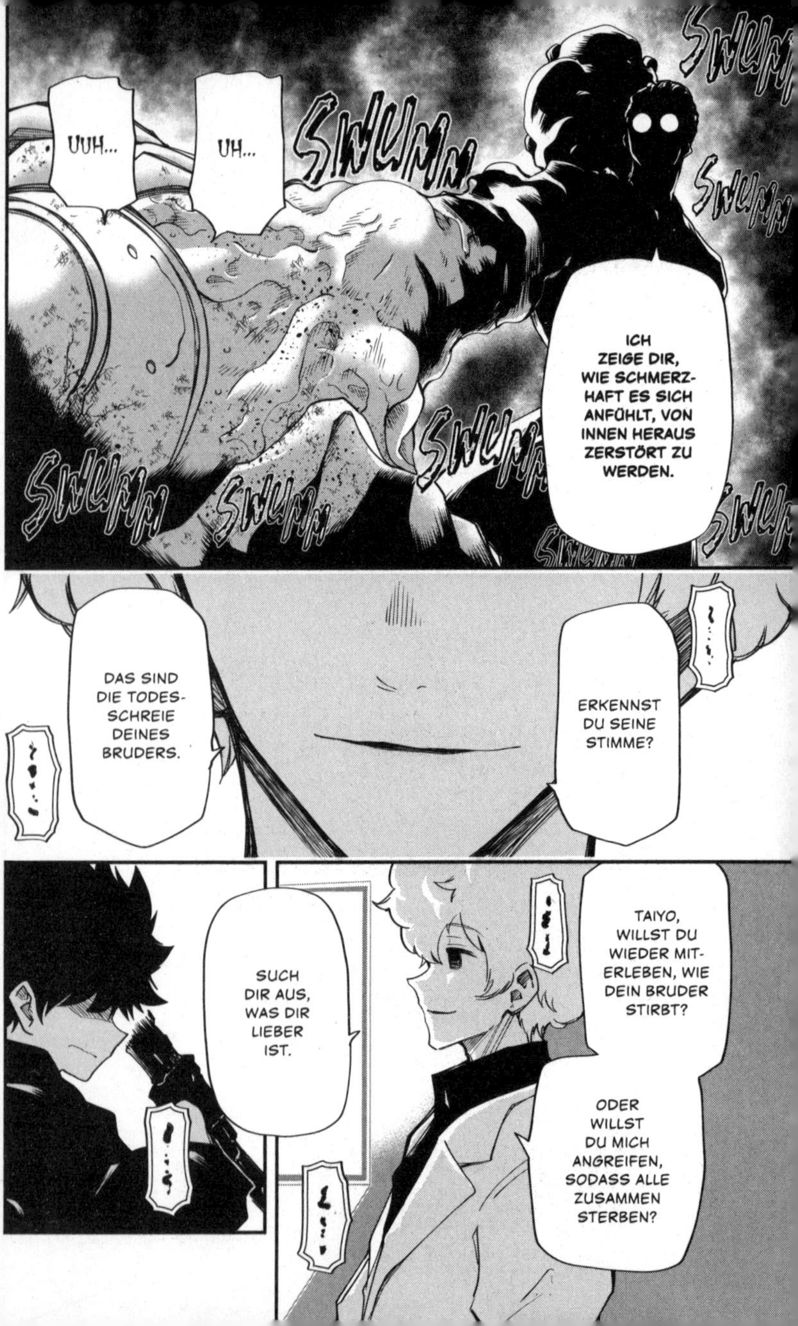
SWUMM
ICH ZEIGE DIR, WIE SCHMERZHAFT ES SICH ANFÜHLT, VON INNEN HERAUS ZERSTÖRT ZU WERDEN.
UH...
UUH...
ERKENNST DU SEINE STIMME?
DAS SIND DIE TODESSCHREIE DEINES BRUDERS.
TAIYO, WILLST DU WIEDER MITERLEBEN, WIE DEIN BRUDER STIRBT?
ODER WILLST DU MICH ANGREIFEN, SODASS ALLE ZUSAMMEN STERBEN?
SUCH DIR AUS, WAS DIR LIEBER IST.

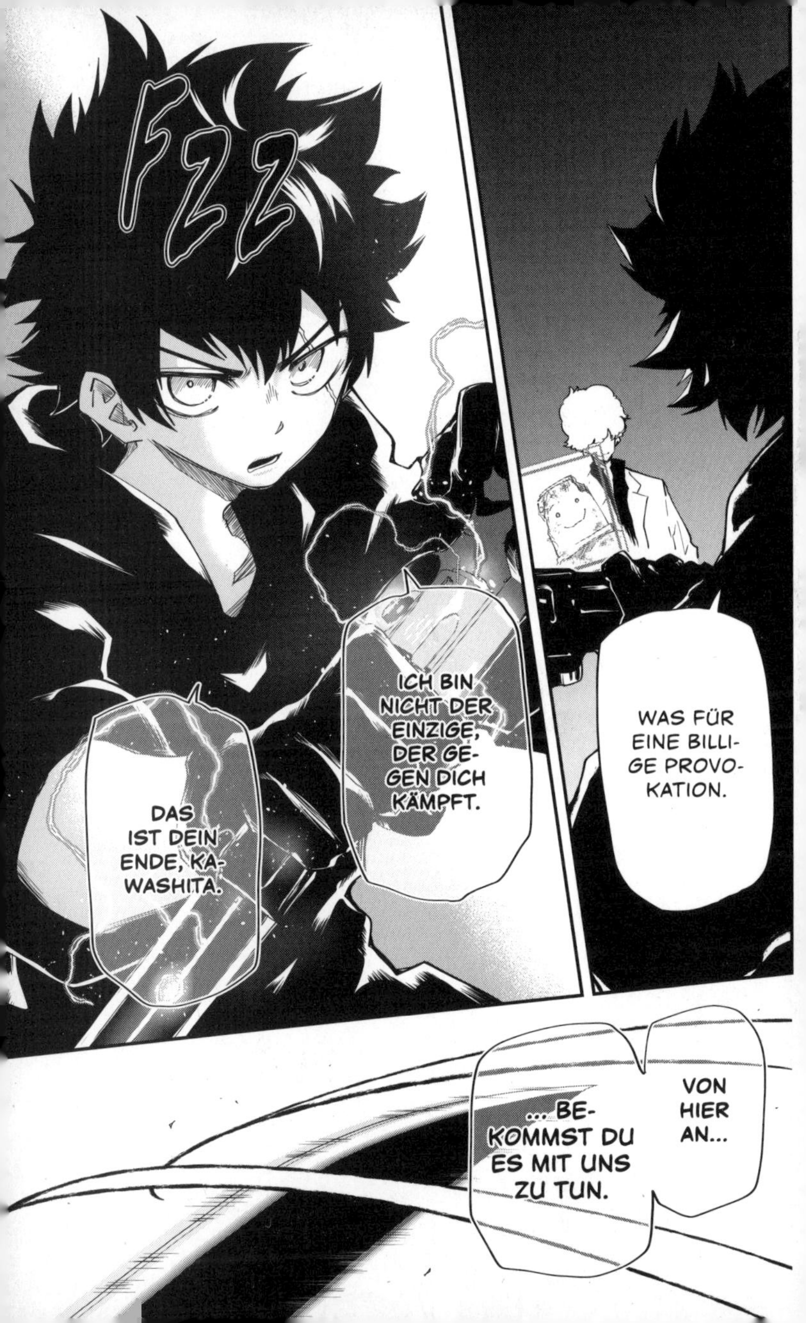
FZZ
WAS FÜR EINE BILLI-GE PROVO-KATION.
ICH BIN NICHT DER EINZIGE, DER GE-GEN DICH KÄMPFT.
DAS IST DEIN ENDE, KA-WASHITA.
VON HIER AN...
... BE-KOMMST DU ES MIT UNS ZU TUN.

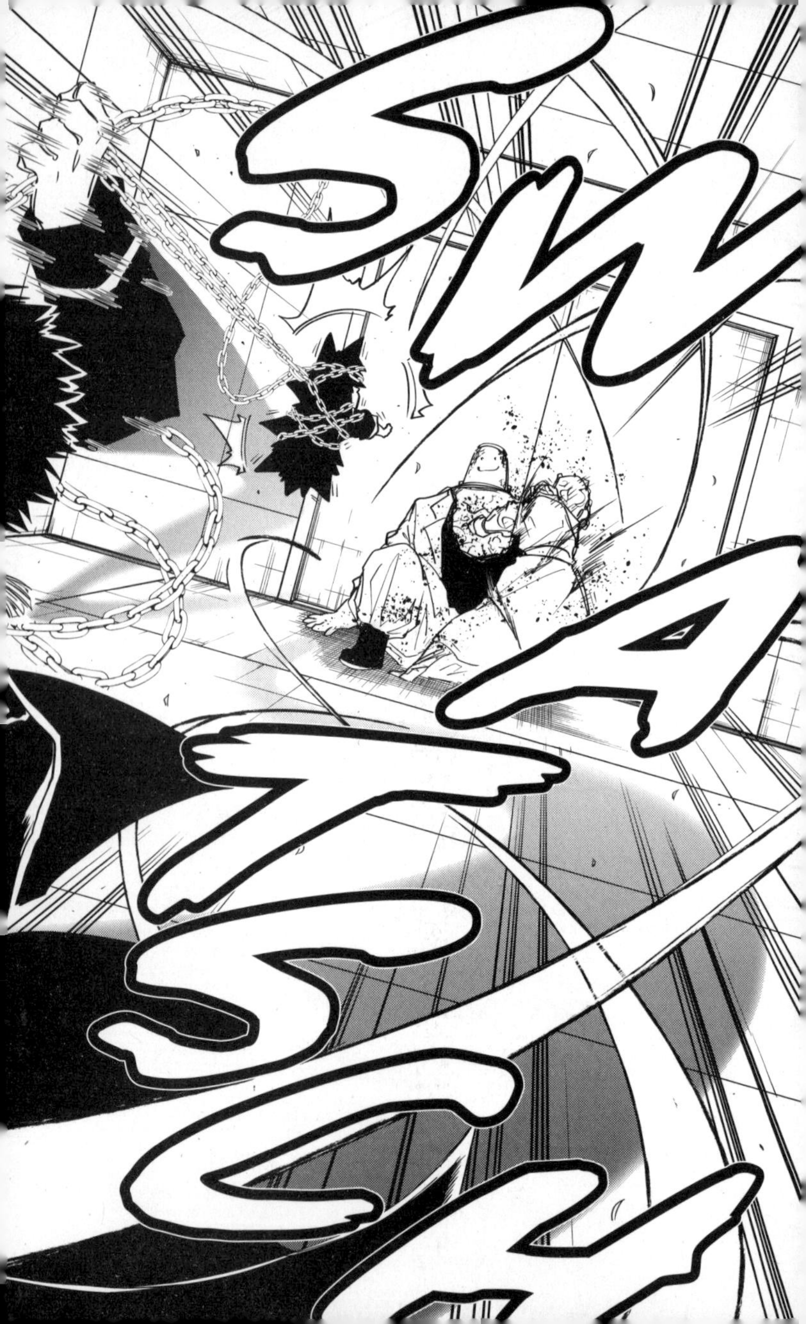
SWATSCH

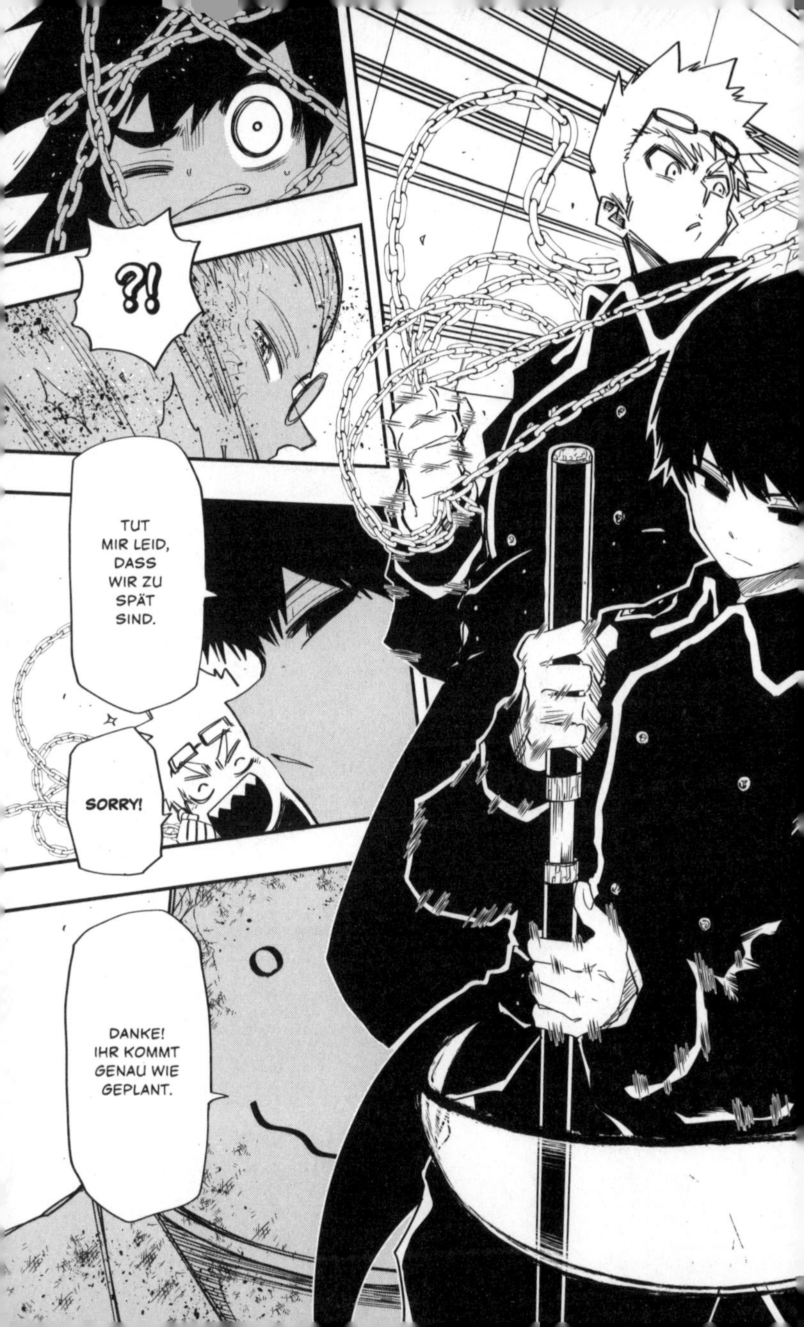

?!
TUT MIR LEID, DASS WIR ZU SPÄT SIND.
SORRY!
DANKE! IHR KOMMT GENAU WIE GEPLANT.

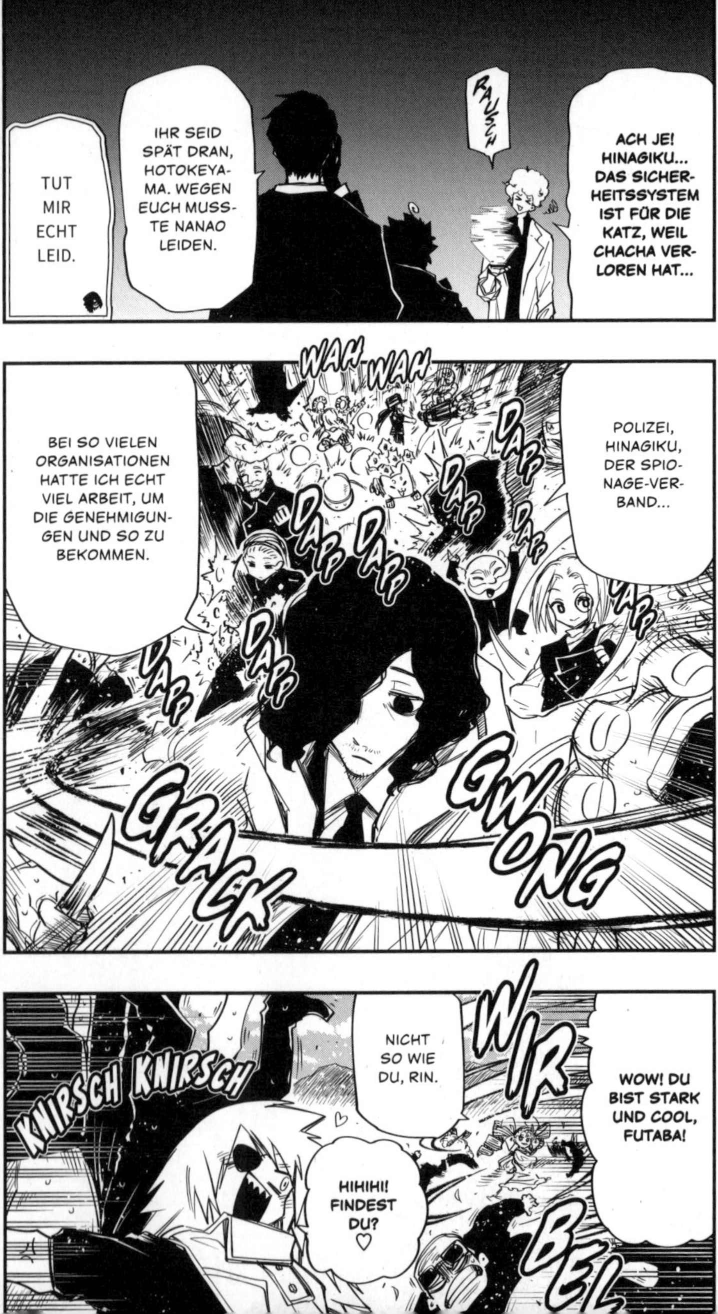
ACH JE! HINAGIKU... DAS SICHERHEITSSYSTEM IST FÜR DIE KATZ, WEIL CHACHA VERLOREN HAT...
RAUSCH
IHR SEID SPÄT DRAN, HOTOKEYAMA. WEGEN EUCH MUSSTE NANAO LEIDEN.
TUT MIR ECHT LEID.
POLIZEI, HINAGIKU, DER SPIONAGE-VERBAND...
WAH WAH
DAPP DAPP DAPP DAPP DAPP DAPP DAPP DAPP
BEI SO VIELEN ORGANISATIONEN HATTE ICH ECHT VIEL ARBEIT, UM DIE GENEHMIGUNGEN UND SO ZU BEKOMMEN.
GWONG
GRACK
WIR BEL
WOW! DU BIST STARK UND COOL, FUTABA!
NICHT SO WIE DU, RIN.
HIHIHI! FINDEST DU? ♡
KNIRSCH KNIRSCH

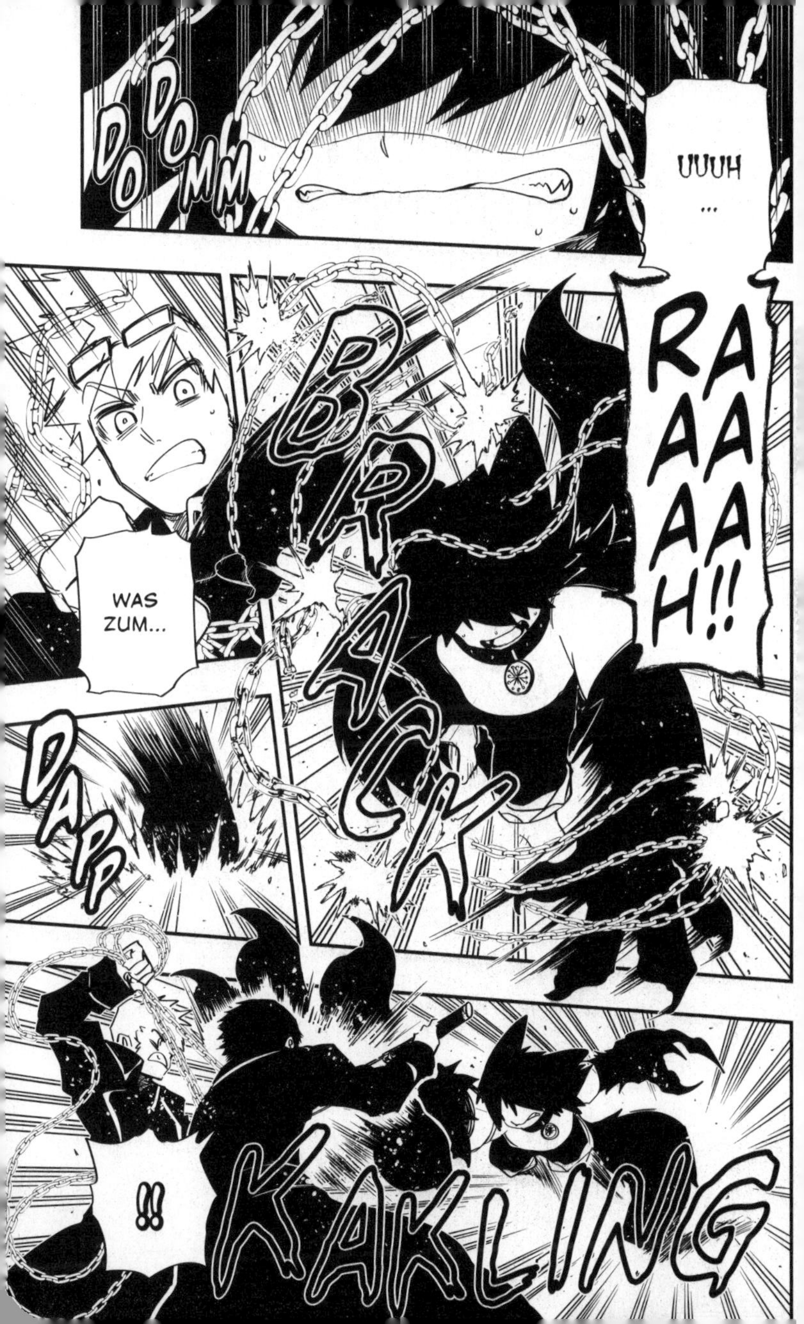
DODOMM
UUUH ...
RAAAAAH!!
BRRACK
WAS ZUM...
DAPP
!!
KAKLING

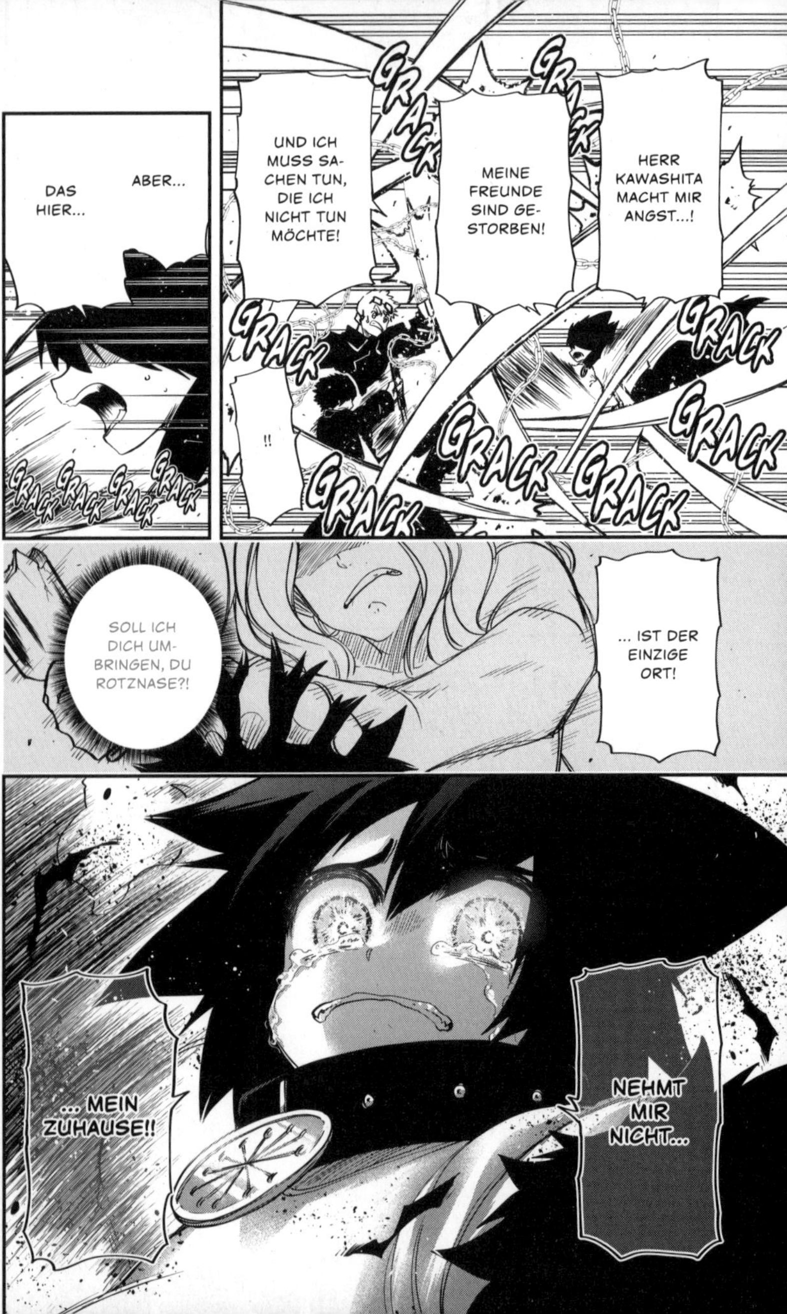
HERR KAWASHITA MACHT MIR ANGST...!
GRACK
MEINE FREUNDE SIND GE- STORBEN!
GRACK
UND ICH MUSS SA- CHEN TUN, DIE ICH NICHT TUN MÖCHTE!
GRACK GRACK GRACK GRACK GRACK
!!
ABER...
DAS HIER...
GRACK GRACK GRACK GRACK
... IST DER EINZIGE ORT!
SOLL ICH DICH UM- BRINGEN, DU ROTZNASE?!
NEHMT MIR NICHT...
... MEIN ZUHAUSE!!

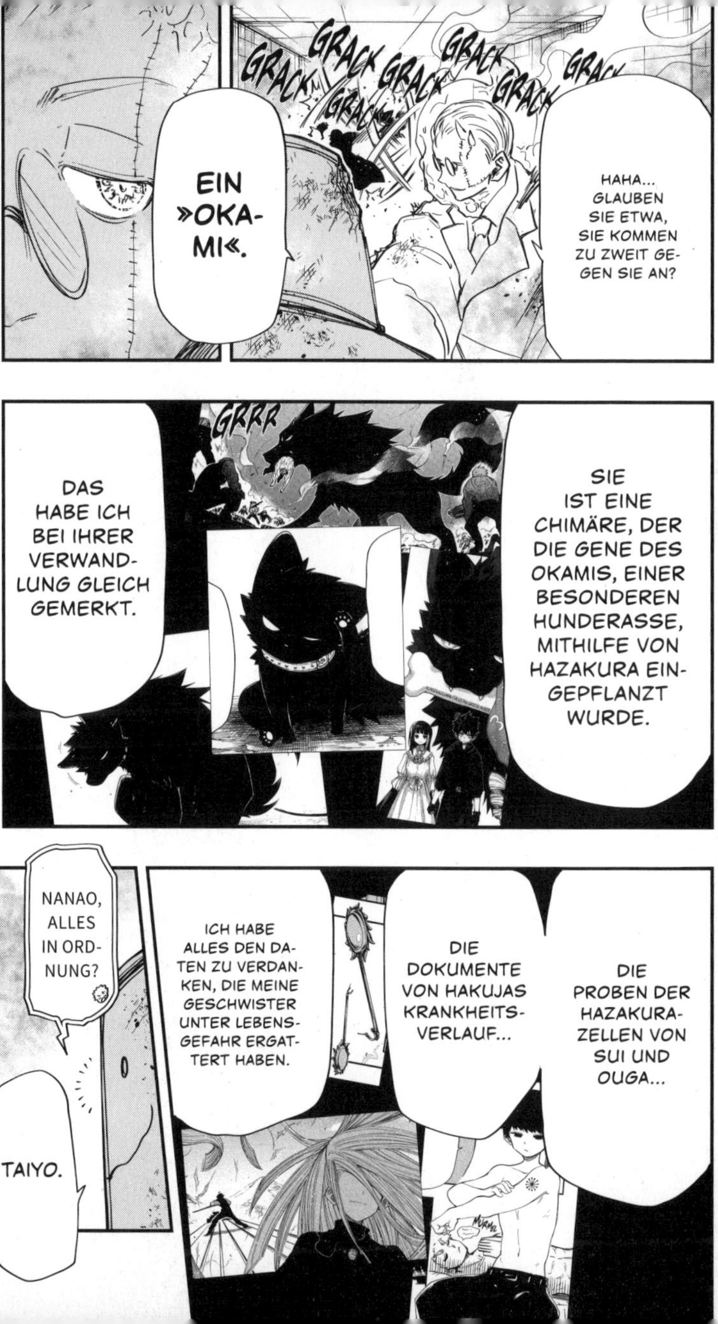
GRACK GRACK GRACK GRACK GRACK GRACK GRACK GRACK
HAHA... GLAUBEN SIE ETWA, SIE KOMMEN ZU ZWEIT GEGEN SIE AN?
EIN »OKAMI«.
GRRR
SIE IST EINE CHIMÄRE, DER DIE GENE DES OKAMIS, EINER BESONDEREN HUNDERASSE, MITHILFE VON HAZAKURA EINGEPFLANZT WURDE.
DAS HABE ICH BEI IHRER VERWANDLUNG GLEICH GEMERKT.
DIE PROBEN DER HAZAKURA-ZELLEN VON SUI UND OUGA...
DIE DOKUMENTE VON HAKUJAS KRANKHEITSVERLAUF...
ICH HABE ALLES DEN DATEN ZU VERDANKEN, DIE MEINE GESCHWISTER UNTER LEBENSGEFAHR ERGATTERT HABEN.
NANAO, ALLES IN ORDNUNG?
TAIYO.

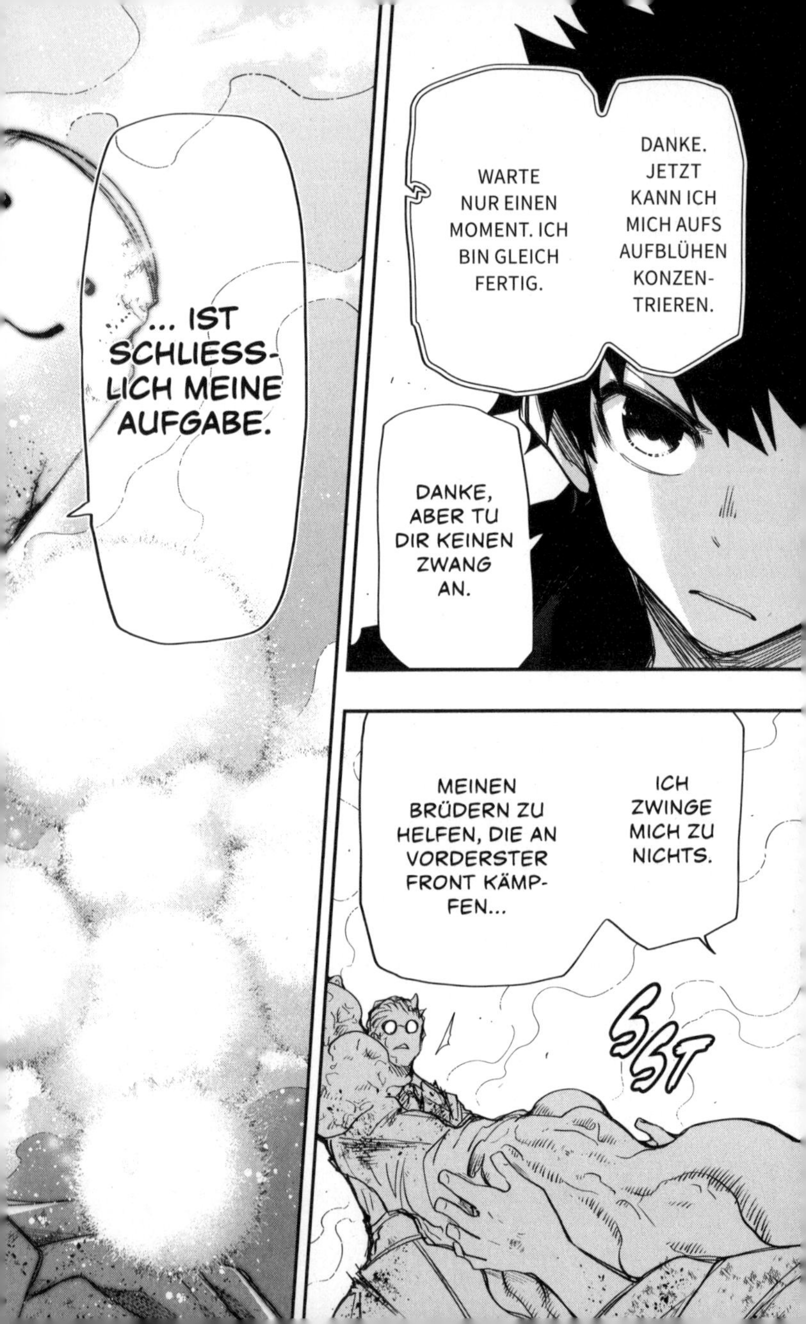
DANKE. JETZT KANN ICH MICH AUFS AUFBLÜHEN KONZEN-TRIEREN.
WARTE NUR EINEN MOMENT. ICH BIN GLEICH FERTIG.
DANKE, ABER TU DIR KEINEN ZWANG AN.
ICH ZWINGE MICH ZU NICHTS.
MEINEN BRÜDERN ZU HELFEN, DIE AN VORDERSTER FRONT KÄMP-FEN...
SST
... IST SCHLIESS-LICH MEINE AUFGABE.

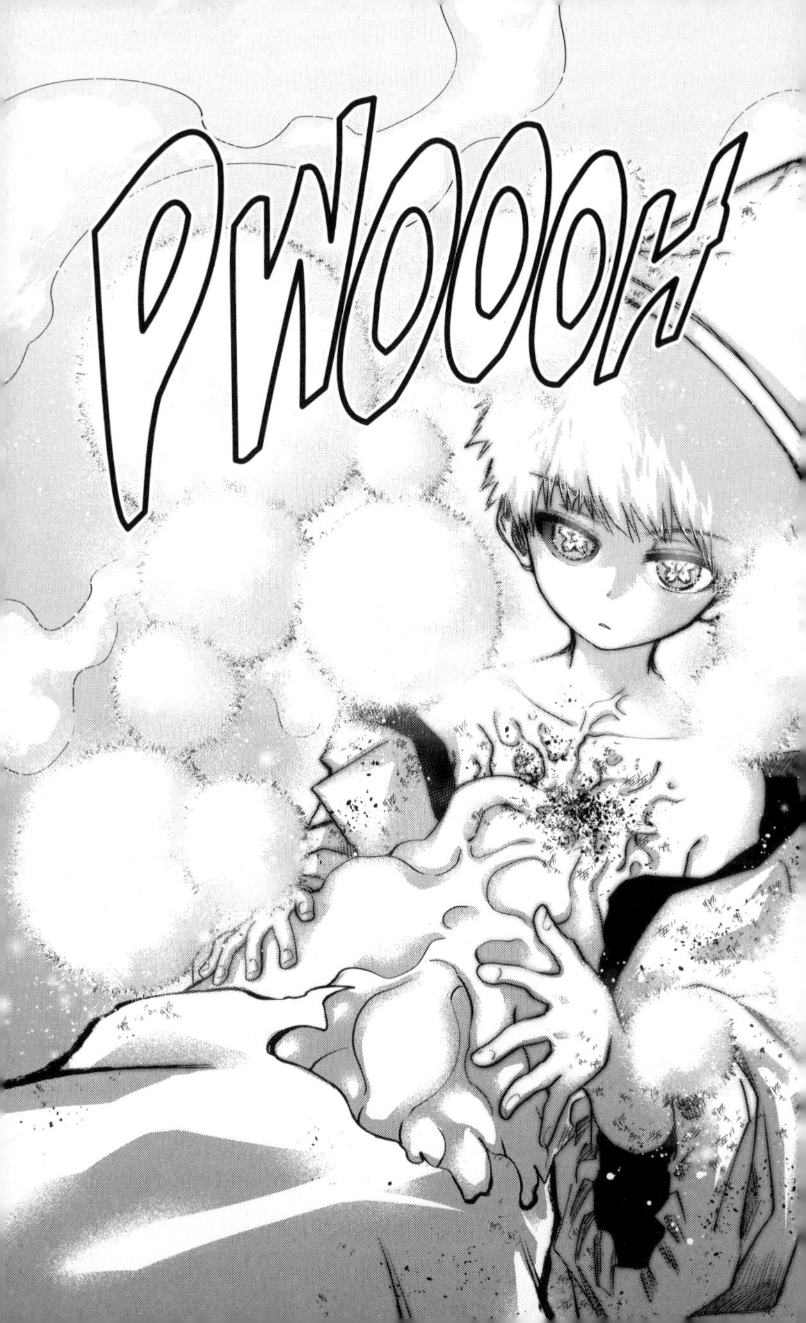
DWOOOH

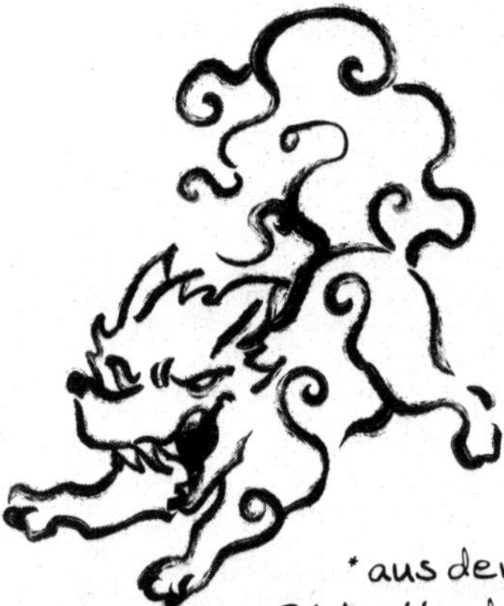

* aus der vierten Bildrolle der Yozakuras

»Okami«

Eine besondere Hunderasse, die seit der Edo-Zeit gezüchtet wird. Vieles über sie bleibt ein Mysterium, weil es aufgrund ihres langen Lebens nur sehr wenige Aufzeichnungen über ihre Fortpflanzung und ihre Blutlinie gibt.

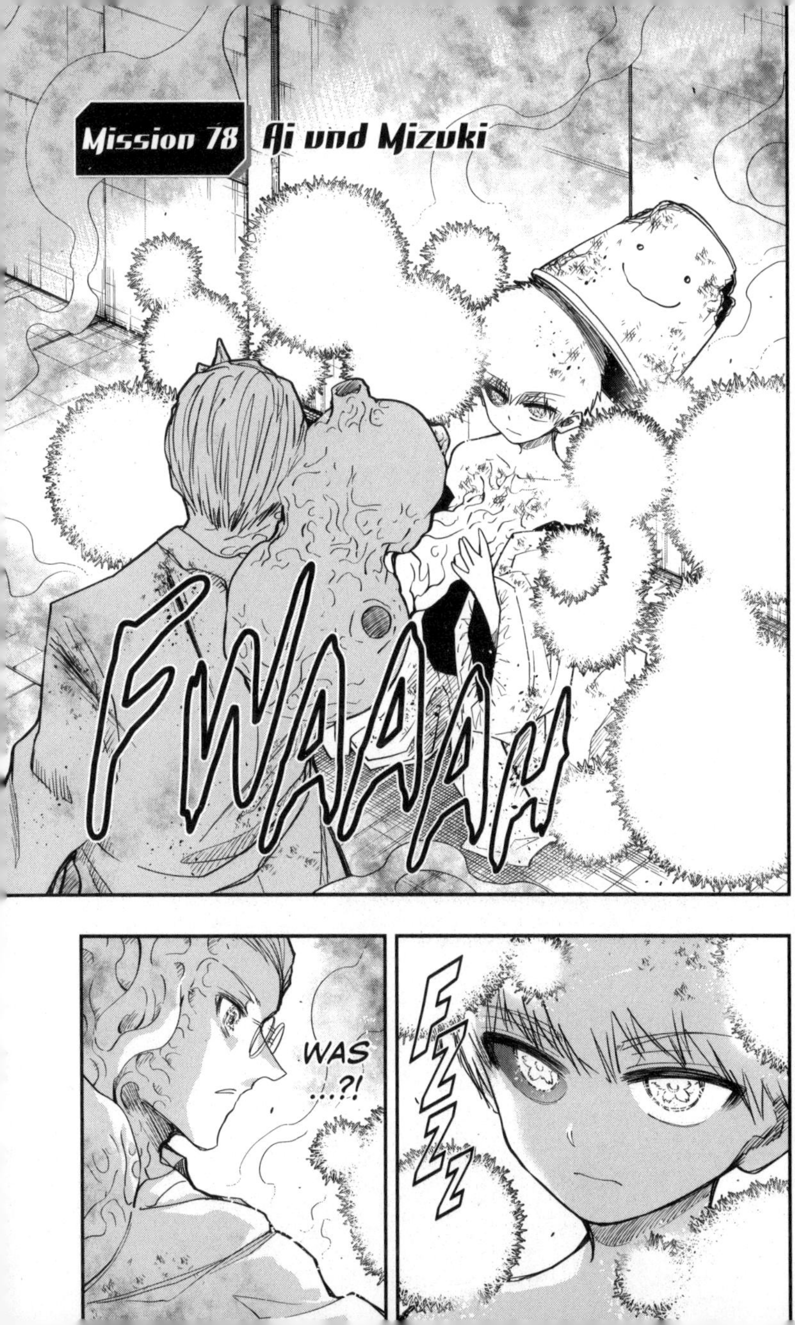
Mission 78
Ai und Mizuki
FWAAAH
FZZZ
WAS ...?!

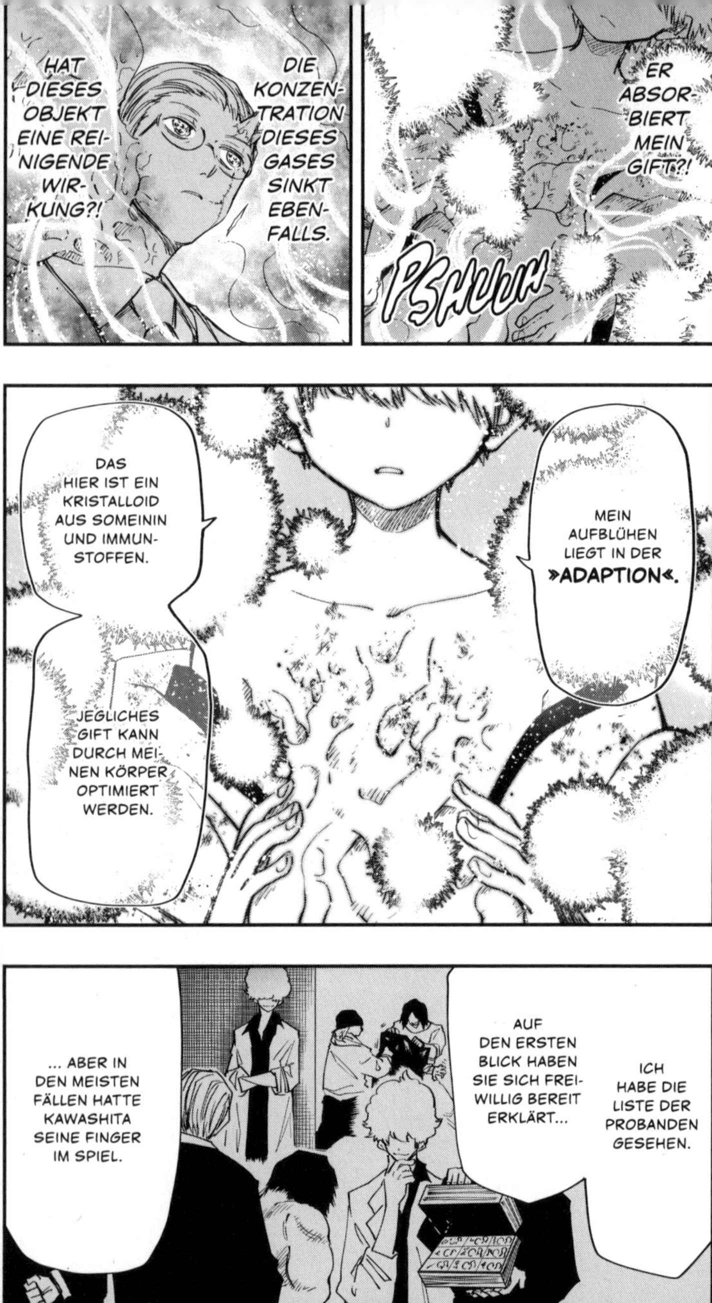
ER ABSORBIERT MEIN GIFT?!
DIE KONZENTRATION DIESES GASES SINKT EBENFALLS.
HAT DIESES OBJEKT EINE REINIGENDE WIRKUNG?!
PSHUUH
MEIN AUFBLÜHEN LIEGT IN DER »ADAPTION«.
DAS HIER IST EIN KRISTALLOID AUS SOMEININ UND IMMUNSTOFFEN.
JEGLICHES GIFT KANN DURCH MEINEN KÖRPER OPTIMIERT WERDEN.
ICH HABE DIE LISTE DER PROBANDEN GESEHEN.
AUF DEN ERSTEN BLICK HABEN SIE SICH FREIWILLIG BEREIT ERKLÄRT...
... ABER IN DEN MEISTEN FÄLLEN HATTE KAWASHITA SEINE FINGER IM SPIEL.

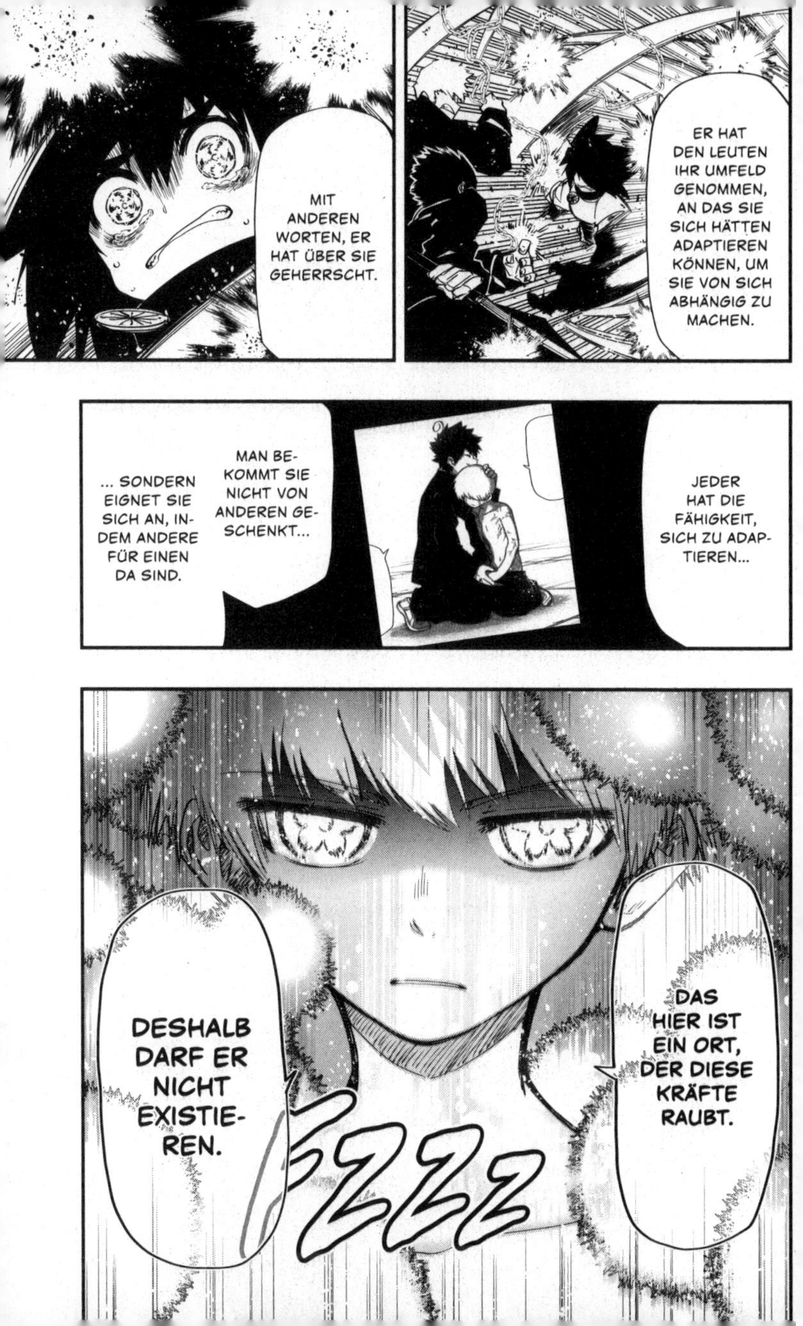
ER HAT DEN LEUTEN IHR UMFELD GENOMMEN, AN DAS SIE SICH HÄTTEN ADAPTIEREN KÖNNEN, UM SIE VON SICH ABHÄNGIG ZU MACHEN.
MIT ANDEREN WORTEN, ER HAT ÜBER SIE GEHERRSCHT.
JEDER HAT DIE FÄHIGKEIT, SICH ZU ADAPTIEREN...
MAN BEKOMMT SIE NICHT VON ANDEREN GESCHENKT...
... SONDERN EIGNET SIE SICH AN, INDEM ANDERE FÜR EINEN DA SIND.
DAS HIER IST EIN ORT, DER DIESE KRÄFTE RAUBT.
DESHALB DARF ER NICHT EXISTIEREN.
ZZZZ

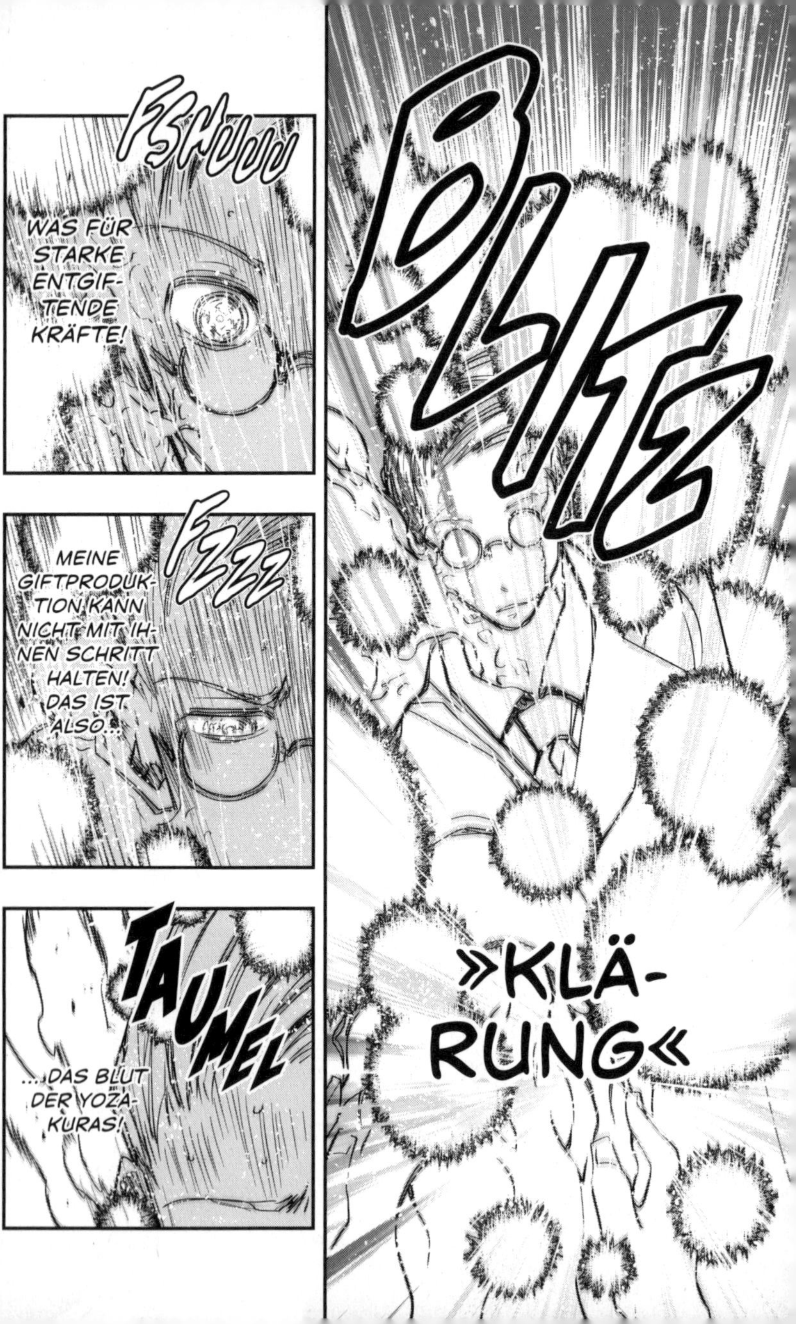
»KLÄ-
RUNG«
WAS FÜR STARKE ENTGIF-TENDE KRÄFTE!
FZZZ
MEINE GIFTPRODUK-TION KANN NICHT MIT IH-NEN SCHRITT HALTEN! DAS IST ALSO...
TAUMEL
...DAS BLUT DER YOZA-KURAS!

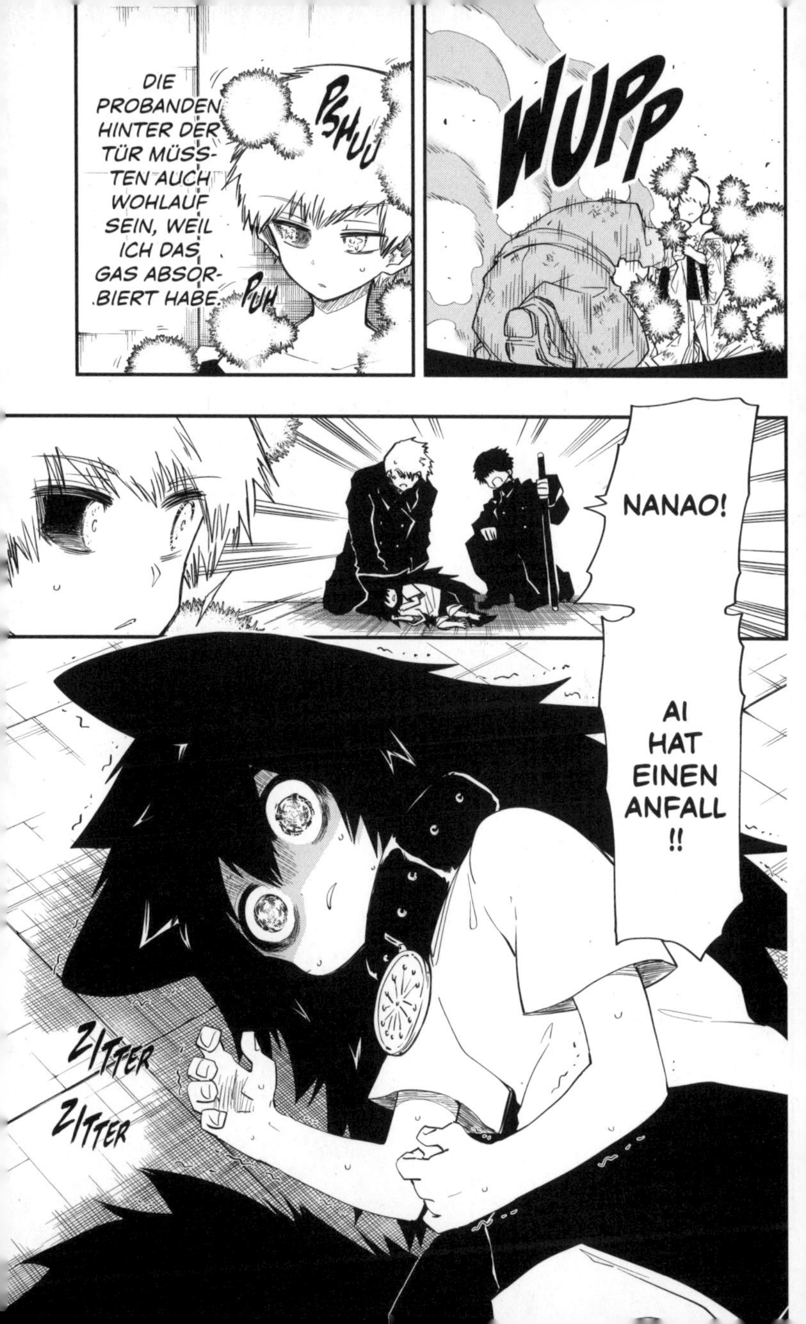
DIE PROBANDEN HINTER DER TÜR MÜSSTEN AUCH WOHLAUF SEIN, WEIL ICH DAS GAS ABSORBIERT HABE.
PSHUU
PUH
WUPP
NANAO!
AI HAT EINEN ANFALL !!
ZITTER
ZITTER

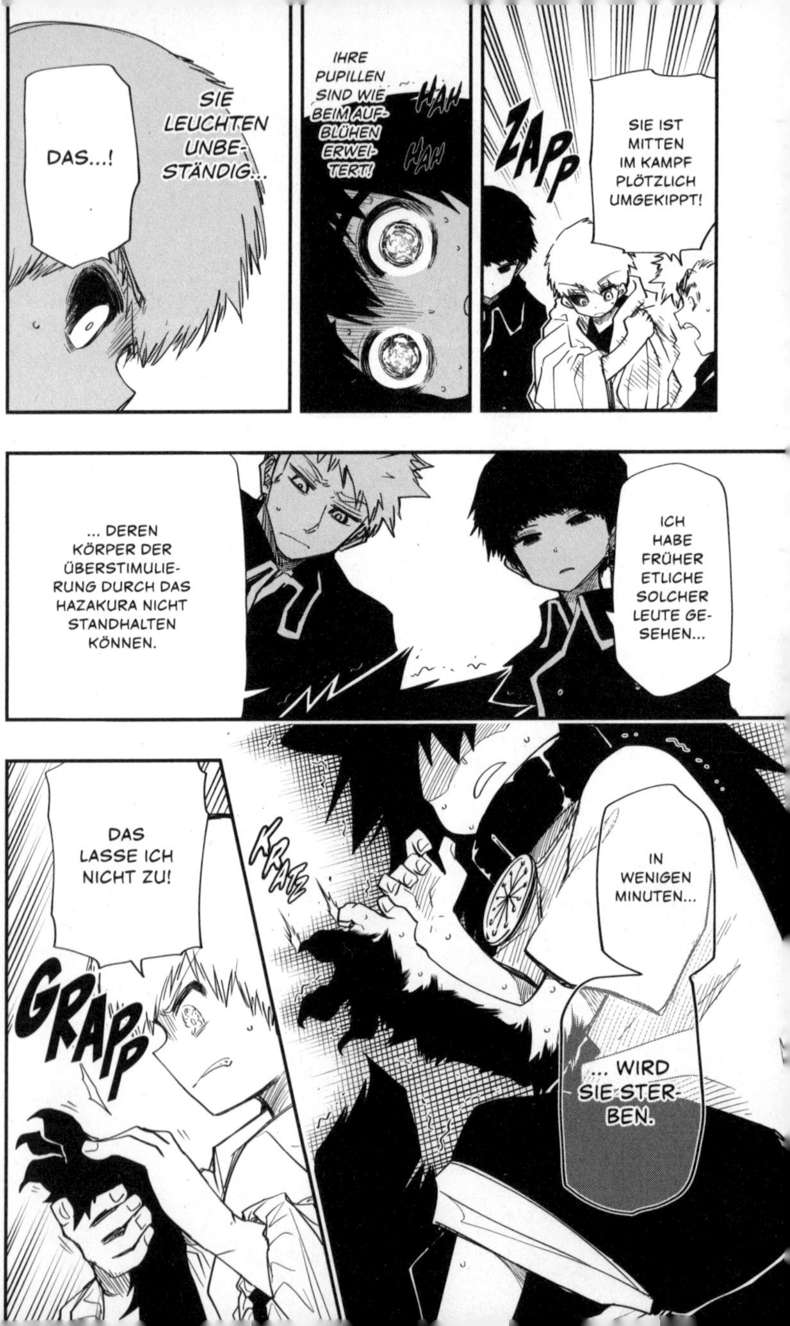

ZAPP
SIE IST MITTEN IM KAMPF PLÖTZLICH UMGEKIPPT!
HAH
HAH
IHRE PUPILLEN SIND WIE BEIM AUFBLÜHEN ERWEITERT!
SIE LEUCHTEN UNBESTÄNDIG...
DAS...!
ICH HABE FRÜHER ETLICHE SOLCHER LEUTE GESEHEN...
... DEREN KÖRPER DER ÜBERSTIMULIERUNG DURCH DAS HAZAKURA NICHT STANDHALTEN KÖNNEN.
IN WENIGEN MINUTEN...
... WIRD SIE STERBEN.
DAS LASSE ICH NICHT ZU!
GRAPP

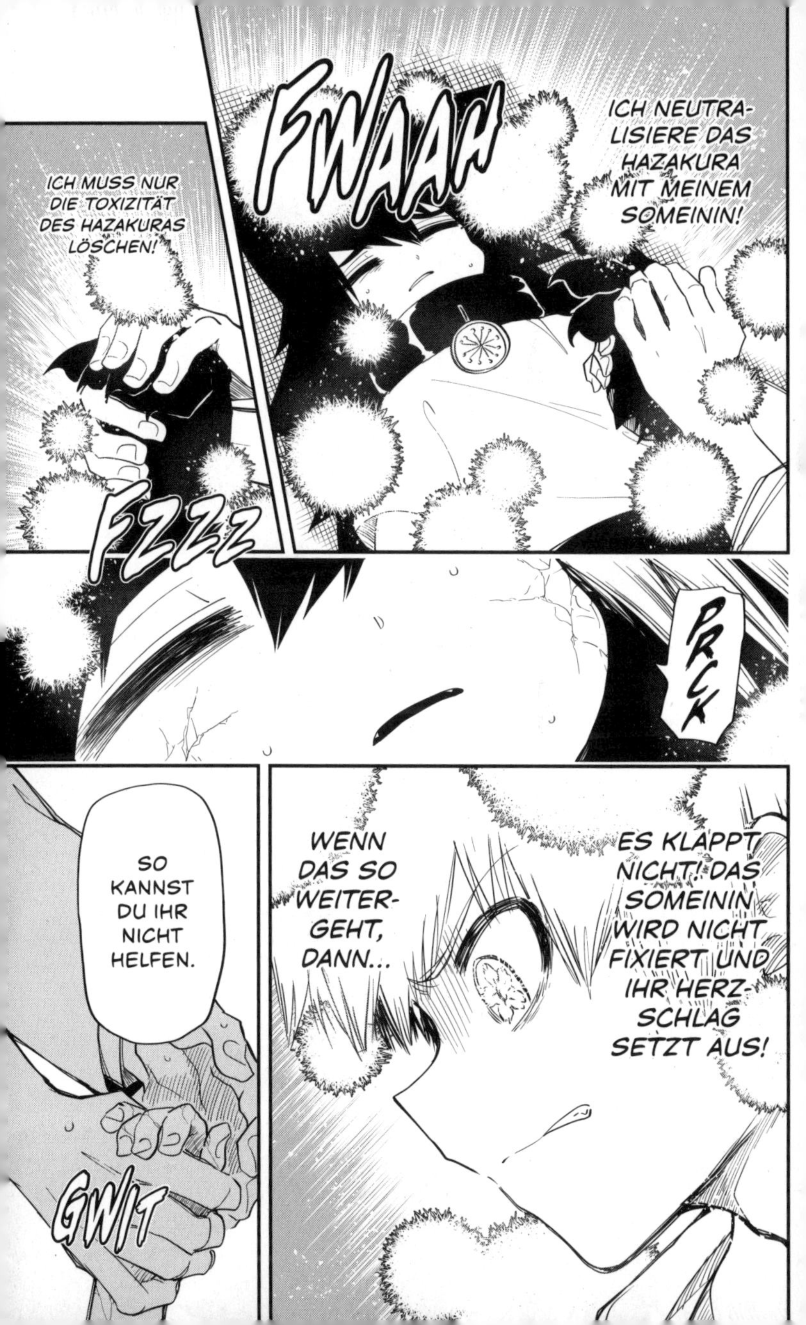
FWAAH
ICH NEUTRA-LISIERE DAS HAZAKURA MIT MEINEM SOMEININ!
ICH MUSS NUR DIE TOXIZITÄT DES HAZAKURAS LÖSCHEN!
FZZZ
PRCK
ES KLAPPT NICHT! DAS SOMEININ WIRD NICHT FIXIERT UND IHR HERZ-SCHLAG SETZT AUS!
WENN DAS SO WEITER-GEHT, DANN...
SO KANNST DU IHR NICHT HELFEN.
GWIT

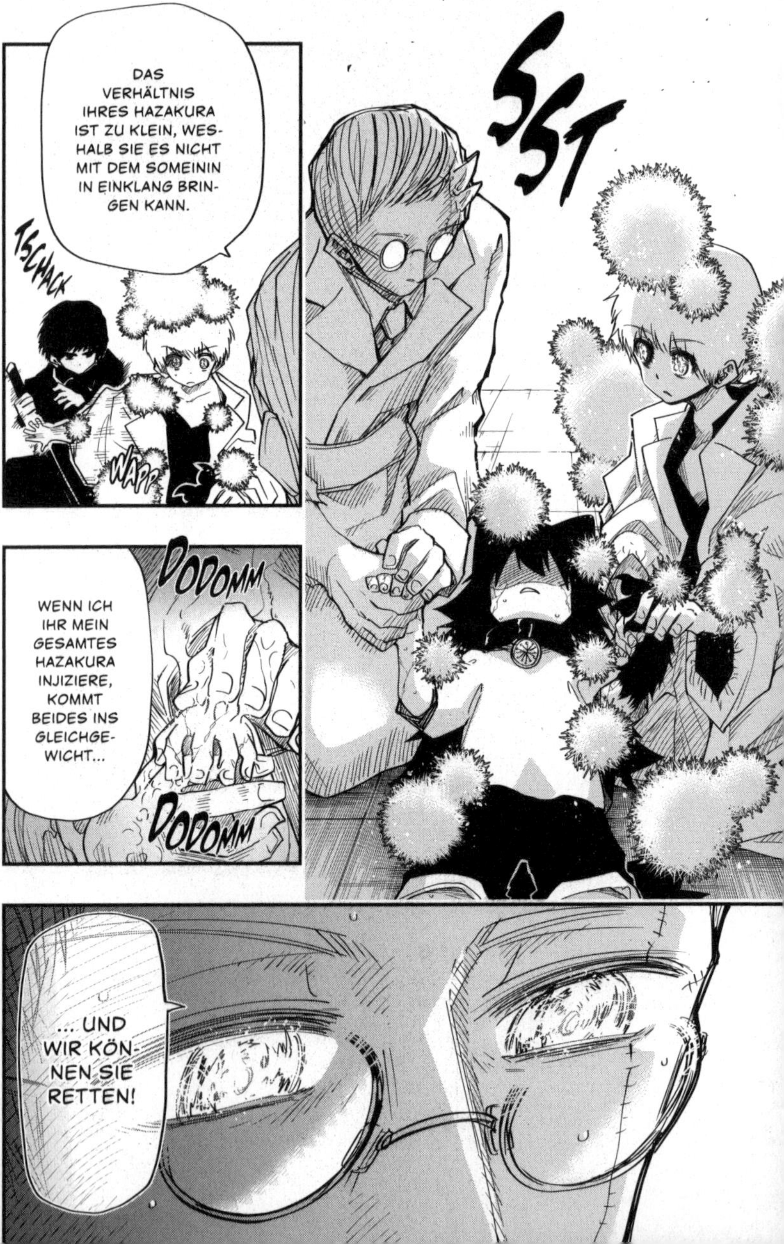
SST
DAS VERHÄLTNIS IHRES HAZAKURA IST ZU KLEIN, WESHALB SIE ES NICHT MIT DEM SOMEININ IN EINKLANG BRINGEN KANN.
TSCHACK
WAPP
DODOMM
WENN ICH IHR MEIN GESAMTES HAZAKURA INJIZIERE, KOMMT BEIDES INS GLEICHGEWICHT...
DODOMM
... UND WIR KÖNNEN SIE RETTEN!

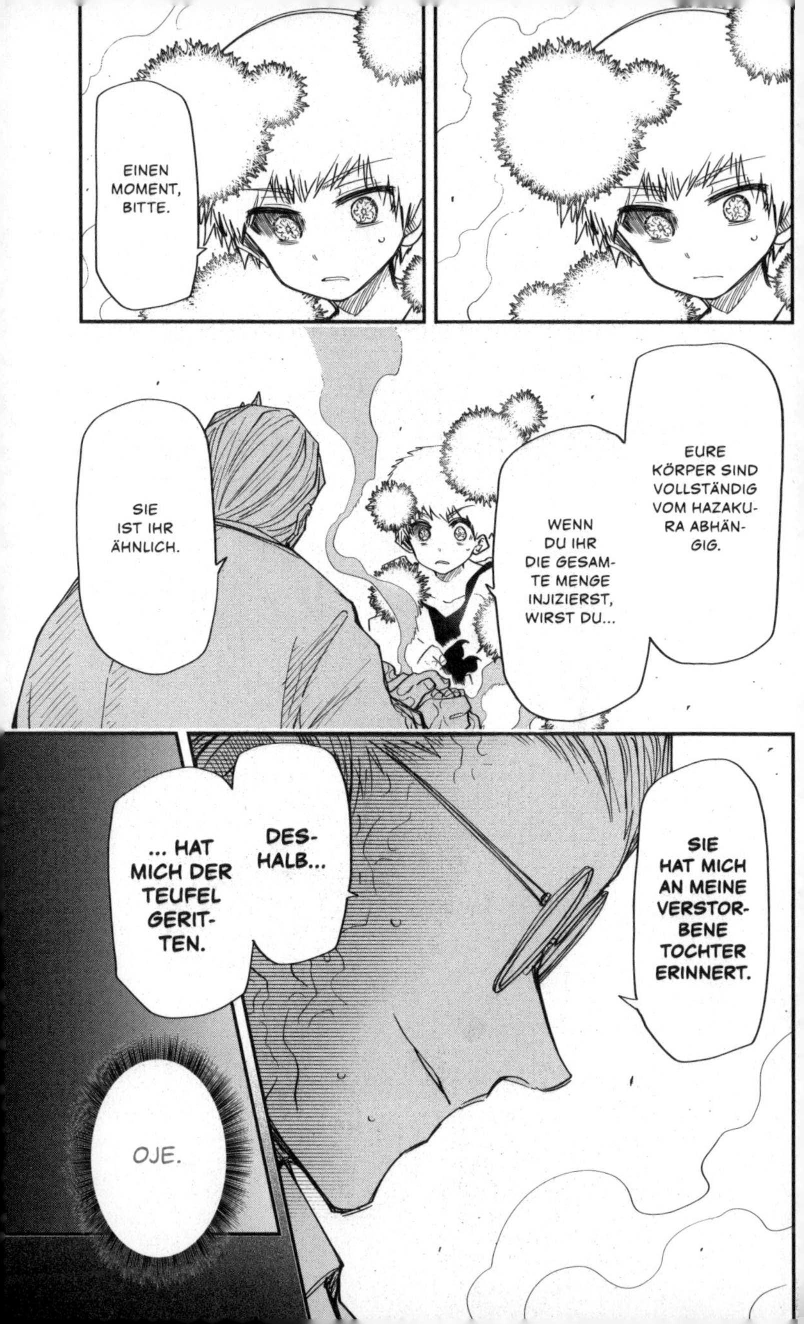
EINEN MOMENT, BITTE.
EURE KÖRPER SIND VOLLSTÄNDIG VOM HAZAKURA ABHÄNGIG.
WENN DU IHR DIE GESAMTE MENGE INJIZIERST, WIRST DU...
SIE IST IHR ÄHNLICH.
SIE HAT MICH AN MEINE VERSTORBENE TOCHTER ERINNERT.
DESHALB...
... HAT MICH DER TEUFEL GERITTEN.
OJE.

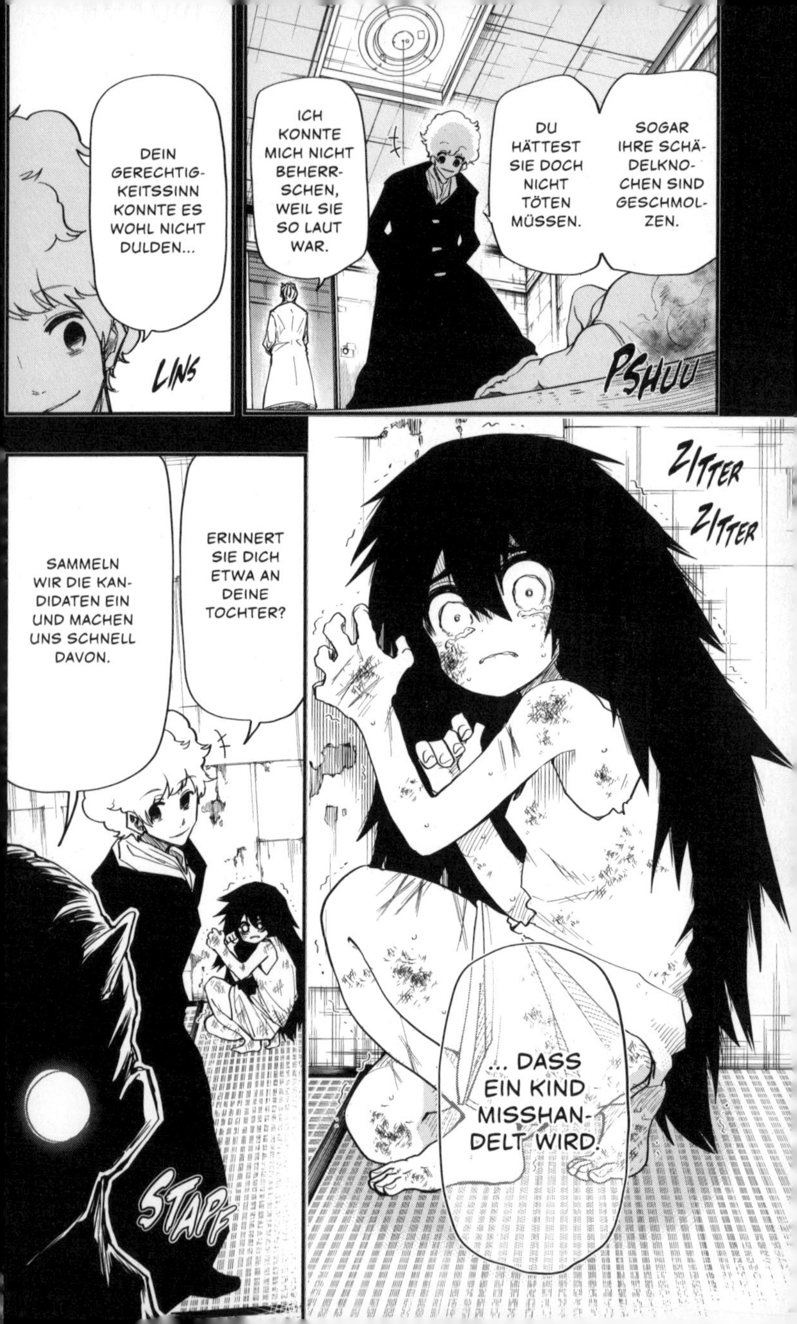
SOGAR IHRE SCHÄDELKNOCHEN SIND GESCHMOLZEN.
DU HÄTTEST SIE DOCH NICHT TÖTEN MÜSSEN.
PSHUU
ICH KONNTE MICH NICHT BEHERRSCHEN, WEIL SIE SO LAUT WAR.
DEIN GERECHTIGKEITSSINN KONNTE ES WOHL NICHT DULDEN...
LINS
ZITTER
ZITTER
... DASS EIN KIND MISSHANDELT WIRD.
ERINNERT SIE DICH ETWA AN DEINE TOCHTER?
SAMMELN WIR DIE KANDIDATEN EIN UND MACHEN UNS SCHNELL DAVON.
STAPF

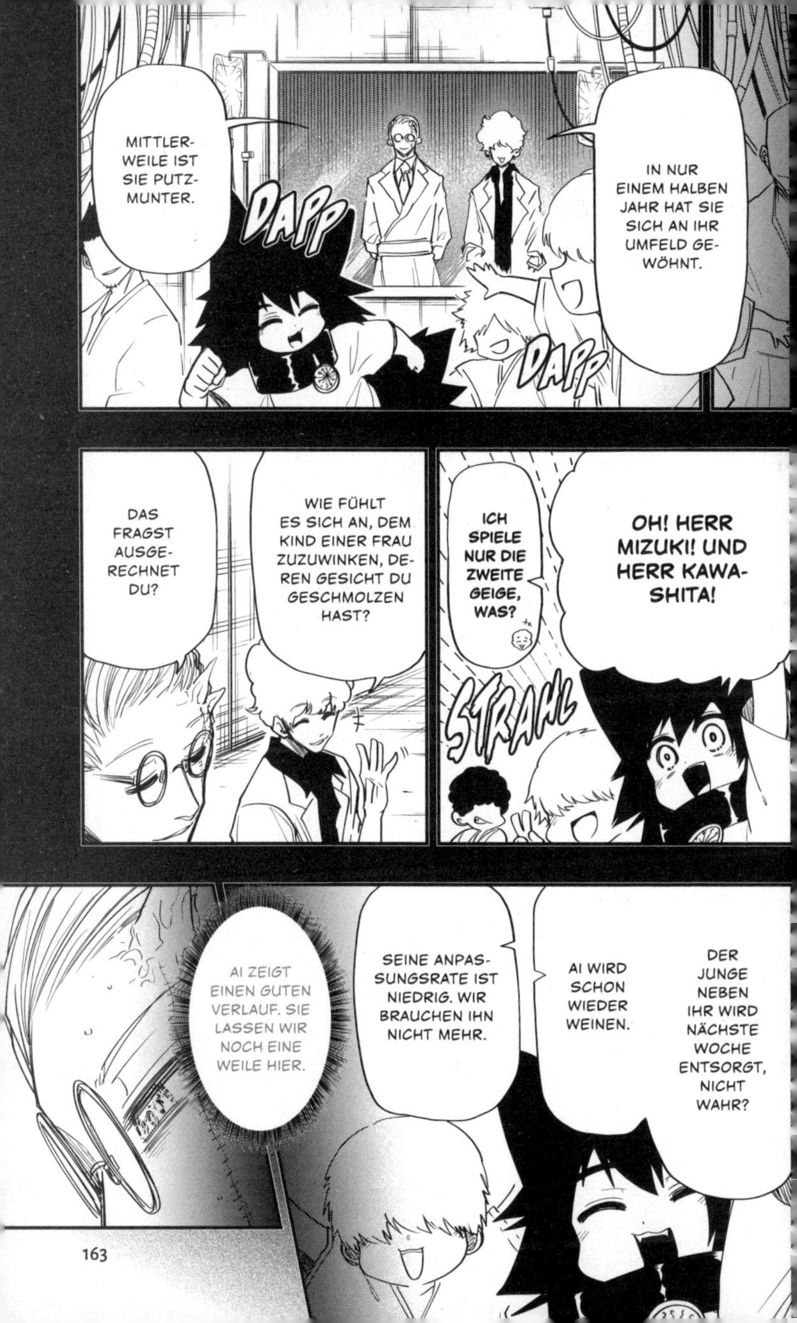
IN NUR EINEM HALBEN JAHR HAT SIE SICH AN IHR UMFELD GEWÖHNT.
MITTLER-WEILE IST SIE PUTZMUNTER.
DAPP
DAPP
OH! HERR MIZUKI! UND HERR KAWASHITA!
ICH SPIELE NUR DIE ZWEITE GEIGE, WAS?
STRAHL
WIE FÜHLT ES SICH AN, DEM KIND EINER FRAU ZUZUWINKEN, DEREN GESICHT DU GESCHMOLZEN HAST?
DAS FRAGST AUSGERECHNET DU?
DER JUNGE NEBEN IHR WIRD NÄCHSTE WOCHE ENTSORGT, NICHT WAHR?
AI WIRD SCHON WIEDER WEINEN.
SEINE ANPASSUNGSRATE IST NIEDRIG. WIR BRAUCHEN IHN NICHT MEHR.
AI ZEIGT EINEN GUTEN VERLAUF. SIE LASSEN WIR NOCH EINE WEILE HIER.

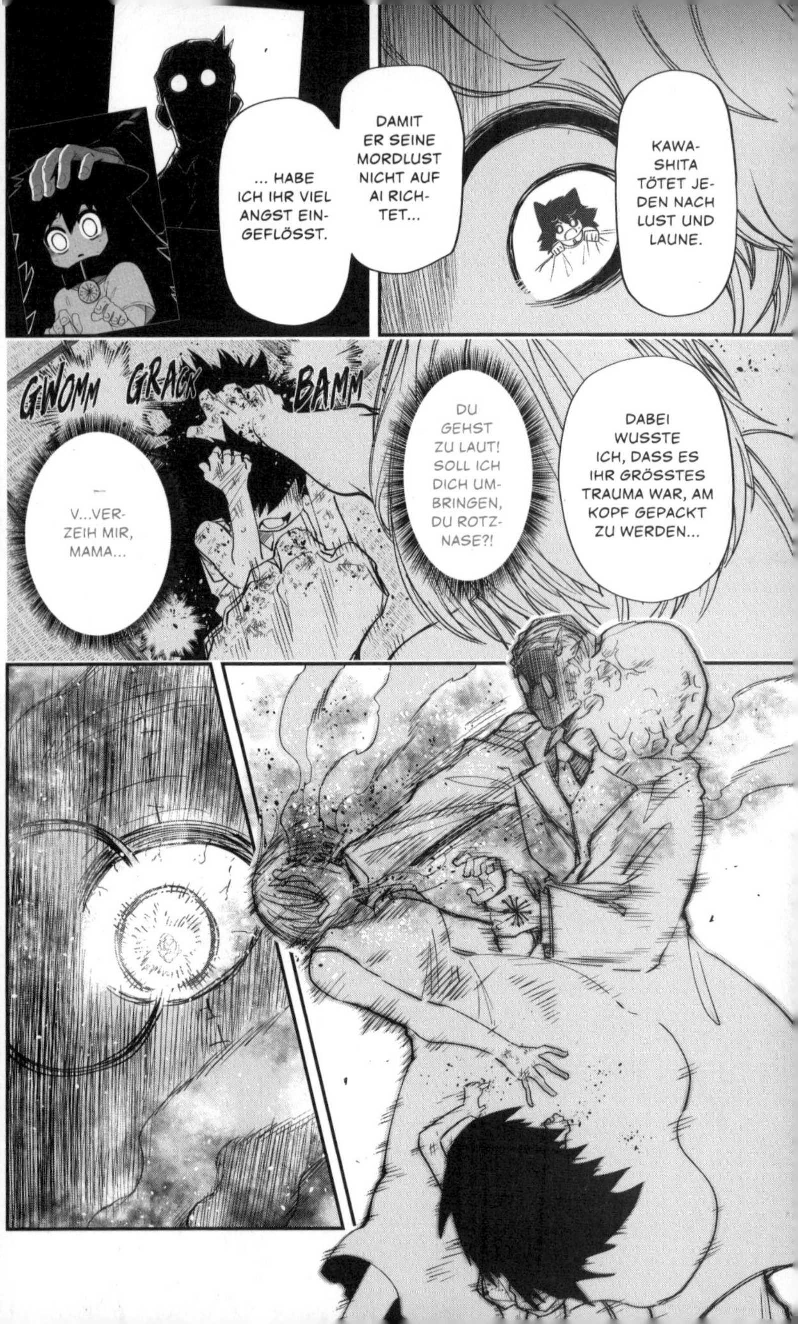
KAWASHITA TÖTET JEDEN NACH LUST UND LAUNE.
DAMIT ER SEINE MORDLUST NICHT AUF AI RICHTET...
... HABE ICH IHR VIEL ANGST EINGEFLÖSST.
DABEI WUSSTE ICH, DASS ES IHR GRÖSSTES TRAUMA WAR, AM KOPF GEPACKT ZU WERDEN...
DU GEHST ZU LAUT! SOLL ICH DICH UMBRINGEN, DU ROTZNASE?!
BAMM
GRACK
GWOMM
V...VERZEIH MIR, MAMA...

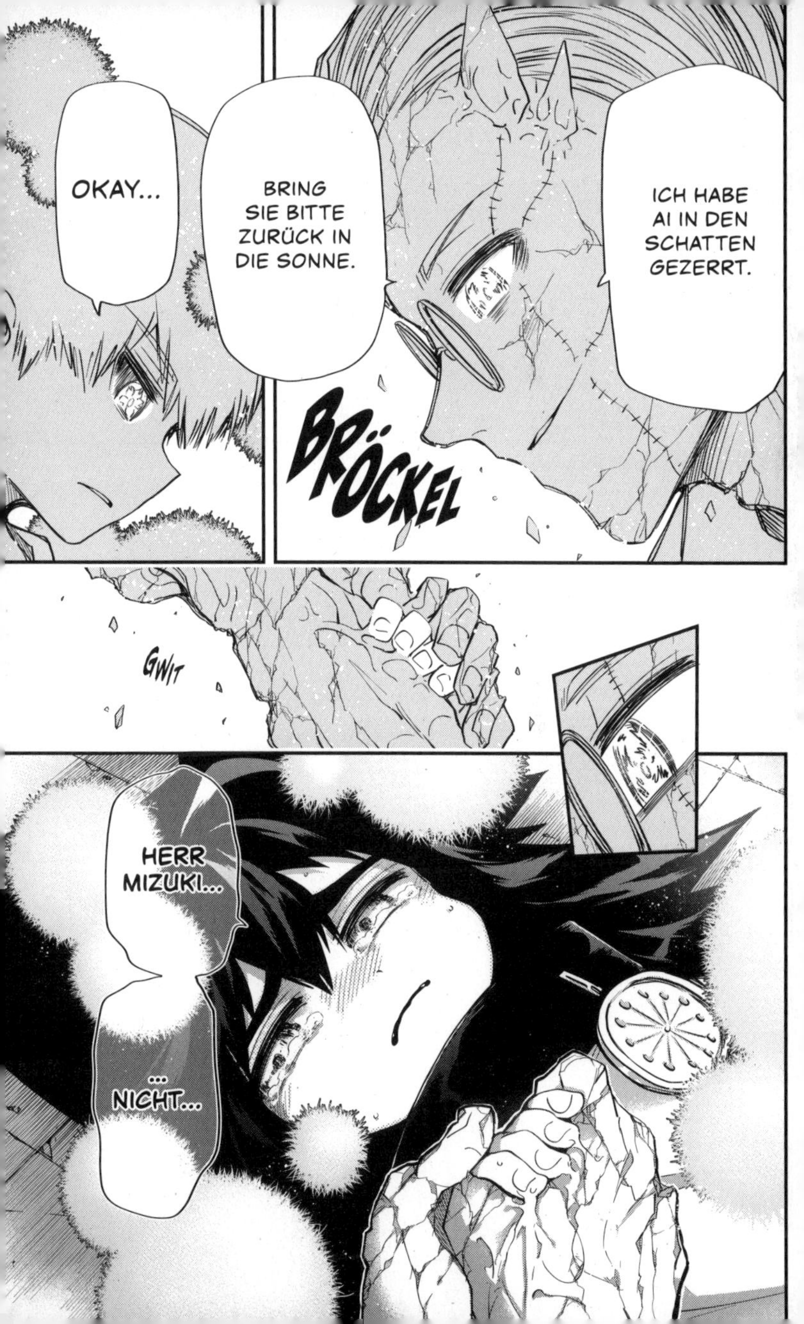
ICH HABE AI IN DEN SCHATTEN GEZERRT.
BRÖCKEL
BRING SIE BITTE ZURÜCK IN DIE SONNE.
OKAY…
GWIT
HERR MIZUKI…
… NICHT…

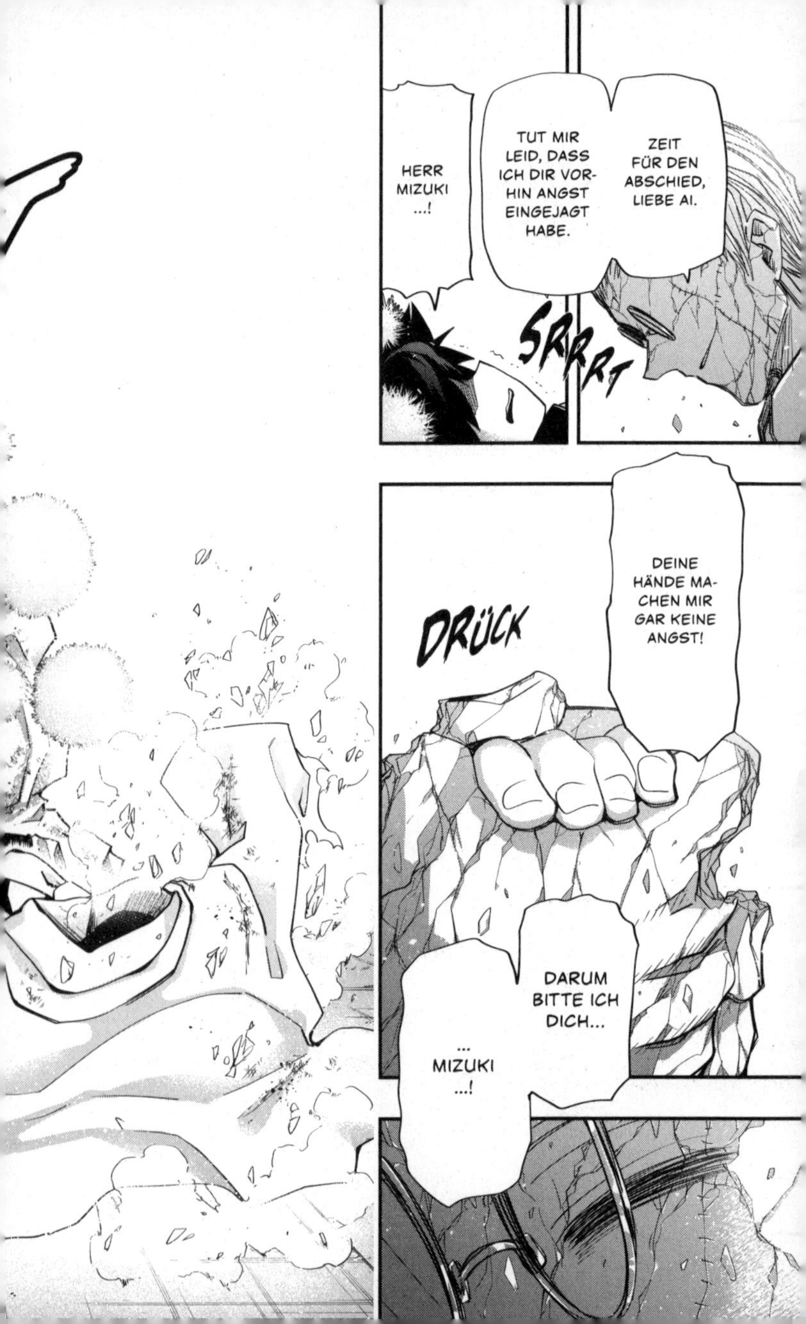
ZEIT FÜR DEN ABSCHIED, LIEBE AI.
TUT MIR LEID, DASS ICH DIR VORHIN ANGST EINGEJAGT HABE.
HERR MIZUKI ...!
SRRRT
DEINE HÄNDE MACHEN MIR GAR KEINE ANGST!
DRÜCK
DARUM BITTE ICH DICH...
... MIZUKI ...!

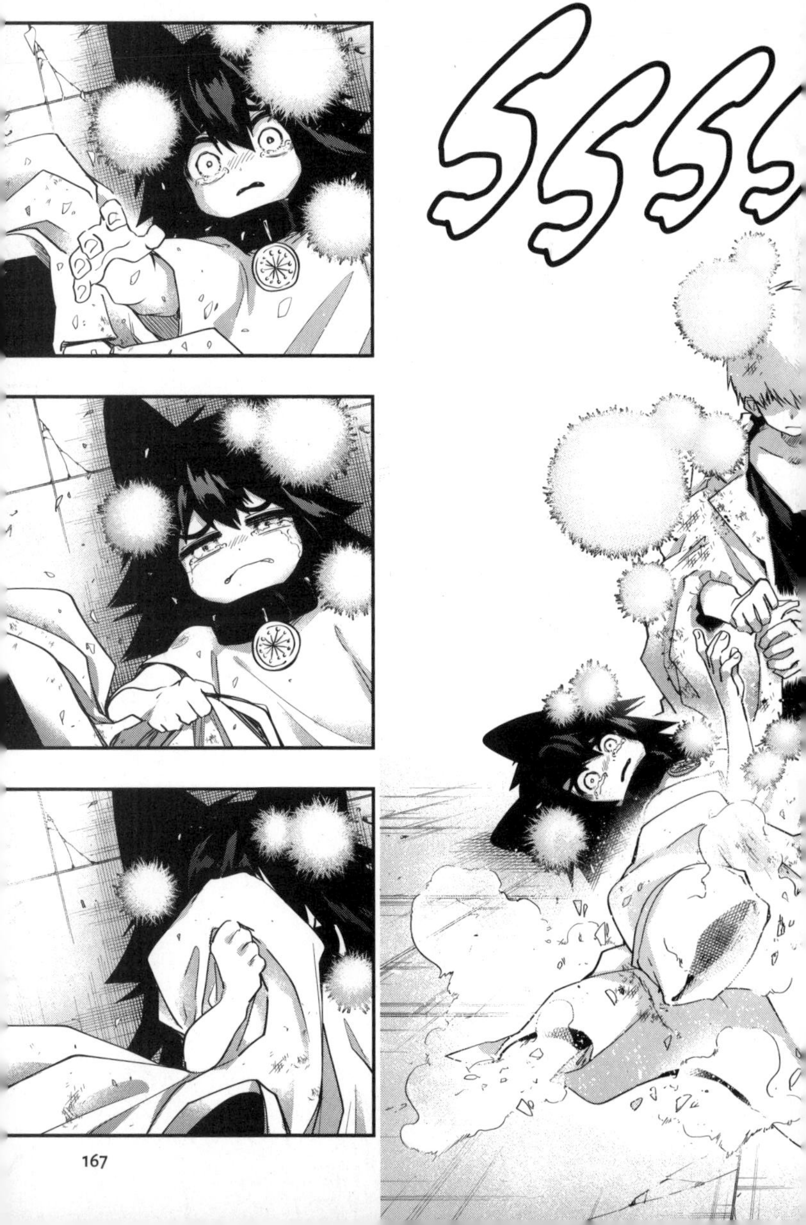
SSSS

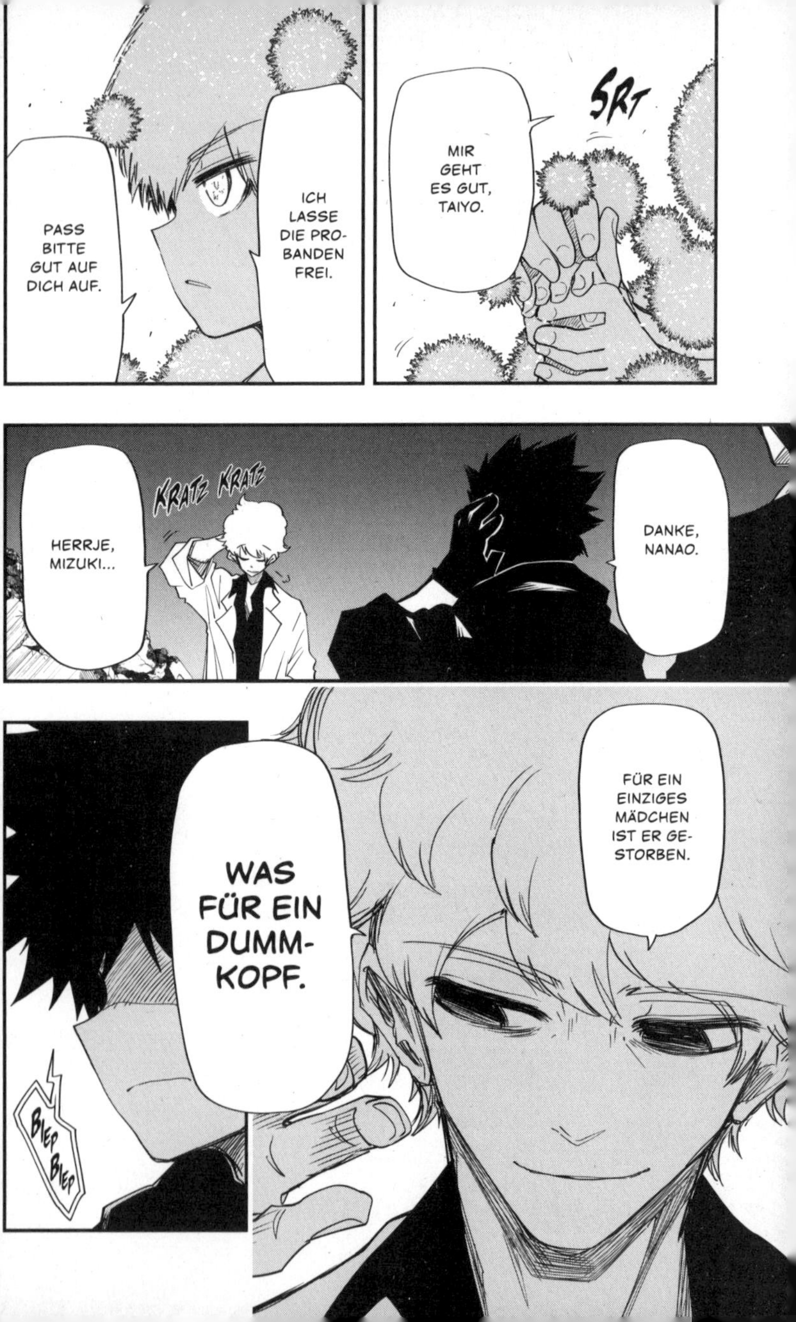
SRT
MIR GEHT ES GUT, TAIYO.
ICH LASSE DIE PROBANDEN FREI.
PASS BITTE GUT AUF DICH AUF.
DANKE, NANAO.
KRATZ KRATZ
HERRJE, MIZUKI...
FÜR EIN EINZIGES MÄDCHEN IST ER GESTORBEN.
WAS FÜR EIN DUMMKOPF.
BIEP BIEP

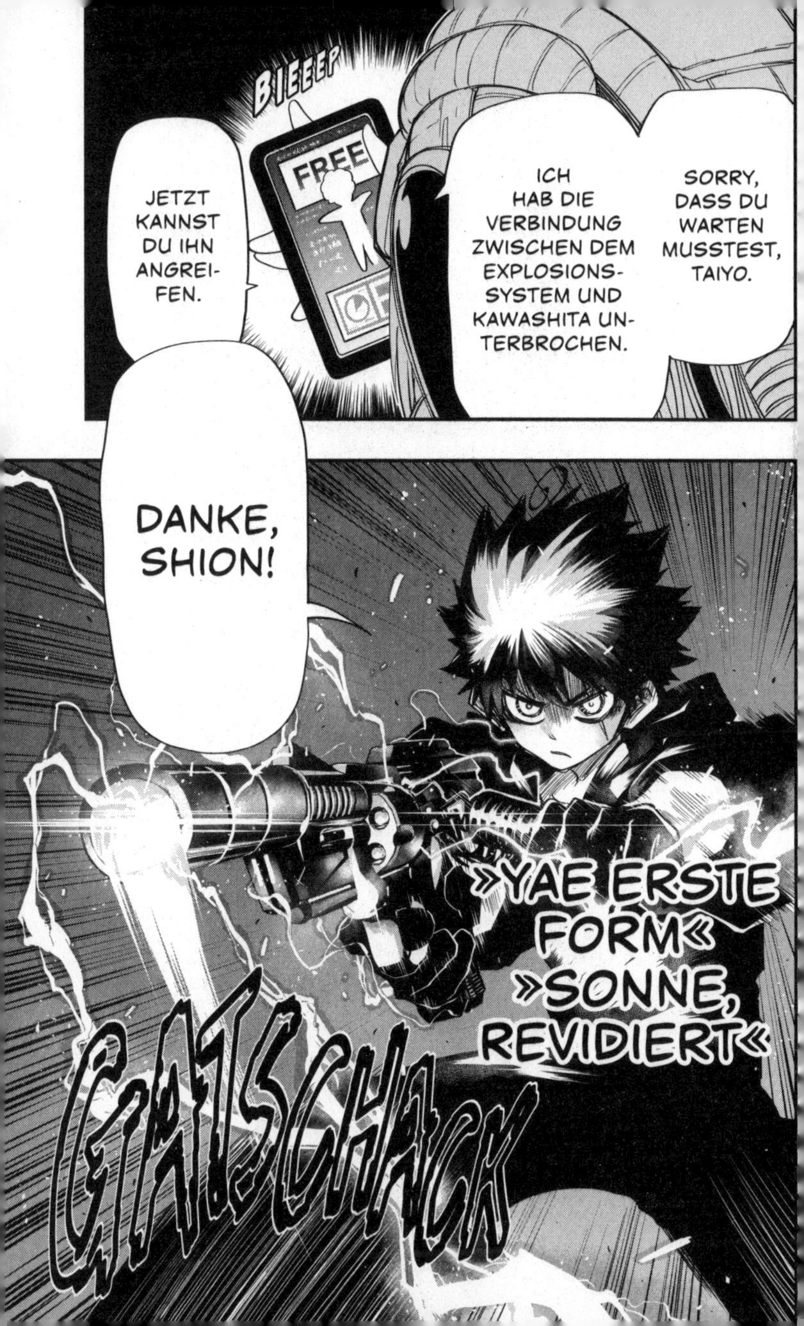
BIEEEP
FREE
SORRY, DASS DU WARTEN MUSSTEST, TAIYO.
ICH HAB DIE VERBINDUNG ZWISCHEN DEM EXPLOSIONS-SYSTEM UND KAWASHITA UN-TERBROCHEN.
JETZT KANNST DU IHN ANGREI-FEN.
DANKE, SHION!
»YAE ERSTE FORM« »SONNE, REVIDIERT«
GATSCHACK

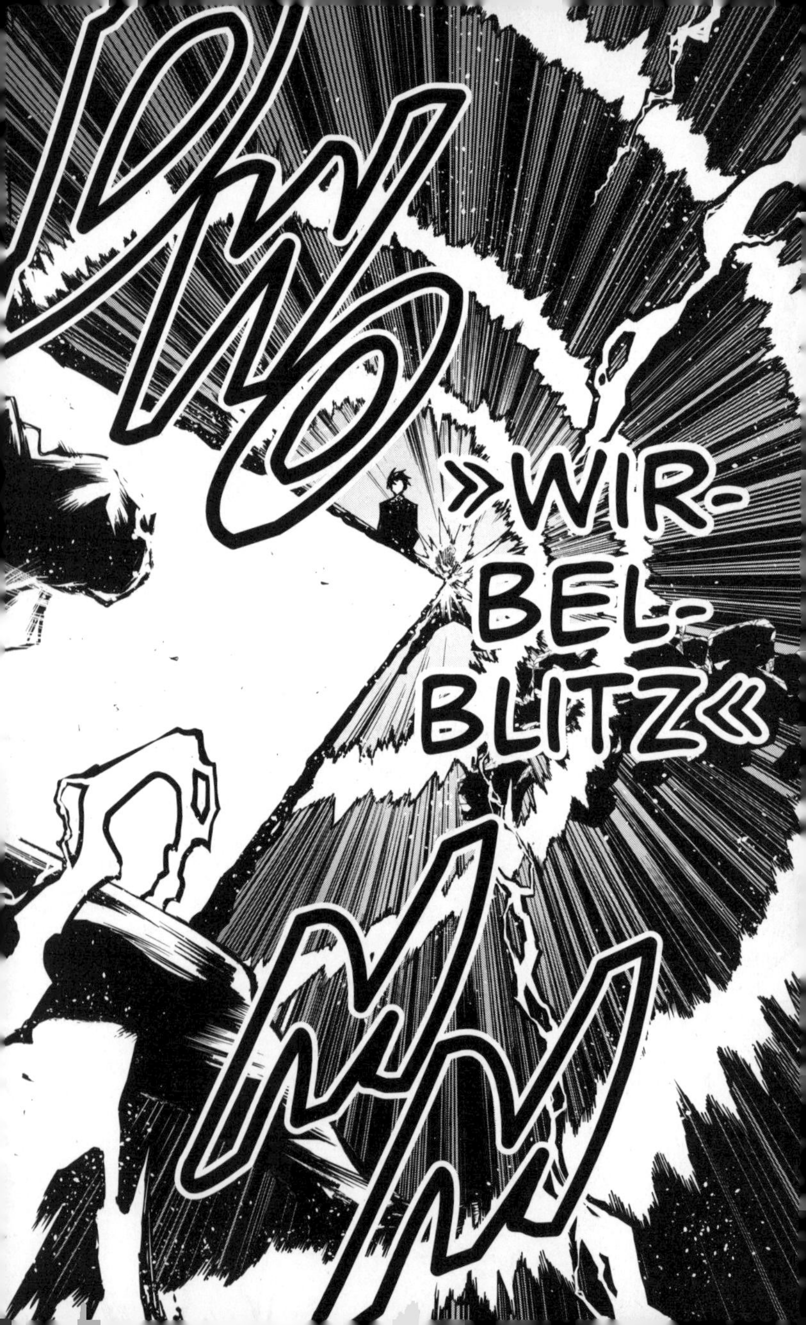
»WIR-
BEL-
BLITZ«

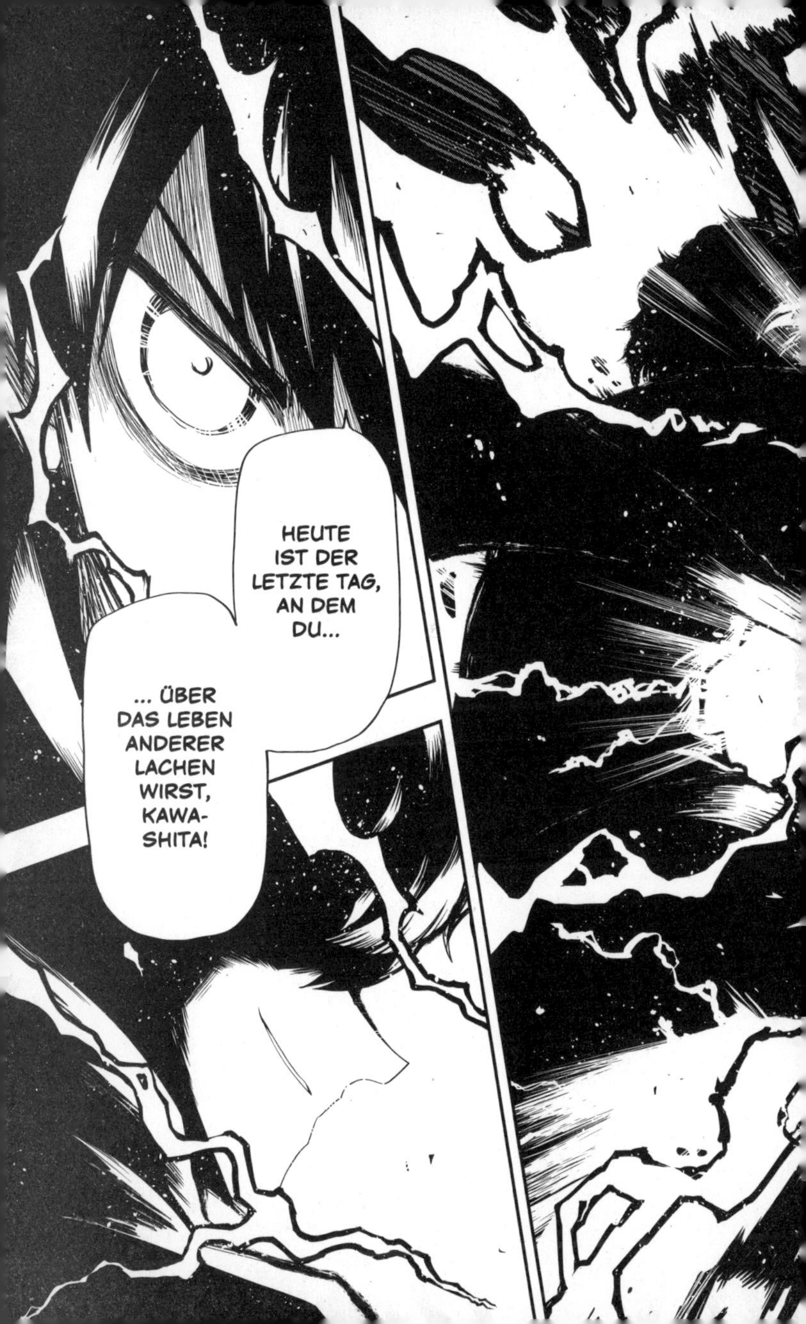
HEUTE IST DER LETZTE TAG, AN DEM DU...
... ÜBER DAS LEBEN ANDERER LACHEN WIRST, KAWA-SHITA!

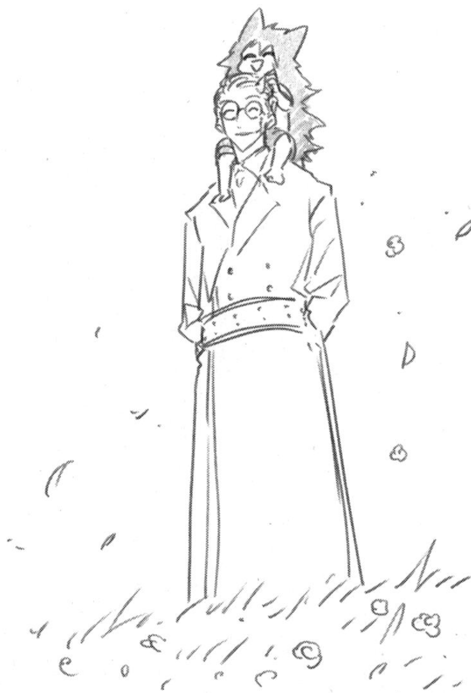

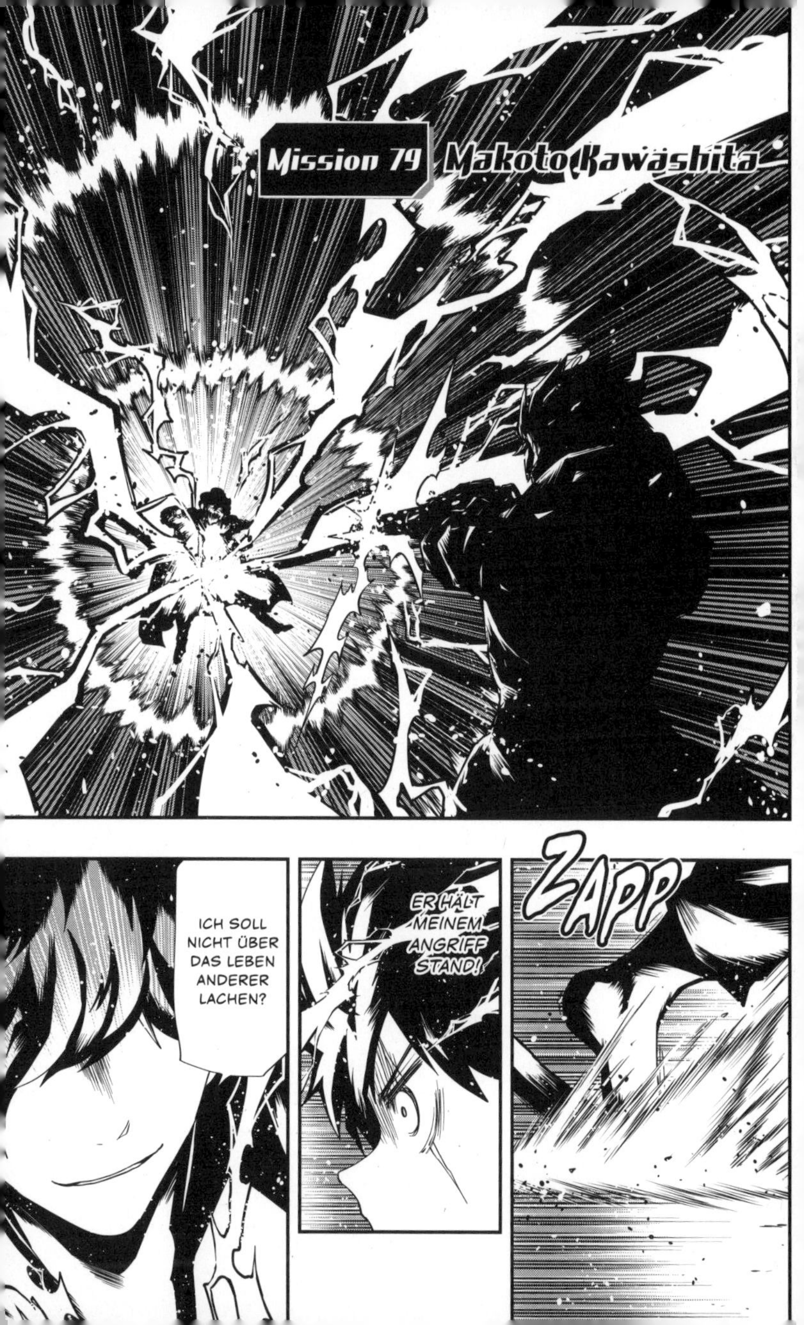
Mission 79 Makoto Kawashita
ZAPP
ER HÄLT MEINEM ANGRIFF STAND!
ICH SOLL NICHT ÜBER DAS LEBEN ANDERER LACHEN?

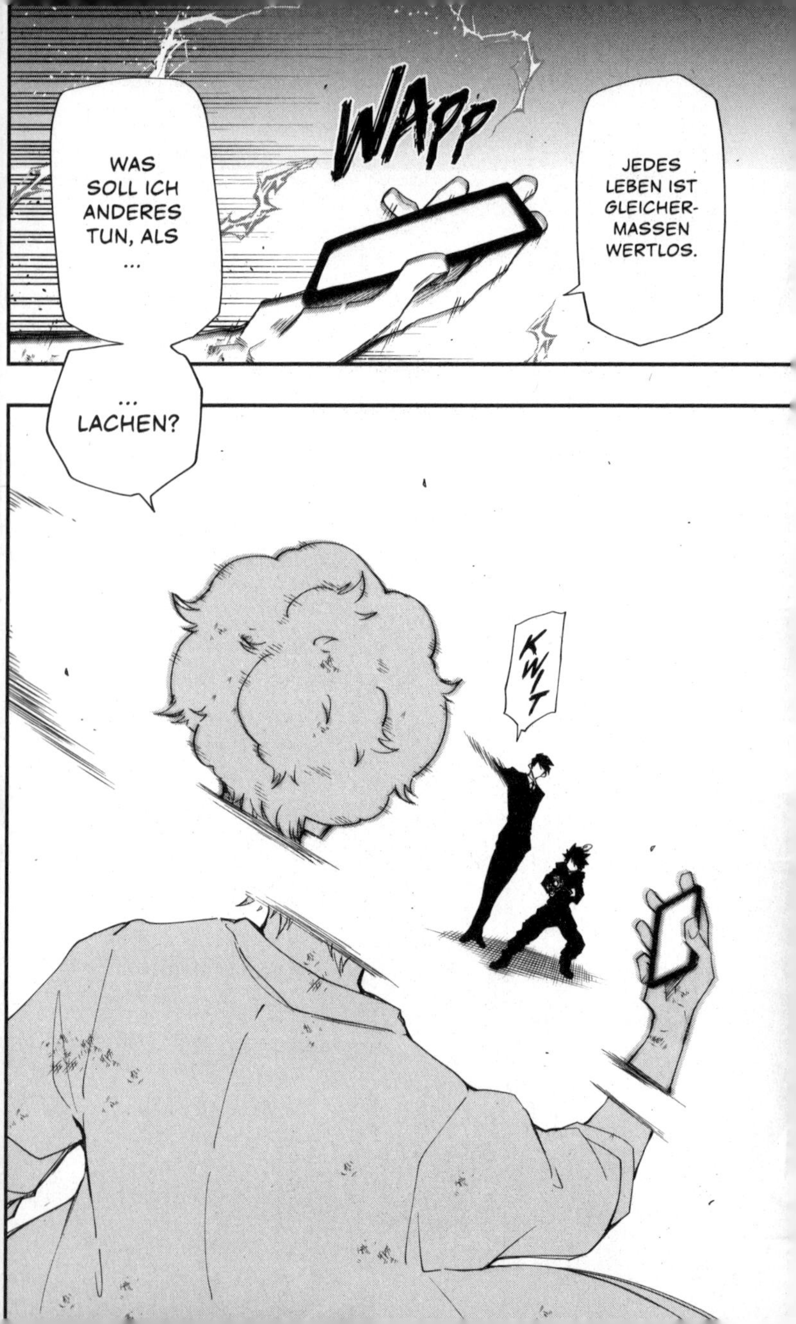
JEDES LEBEN IST GLEICHER-MASSEN WERTLOS.
WAPP
WAS SOLL ICH ANDERES TUN, ALS ...
... LACHEN?
KWIT

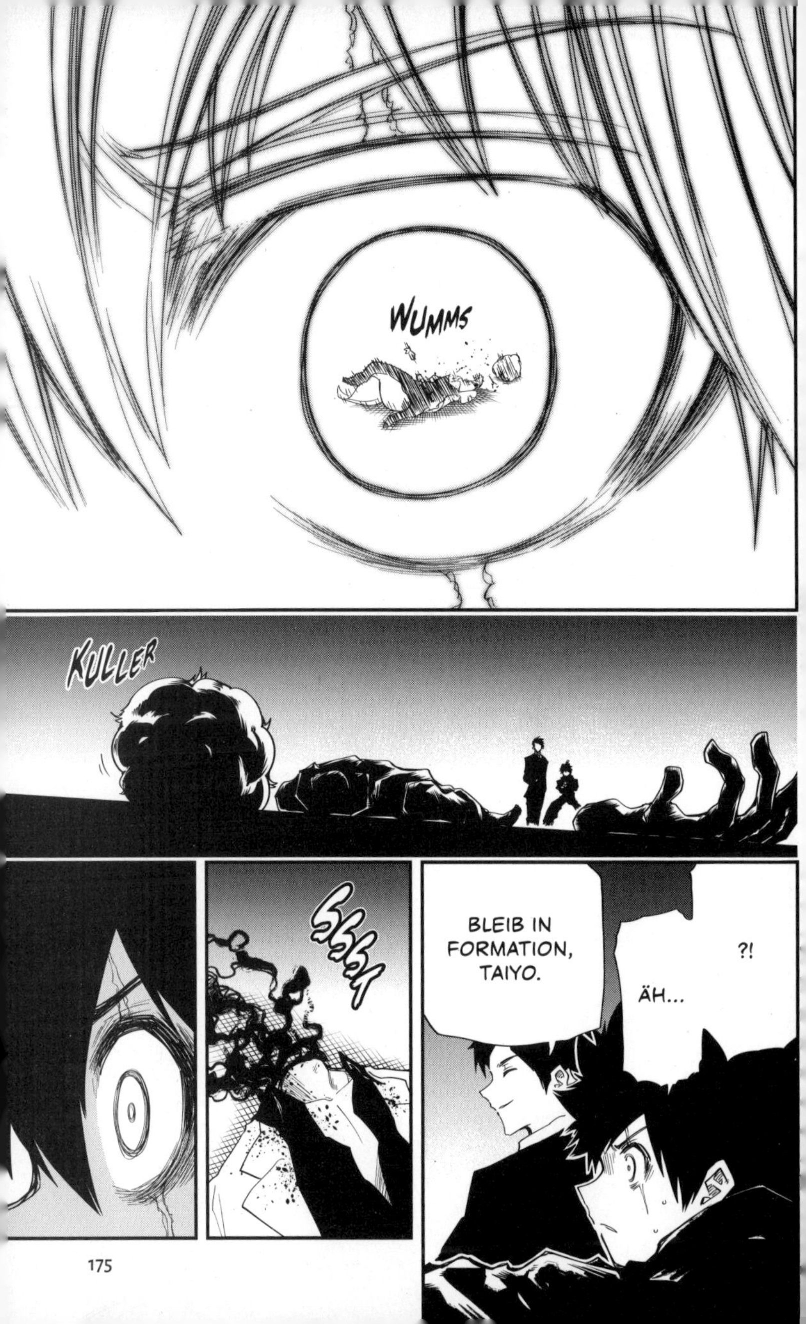
WUMMS
KULLER
BLEIB IN FORMATION, TAIYO.
?!
ÄH...
SSSK

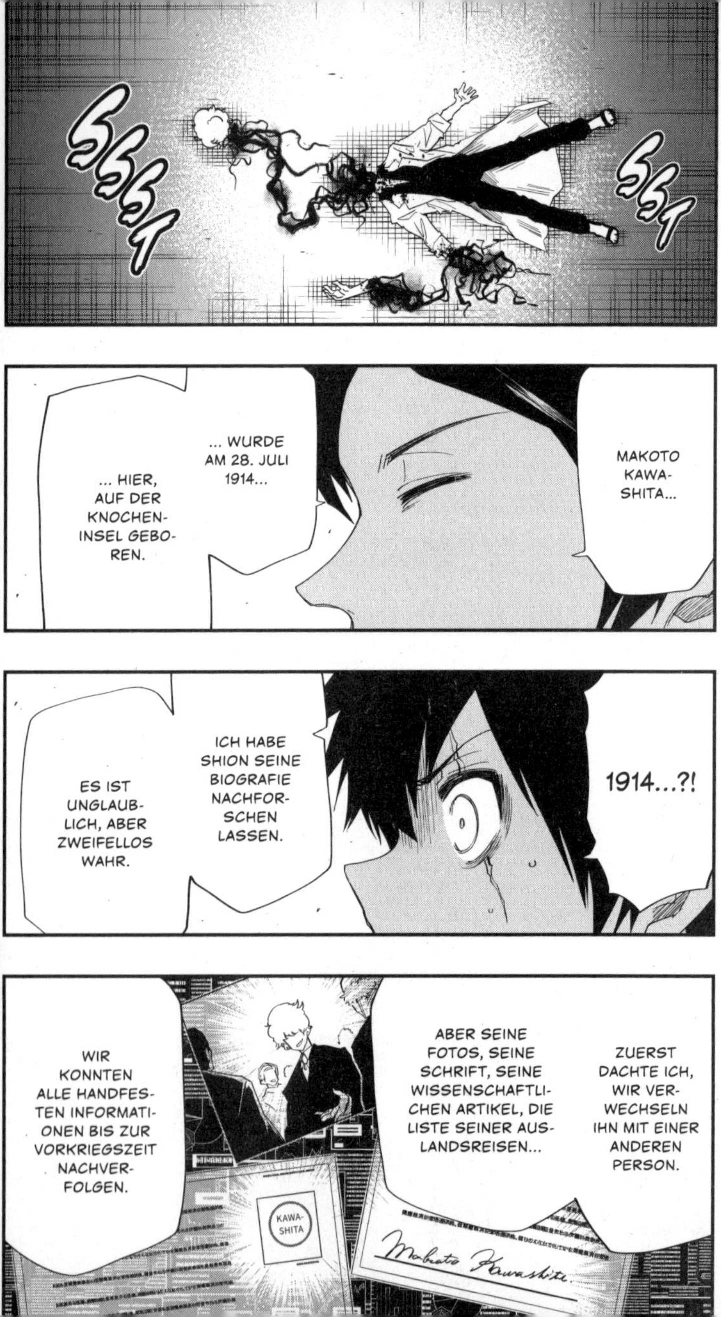
SSA
SSSA
MAKOTO KAWASHITA...
... WURDE AM 28. JULI 1914...
... HIER, AUF DER KNOCHENINSEL GEBOREN.
1914...?!
ICH HABE SHION SEINE BIOGRAFIE NACHFORSCHEN LASSEN.
ES IST UNGLAUBLICH, ABER ZWEIFELLOS WAHR.
ZUERST DACHTE ICH, WIR VERWECHSELN IHN MIT EINER ANDEREN PERSON.
ABER SEINE FOTOS, SEINE SCHRIFT, SEINE WISSENSCHAFTLICHEN ARTIKEL, DIE LISTE SEINER AUSLANDSREISEN...
WIR KONNTEN ALLE HANDFESTEN INFORMATIONEN BIS ZUR VORKRIEGSZEIT NACHVERFOLGEN.
KAWASHITA
Makoto Kawashita

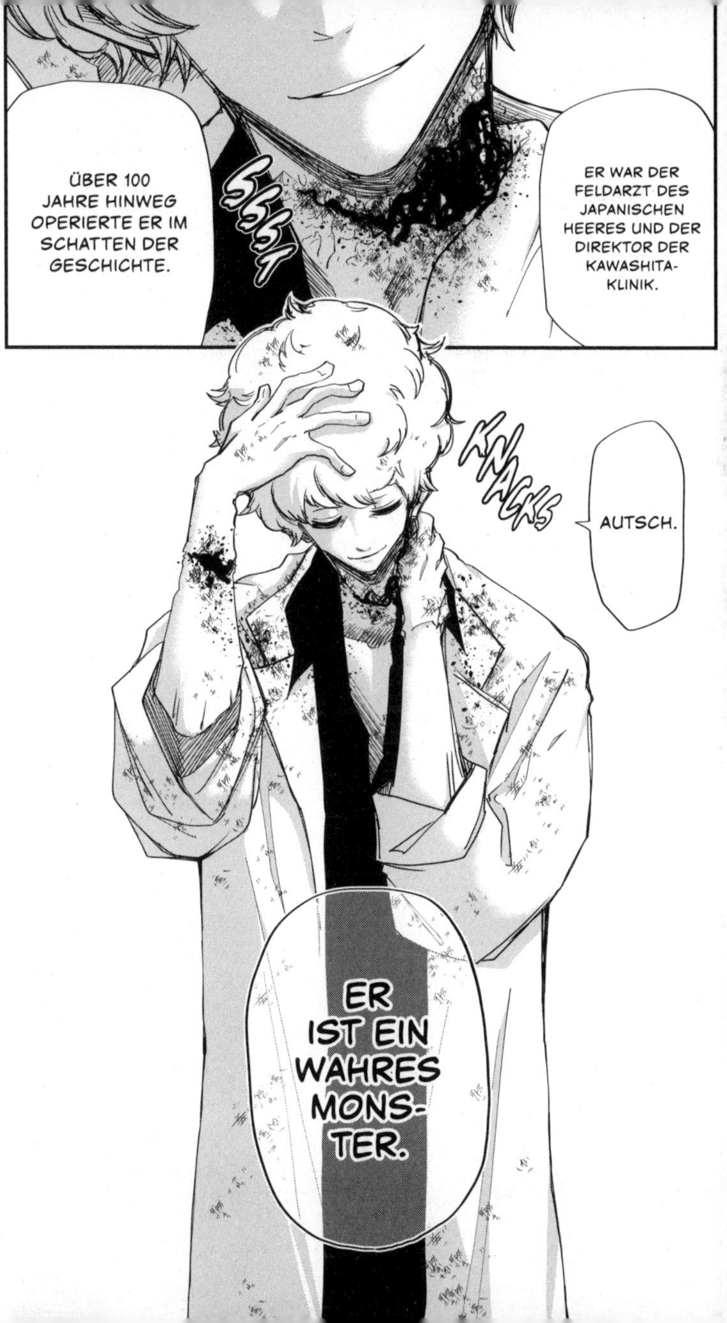
ER WAR DER FELDARZT DES JAPANISCHEN HEERES UND DER DIREKTOR DER KAWASHITA-KLINIK.
SSSST
ÜBER 100 JAHRE HINWEG OPERIERTE ER IM SCHATTEN DER GESCHICHTE.
AUTSCH.
KNACKS
ER IST EIN WAHRES MONS-TER.

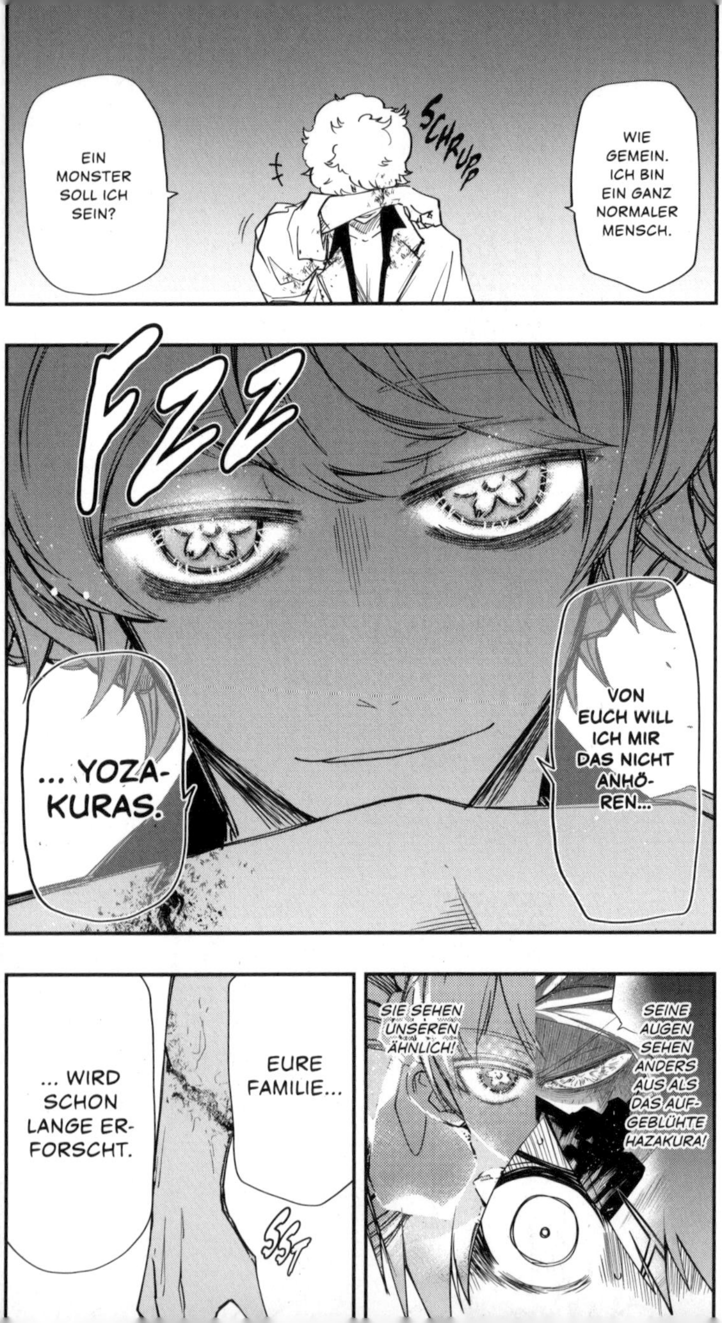
WIE GEMEIN. ICH BIN EIN GANZ NORMALER MENSCH.
SCHRUPP
EIN MONSTER SOLL ICH SEIN?
FZZ
VON EUCH WILL ICH MIR DAS NICHT ANHÖ-REN...
... YOZA-KURAS.
SEINE AUGEN SEHEN ANDERS AUS ALS DAS AUF-GEBLÜHTE HAZAKURA!
SIE SEHEN UNSEREN ÄHNLICH!
EURE FAMILIE...
SSST
... WIRD SCHON LANGE ER-FORSCHT.

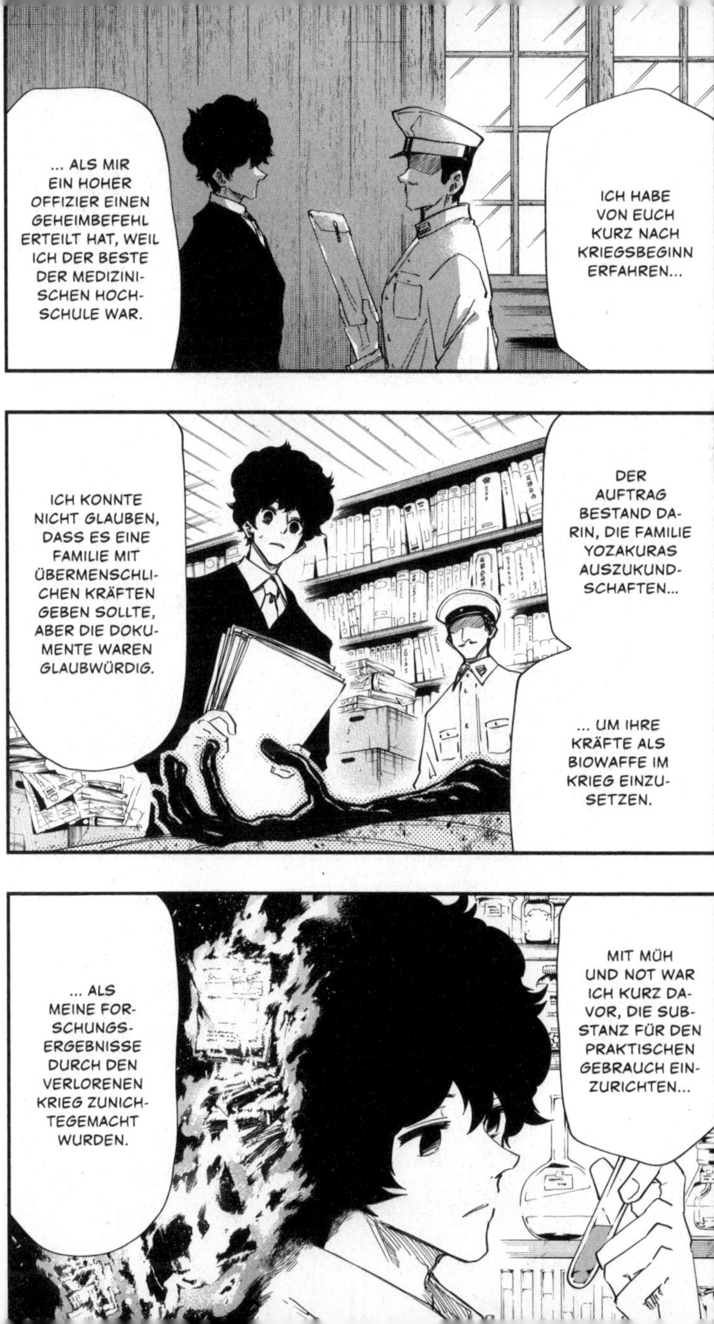
ICH HABE VON EUCH KURZ NACH KRIEGSBEGINN ERFAHREN...
... ALS MIR EIN HOHER OFFIZIER EINEN GEHEIMBEFEHL ERTEILT HAT, WEIL ICH DER BESTE DER MEDIZINI-SCHEN HOCH-SCHULE WAR.
DER AUFTRAG BESTAND DA-RIN, DIE FAMILIE YOZAKURAS AUSZUKUND-SCHAFTEN...
... UM IHRE KRÄFTE ALS BIOWAFFE IM KRIEG EINZU-SETZEN.
ICH KONNTE NICHT GLAUBEN, DASS ES EINE FAMILIE MIT ÜBERMENSCHLI-CHEN KRÄFTEN GEBEN SOLLTE, ABER DIE DOKU-MENTE WAREN GLAUBWÜRDIG.
MIT MÜH UND NOT WAR ICH KURZ DA-VOR, DIE SUB-STANZ FÜR DEN PRAKTISCHEN GEBRAUCH EIN-ZURICHTEN...
... ALS MEINE FOR-SCHUNGS-ERGEBNISSE DURCH DEN VERLORENEN KRIEG ZUNICH-TEGEMACHT WURDEN.

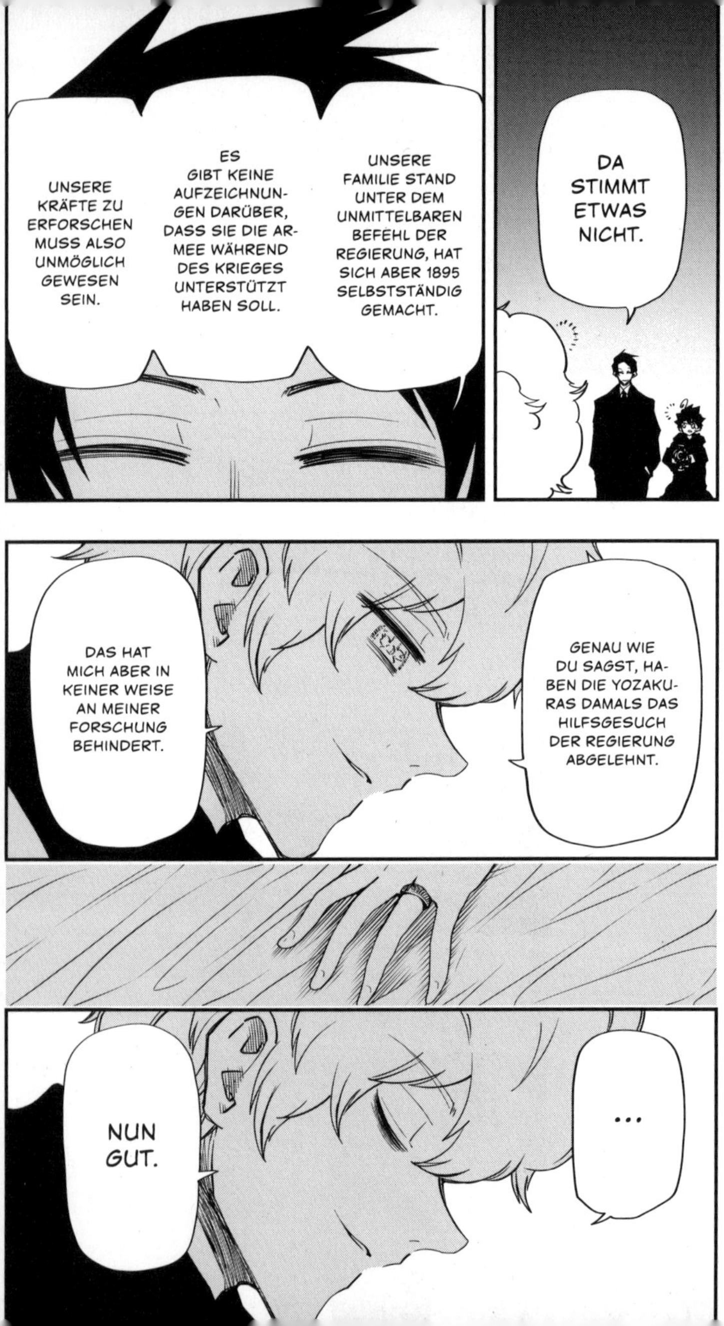
DA STIMMT ETWAS NICHT.
UNSERE FAMILIE STAND UNTER DEM UNMITTELBAREN BEFEHL DER REGIERUNG, HAT SICH ABER 1895 SELBSTSTÄNDIG GEMACHT.
ES GIBT KEINE AUFZEICHNUNGEN DARÜBER, DASS SIE DIE ARMEE WÄHREND DES KRIEGES UNTERSTÜTZT HABEN SOLL.
UNSERE KRÄFTE ZU ERFORSCHEN MUSS ALSO UNMÖGLICH GEWESEN SEIN.
GENAU WIE DU SAGST, HABEN DIE YOZAKURAS DAMALS DAS HILFSGESUCH DER REGIERUNG ABGELEHNT.
DAS HAT MICH ABER IN KEINER WEISE AN MEINER FORSCHUNG BEHINDERT.
...
NUN GUT.

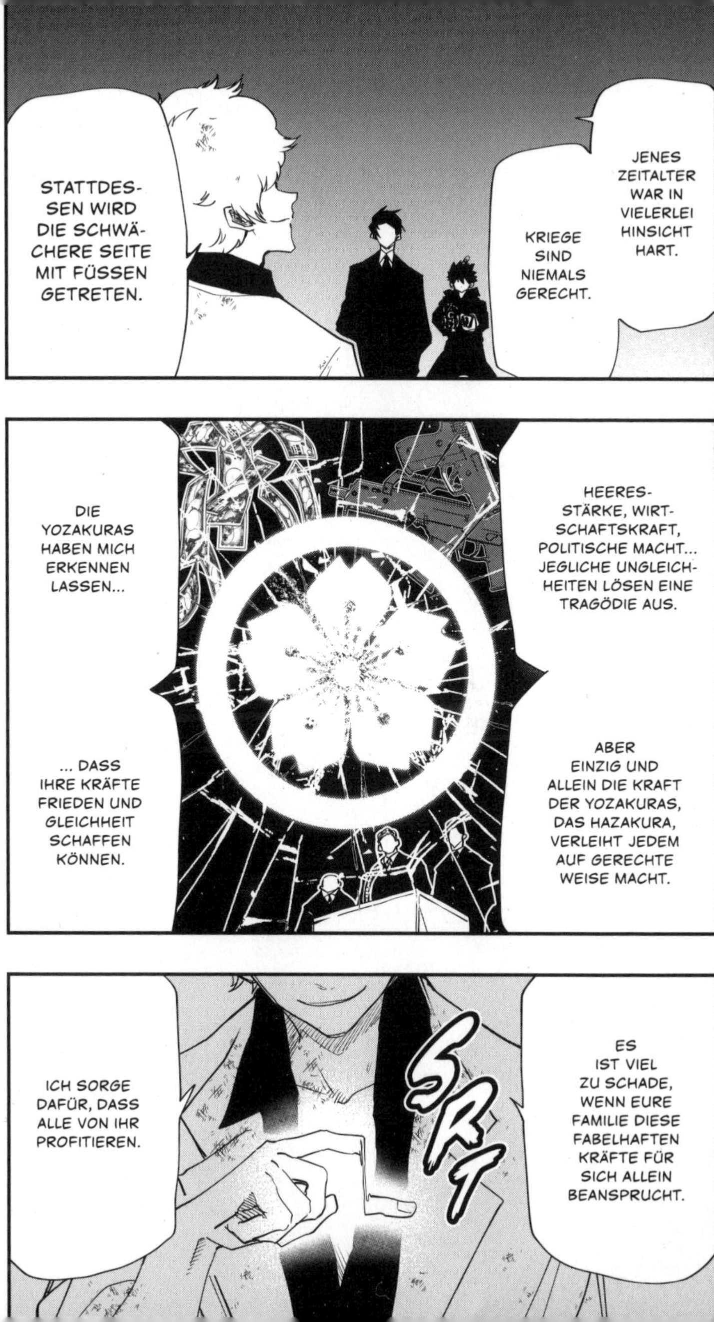
JENES ZEITALTER WAR IN VIELERLEI HINSICHT HART.
KRIEGE SIND NIEMALS GERECHT.
STATTDESSEN WIRD DIE SCHWÄCHERE SEITE MIT FÜSSEN GETRETEN.
HEERESSTÄRKE, WIRTSCHAFTSKRAFT, POLITISCHE MACHT... JEGLICHE UNGLEICHHEITEN LÖSEN EINE TRAGÖDIE AUS.
DIE YOZAKURAS HABEN MICH ERKENNEN LASSEN...
ABER EINZIG UND ALLEIN DIE KRAFT DER YOZAKURAS, DAS HAZAKURA, VERLEIHT JEDEM AUF GERECHTE WEISE MACHT.
... DASS IHRE KRÄFTE FRIEDEN UND GLEICHHEIT SCHAFFEN KÖNNEN.
ES IST VIEL ZU SCHADE, WENN EURE FAMILIE DIESE FABELHAFTEN KRÄFTE FÜR SICH ALLEIN BEANSPRUCHT.
SRT
ICH SORGE DAFÜR, DASS ALLE VON IHR PROFITIEREN.

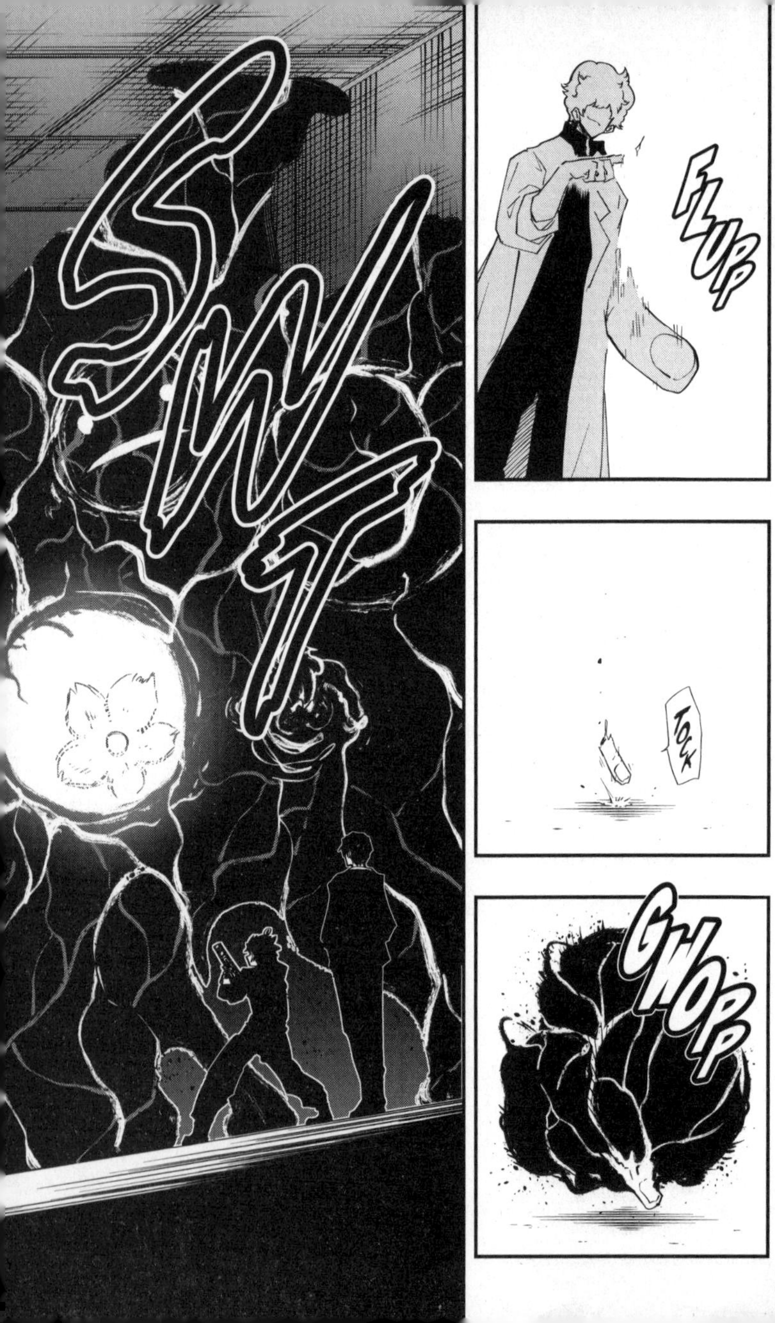
FLUPP
TOCK
GWOPP

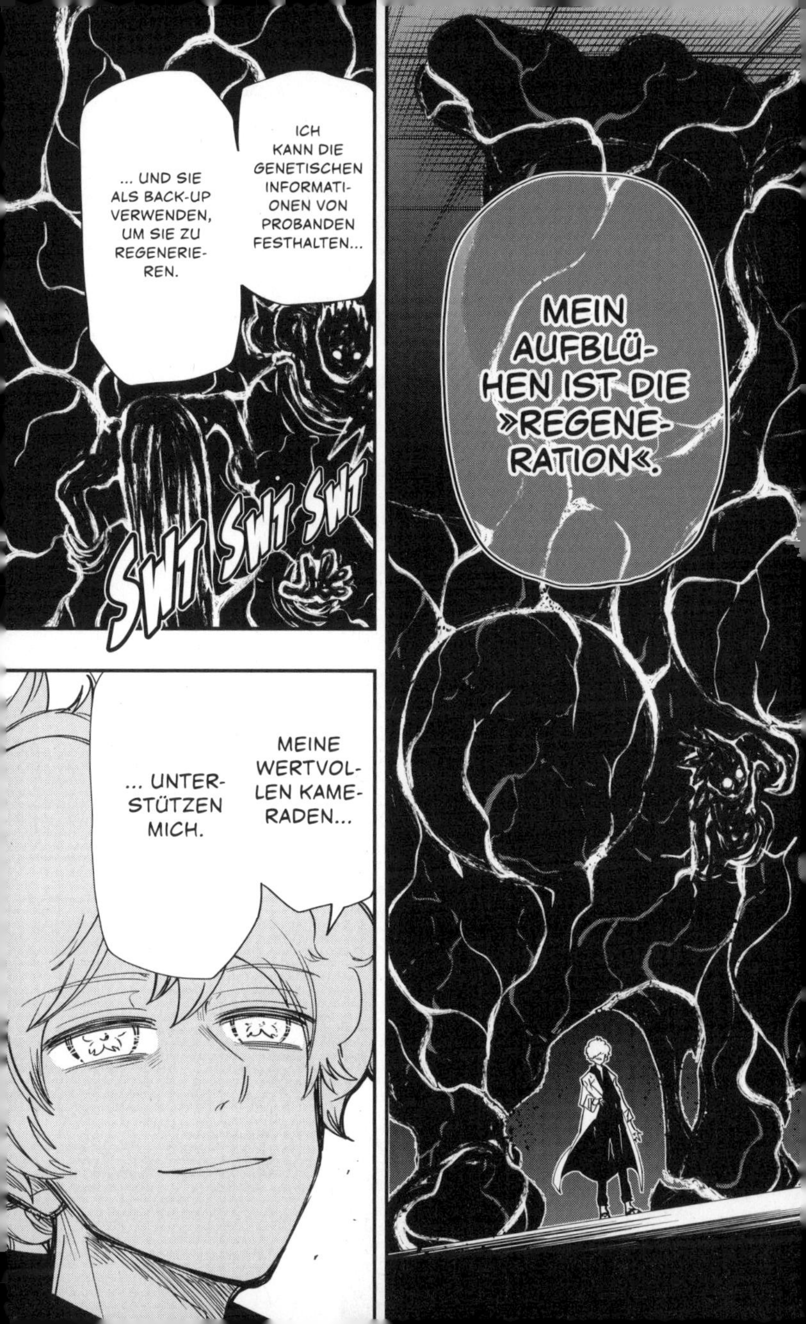
MEIN AUFBLÜHEN IST DIE »REGENERATION«.
ICH KANN DIE GENETISCHEN INFORMATIONEN VON PROBANDEN FESTHALTEN...
... UND SIE ALS BACK-UP VERWENDEN, UM SIE ZU REGENERIEREN.
SWT SWT SWT
MEINE WERTVOLLEN KAMERADEN...
... UNTERSTÜTZEN MICH.

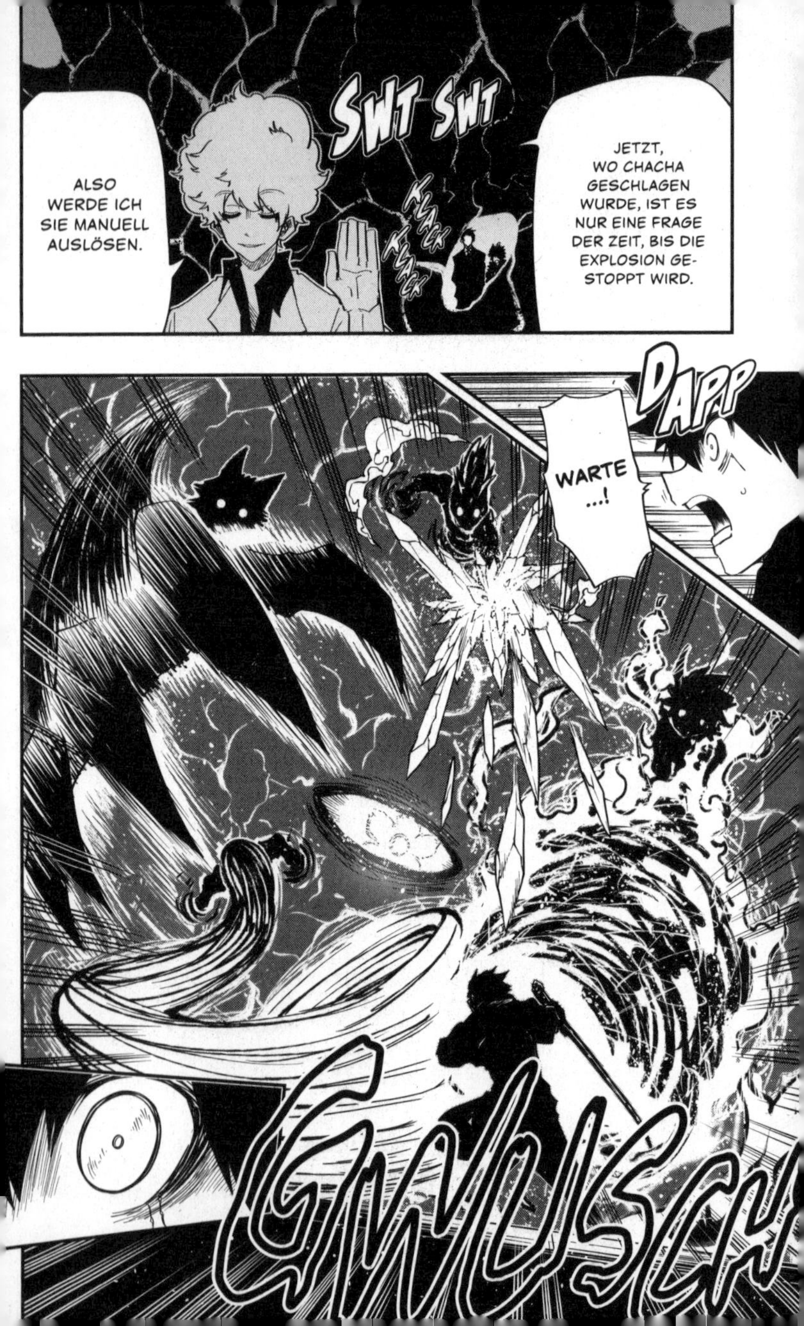
JETZT, WO CHACHA GESCHLAGEN WURDE, IST ES NUR EINE FRAGE DER ZEIT, BIS DIE EXPLOSION GESTOPPT WIRD.
SWT SWT
KLACK KLACK
ALSO WERDE ICH SIE MANUELL AUSLÖSEN.
DAPP
WARTE ...!
GWUSCH

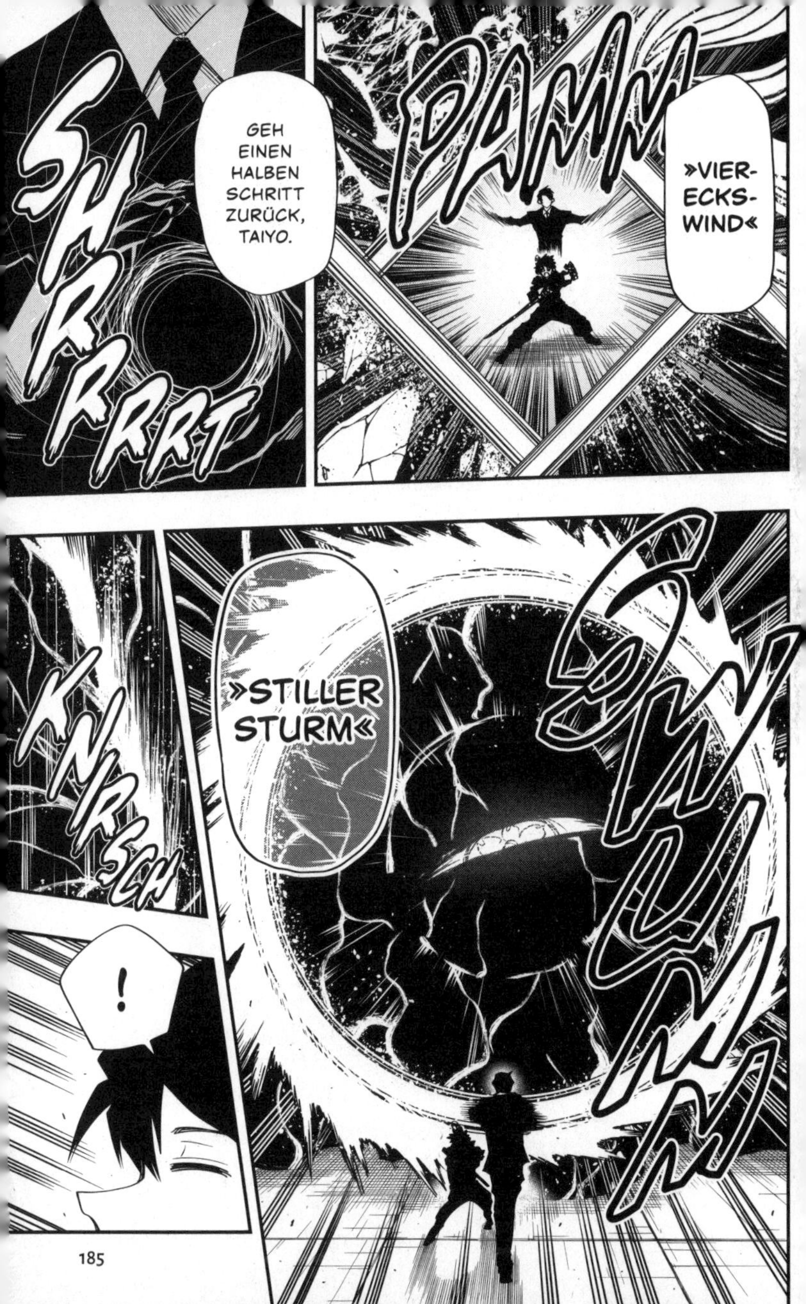
PAMM
»VIERECKSWIND«
GEH EINEN HALBEN SCHRITT ZURÜCK, TAIYO.
SHARRRT
»STILLER STURM«
KNIRSCH
!

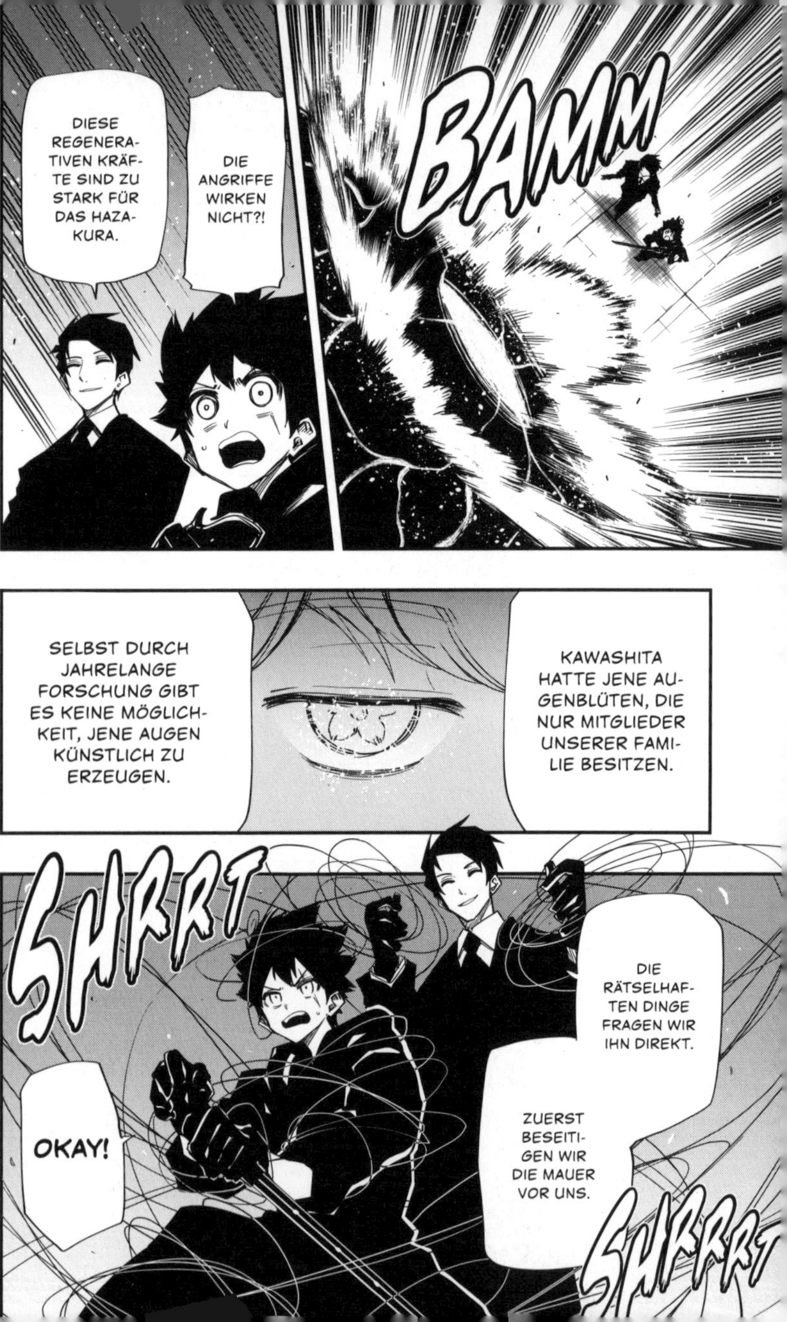
BAMM
DIE ANGRIFFE WIRKEN NICHT?!
DIESE REGENERATIVEN KRÄFTE SIND ZU STARK FÜR DAS HAZAKURA.
KAWASHITA HATTE JENE AUGENBLÜTEN, DIE NUR MITGLIEDER UNSERER FAMILIE BESITZEN.
SELBST DURCH JAHRELANGE FORSCHUNG GIBT ES KEINE MÖGLICHKEIT, JENE AUGEN KÜNSTLICH ZU ERZEUGEN.
SHRRT
DIE RÄTSELHAFTEN DINGE FRAGEN WIR IHN DIREKT.
ZUERST BESEITIGEN WIR DIE MAUER VOR UNS.
OKAY!
SHRRRT

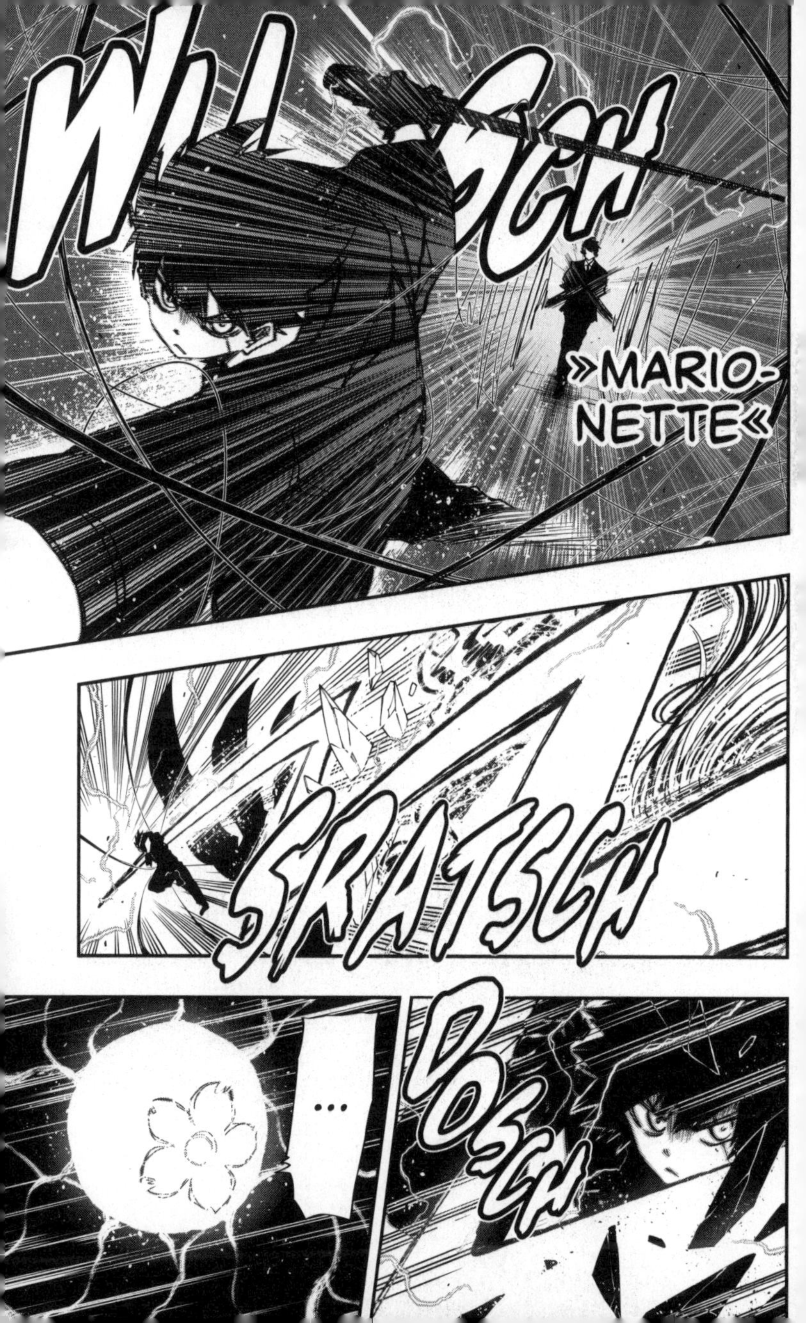
»MARIO-
NETTE«
SRATSCH
DOSCH
...

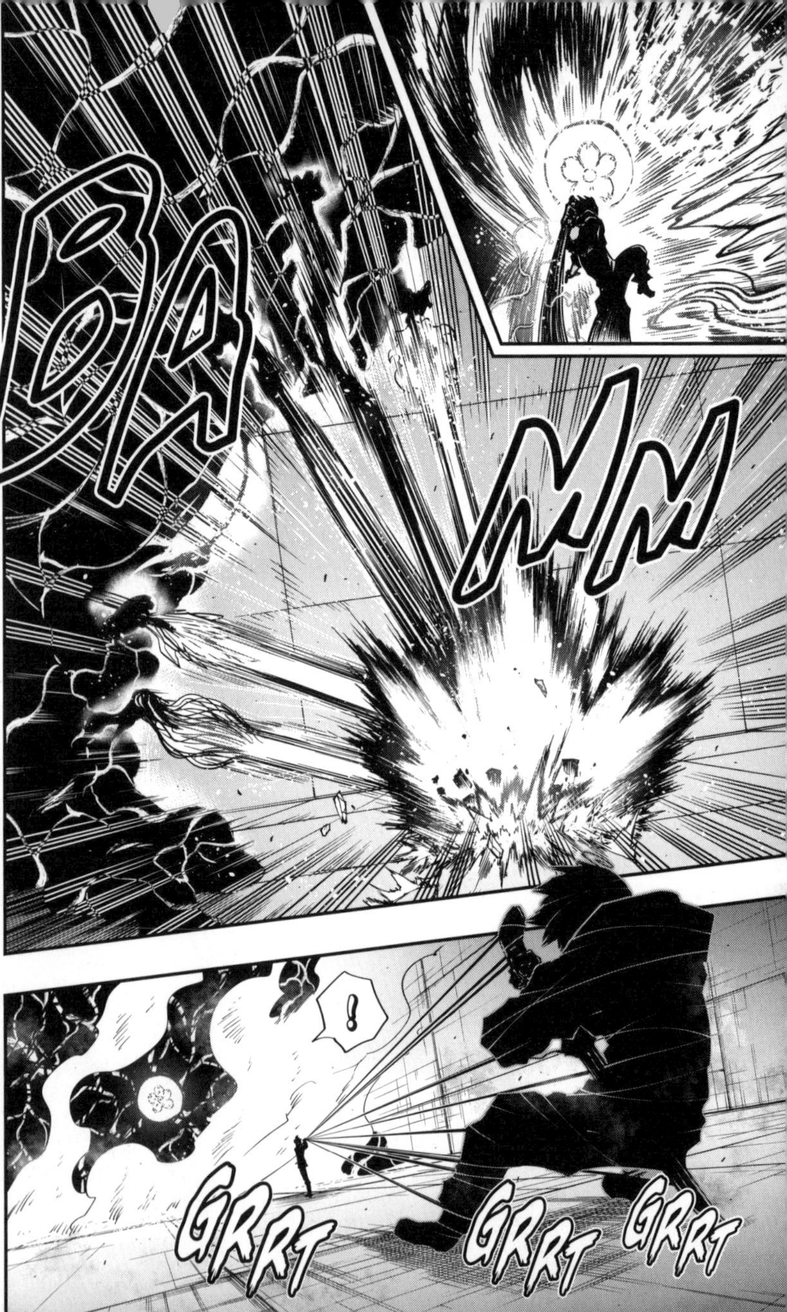
BA
MM
!
GRRT
GRRT
GRRT

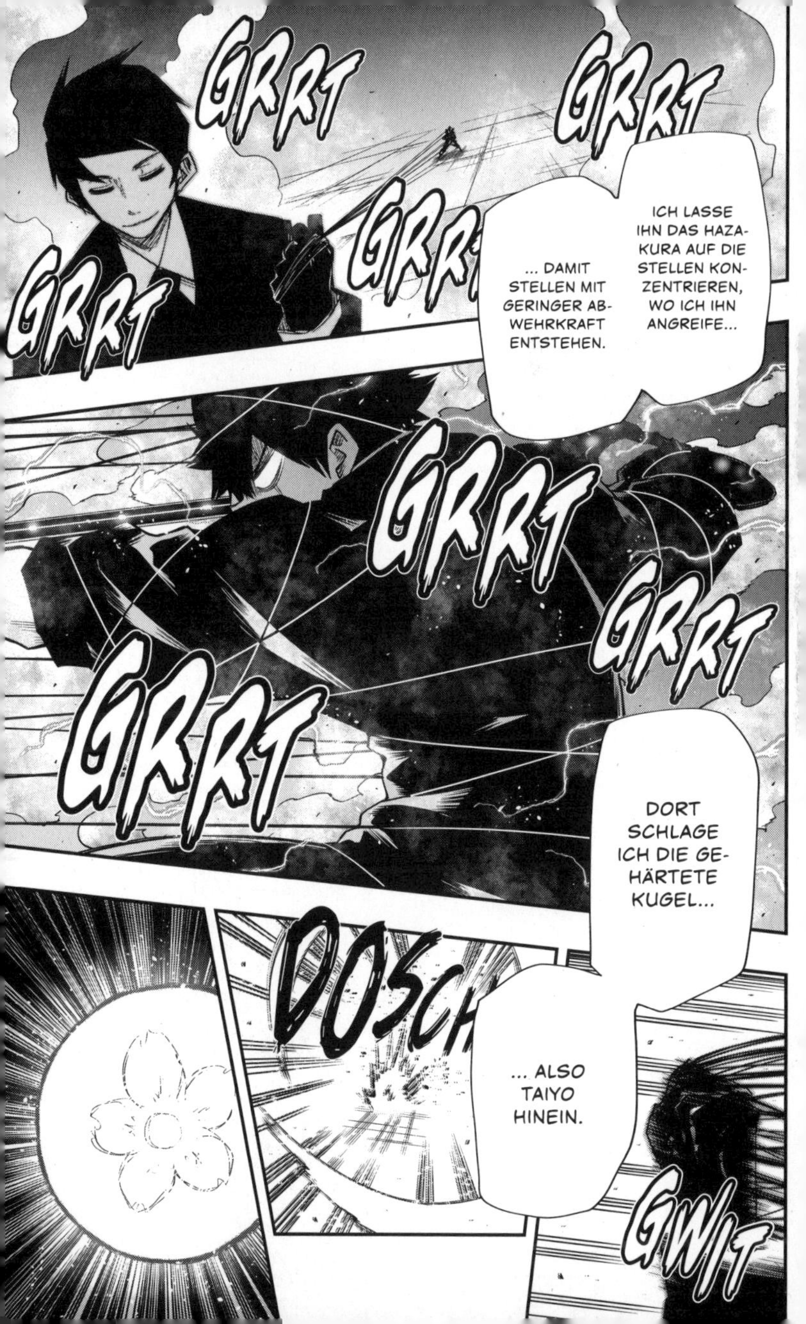
GRRT
GRRT
ICH LASSE IHN DAS HAZA-KURA AUF DIE STELLEN KON-ZENTRIEREN, WO ICH IHN ANGREIFE...
... DAMIT STELLEN MIT GERINGER AB-WEHRKRAFT ENTSTEHEN.
GRRT
GRRT
GRRT
GRRT
GRRT
DORT SCHLAGE ICH DIE GE-HÄRTETE KUGEL...
... ALSO TAIYO HINEIN.
GWIT
DOSCH

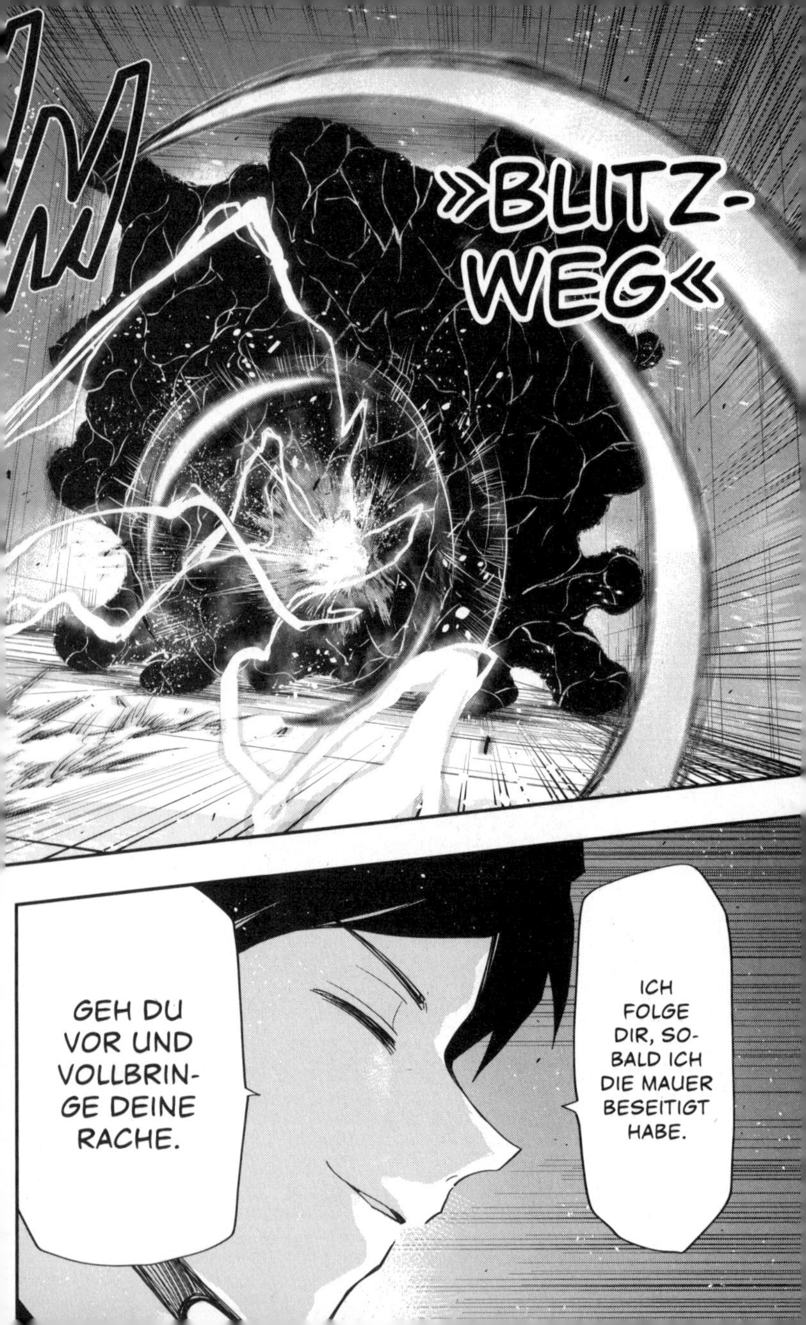
»BLITZ-WEG«
ICH FOLGE DIR, SOBALD ICH DIE MAUER BESEITIGT HABE.
GEH DU VOR UND VOLLBRINGE DEINE RACHE.

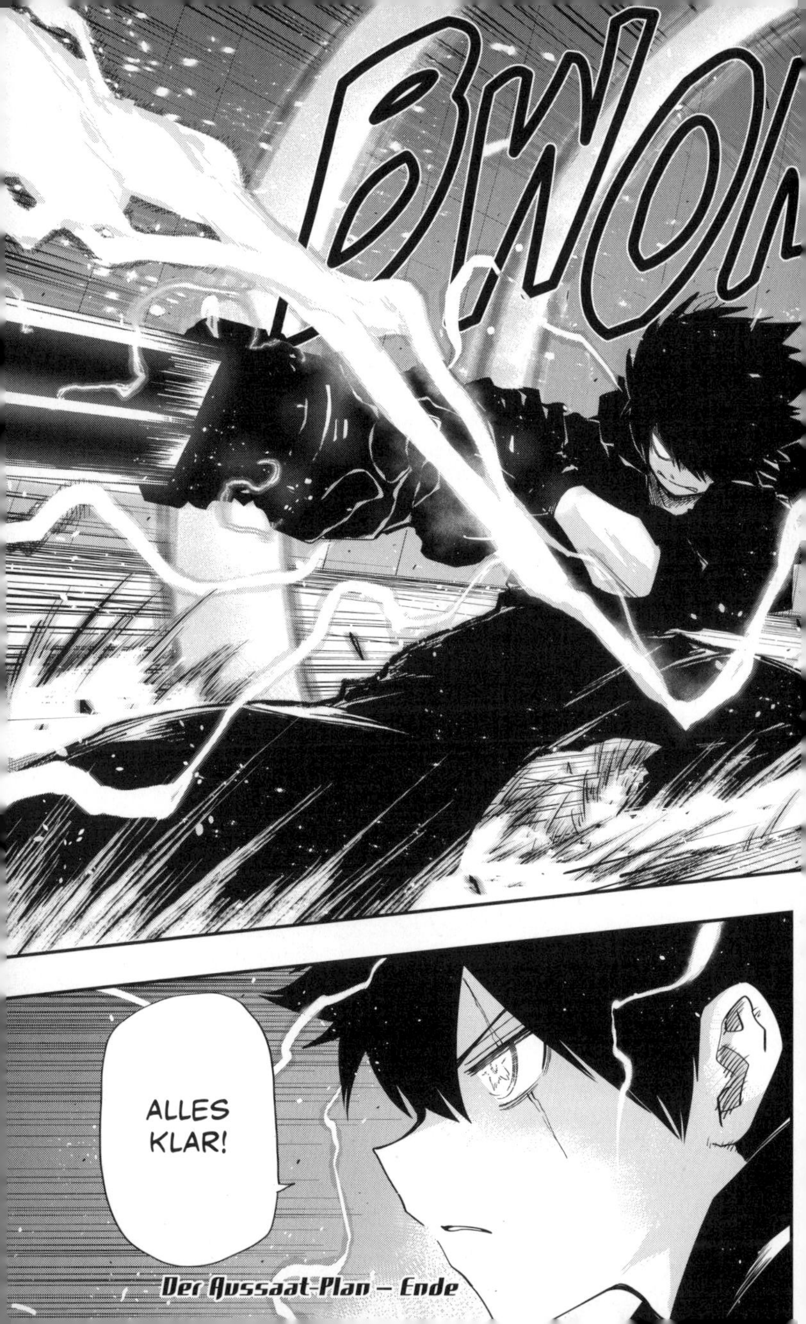
ALLES KLAR!
Der Aussaat-Plan – Ende

Bonus!

Besuch bei den Yozakuras!

Sie besitzt nur wenige Fertigwaren, weil sie genügsam ist und nur selten shoppen geht. Da sie aber gerne strickt und näht, weiß sie nicht, wohin mit dem ganzen Kleinkram und den Kleidungsstücken. Es macht ihr Spaß, die Hände zu bewegen, weshalb ihre Kleidungsstücke oft mit Rüschen und anderen Verzierungen bestickt sind. Ihr Kleid hat sie auch selbst gemacht.

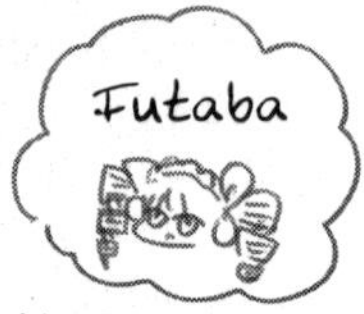

Auf dem Regal befindet sich Strickwolle, in den Schubladen Stoff und im Kleiderschrank ihre neuesten Sachen

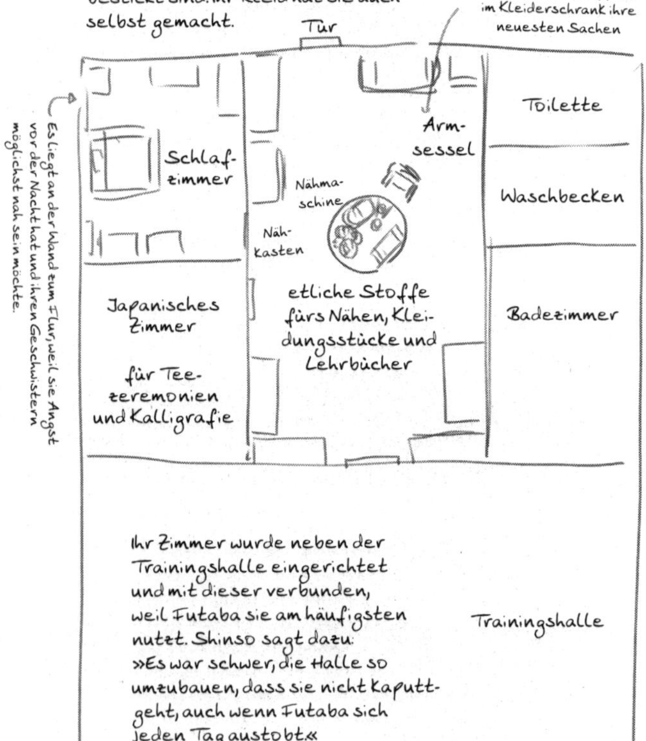

Bonus!

Besuch bei den Yozakuras!

Shinzo

Sein Zimmer erinnert eher an ein Waffenlager. Tatsächlich ist es mit dem unterirdischen Waffenlager der Familie verknüpft, weshalb er die dortigen Waffen gut in Schuss hält. Früher hatte er ein Bett, räumte es aber weg, weil er es liebt, inmitten von Waffen zu schlafen. Als Ersatz für das Bett hat er einen Panzer platziert.

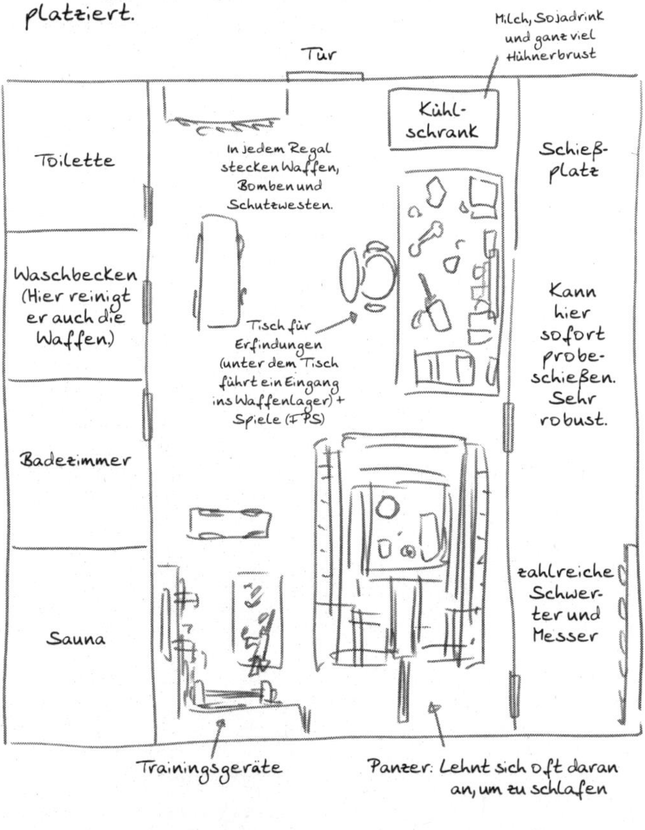

Bonus!

Besuch bei den Yozakuras!

Shion

- Unter dem Hauptzimmer liegt ein Serverraum der gleichen Größe für ihren Supercomputer.
- Das Zimmer hat wegen seines Kühlsystems keine Fenster (Sie braucht auch keine, weil sie Sonnenlicht nicht mag).
- Sie hat mehrere Zimmer innerhalb des Hauses für ihre Manga-Kollektionen.

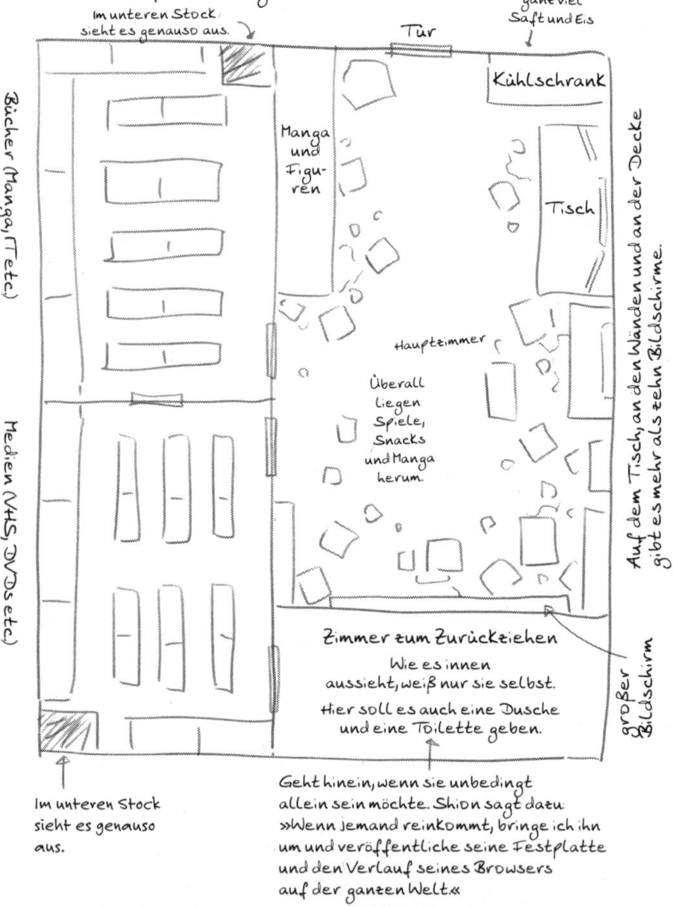

Bonus!

Besuch bei den Yozakuras!

- das totale Chaos
- Kümmert sich zumindest um die Klimatisierung und seine Kleidung, weshalb es keinen Schimmel, keine üblen Gerüche oder Insekten gibt, aber das Zimmer sieht aus, als wäre eine Bombe eingeschlagen

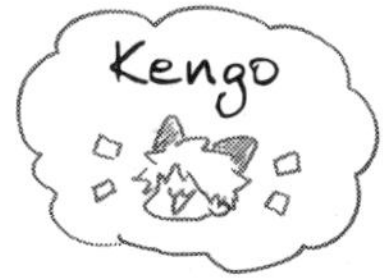

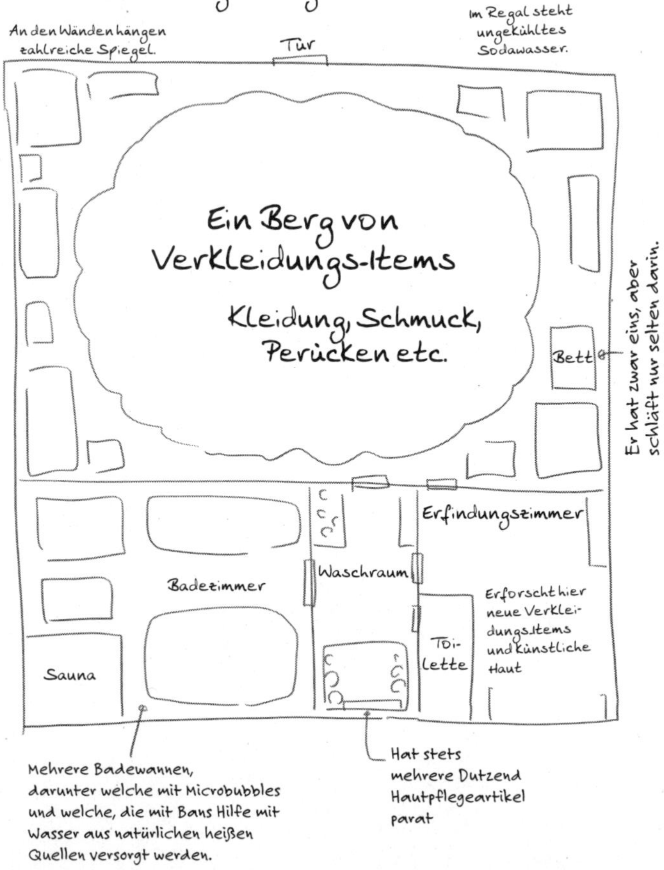

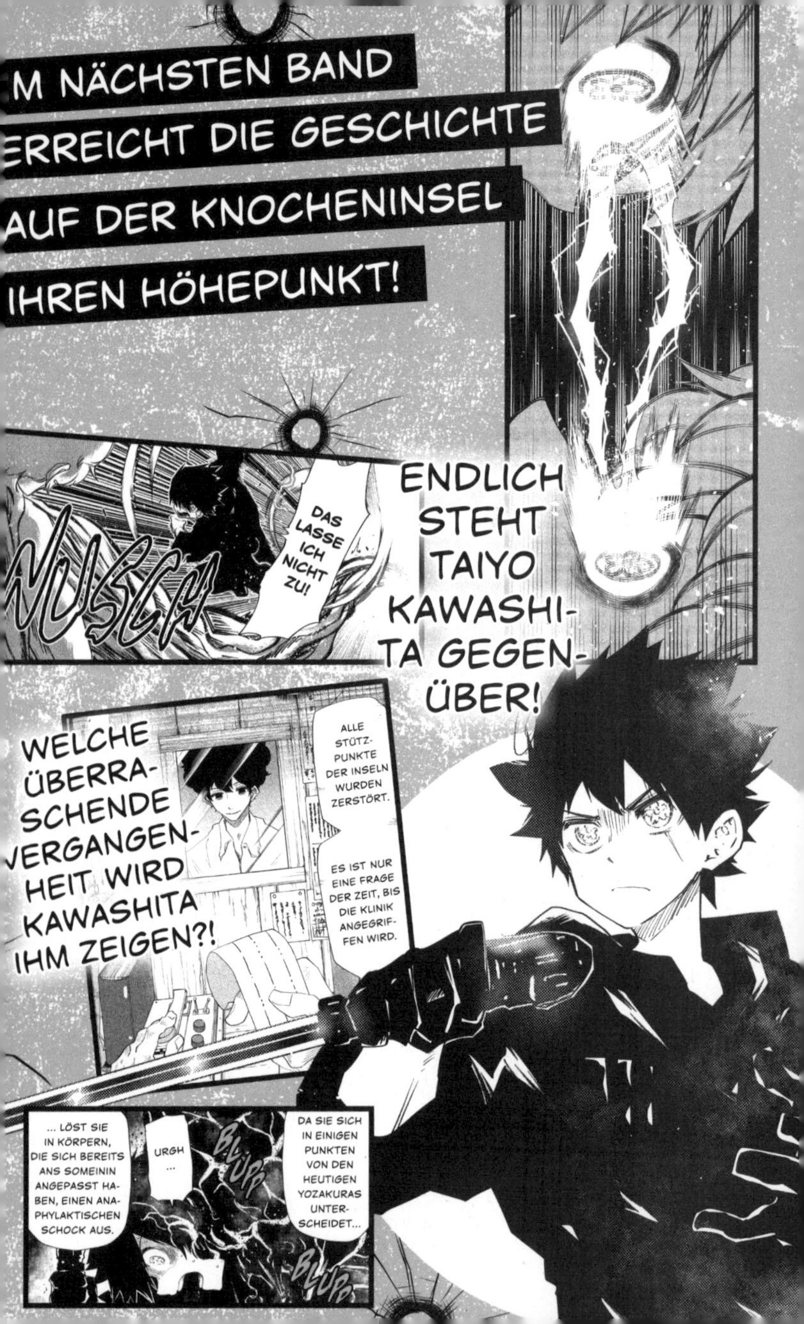
M NÄCHSTEN BAND
ERREICHT DIE GESCHICHTE
AUF DER KNOCHENINSEL
IHREN HÖHEPUNKT!
ENDLICH STEHT TAIYO KAWASHITA GEGENÜBER!
DAS LASSE ICH NICHT ZU!
ALLE STÜTZPUNKTE DER INSELN WURDEN ZERSTÖRT.
ES IST NUR EINE FRAGE DER ZEIT, BIS DIE KLINIK ANGEGRIFFEN WIRD.
WELCHE ÜBERRASCHENDE VERGANGENHEIT WIRD KAWASHITA IHM ZEIGEN?!
DA SIE SICH IN EINIGEN PUNKTEN VON DEN HEUTIGEN YOZAKURAS UNTERSCHEIDET...
URGH ...
... LÖST SIE IN KÖRPERN, DIE SICH BEREITS ANS SOMEININ ANGEPASST HABEN, EINEN ANAPHYLAKTISCHEN SCHOCK AUS.
BLUPP
BLUPP

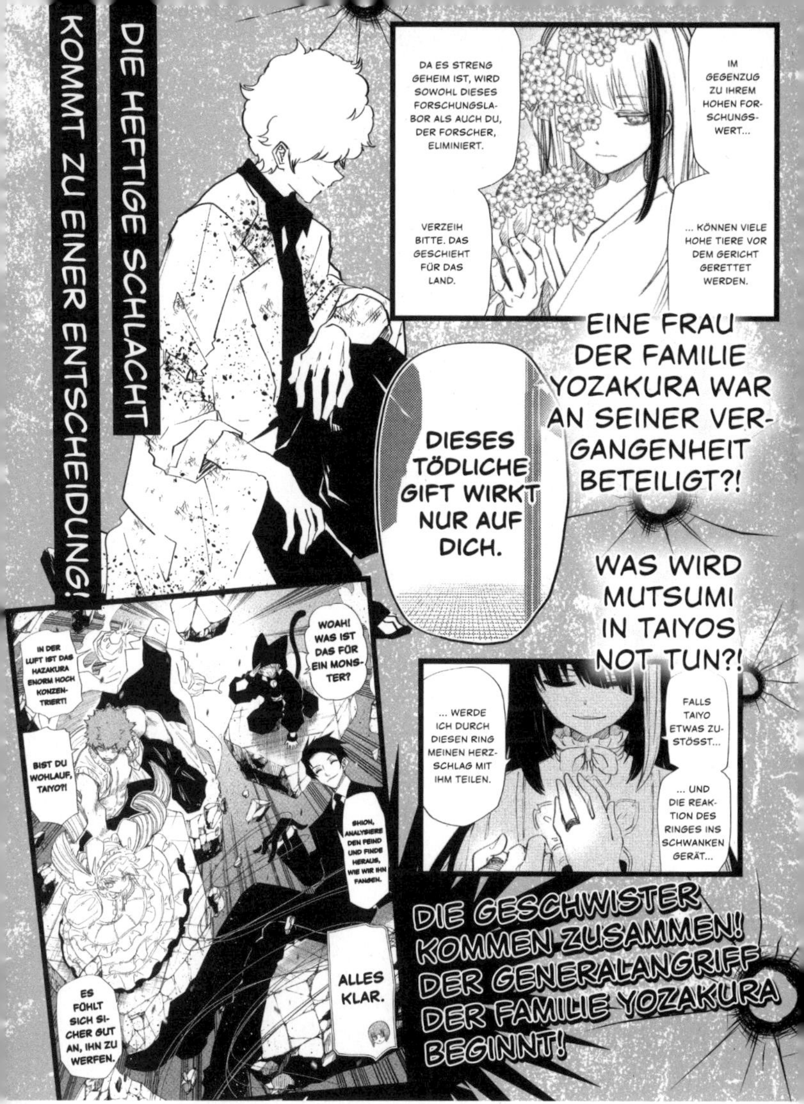

MISSION: Yozakura Family 10

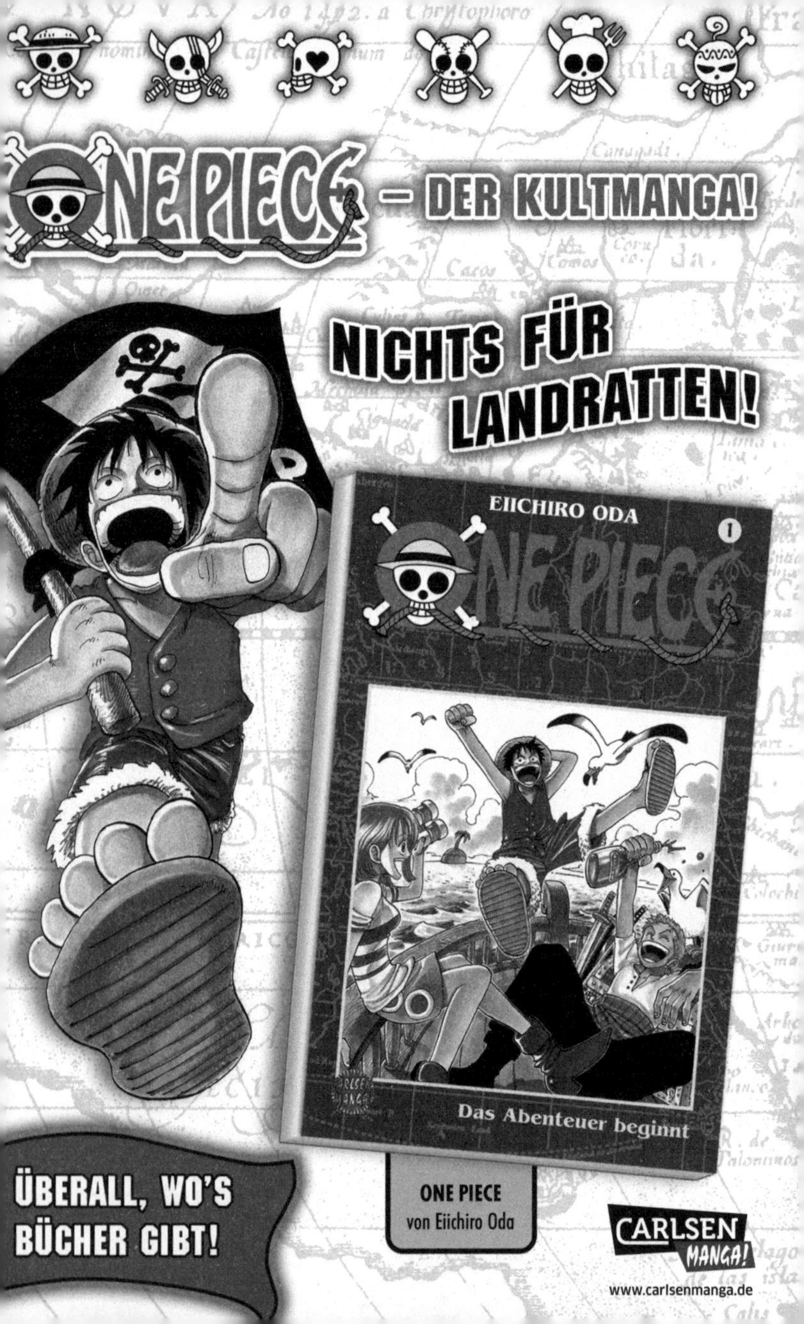

ONE PIECE – DER KULTMANGA!
NICHTS FÜR LANDRATTEN!
EIICHIRO ODA
ONE PIECE
1
Das Abenteuer beginnt
ÜBERALL, WO'S BÜCHER GIBT!
ONE PIECE
von Eiichiro Oda
CARLSEN MANGA!
www.carlsenmanga.de

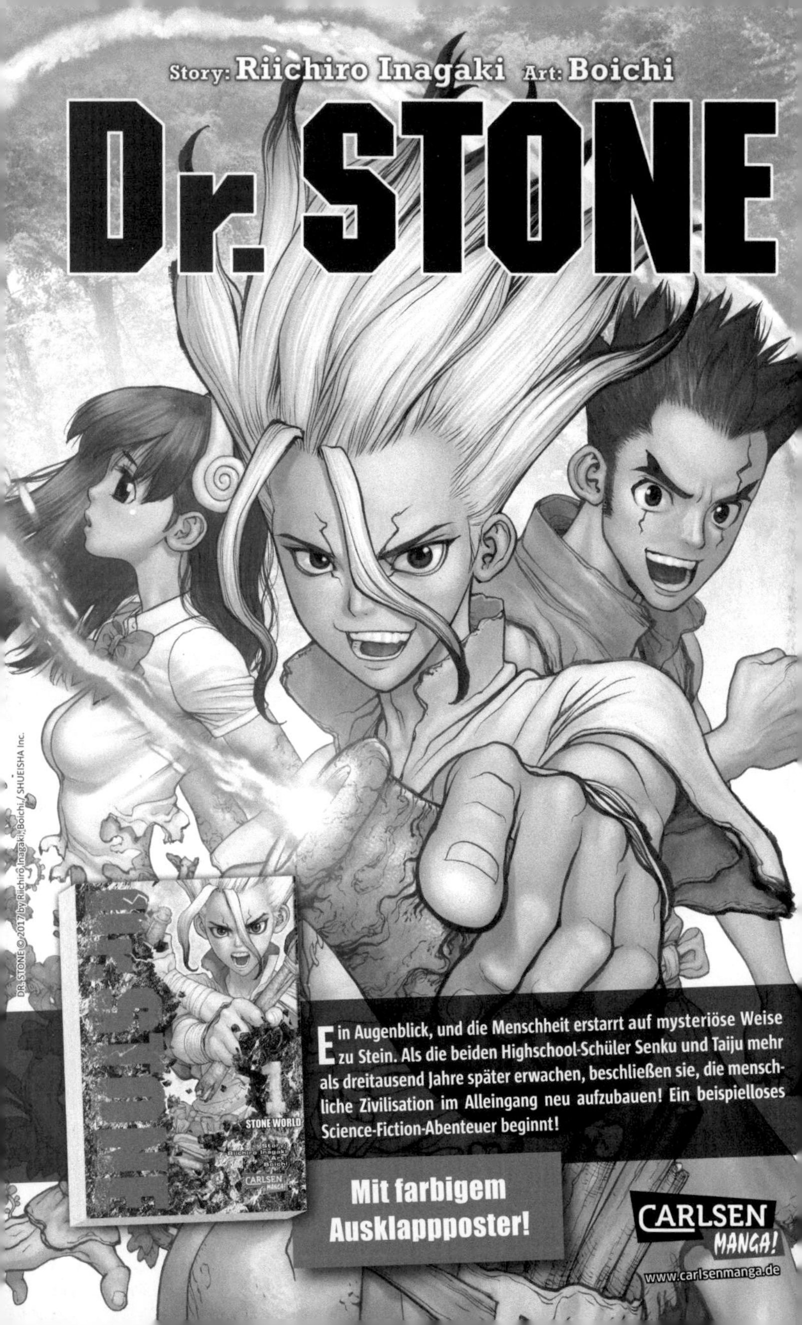
Story: Riichiro Inagaki Art: Boichi
Dr. STONE
Ein Augenblick, und die Menschheit erstarrt auf mysteriöse Weise zu Stein. Als die beiden Highschool-Schüler Senku und Taiju mehr als dreitausend Jahre später erwachen, beschließen sie, die menschliche Zivilisation im Alleingang neu aufzubauen! Ein beispielloses Science-Fiction-Abenteuer beginnt!
Mit farbigem Ausklappposter!
1
STONE WORLD
CARLSEN MANGA!
www.carlsenmanga.de
DR. STONE © 2017 by Riichiro Inagaki, Boichi / SHUEISHA Inc.

SAKAMOTO DAYS

YUTO SUZUKI

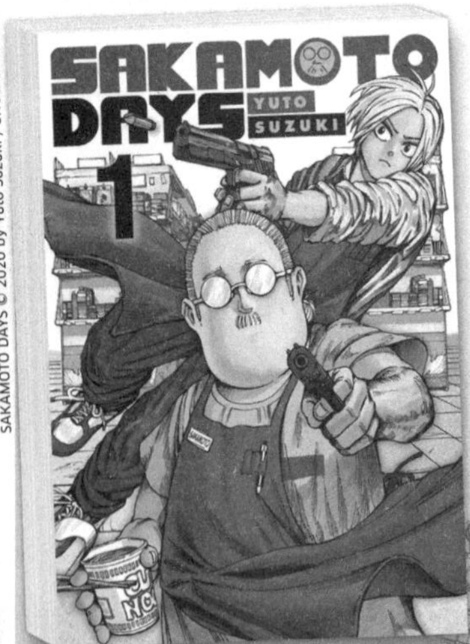

EX-GANGSTER-KOMÖDIE

MIT RASANTER ACTION

Entdecke die Leseprobe zu Band 1:

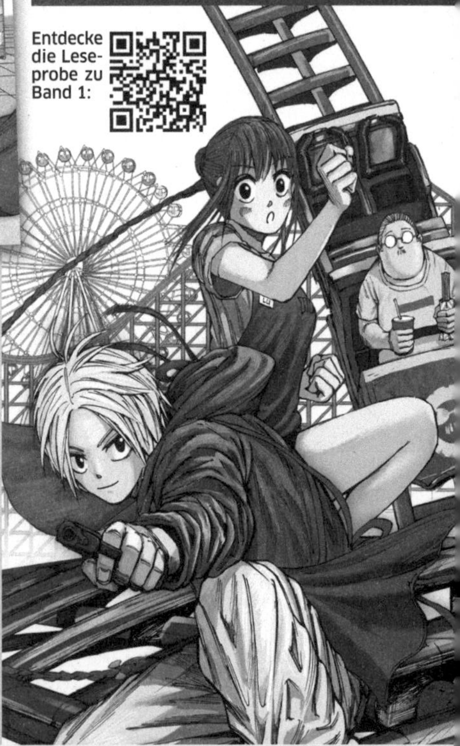

Einst war er der ultimative Auftragskiller, von der gesamten Verbrecherwelt gefürchtet und bewundert zugleich. Doch als er auf die Liebe seines Lebens trifft, schwört Sakamoto, sich zu ändern.

Kurzerhand tauscht er seine Knarren gegen Schürzen ein und arbeitet fortan in einem Supermarkt. Seine Frau und seine kleine Tochter bedeuten ihm alles. Als also der junge Shin auftaucht und seinen Ruhestand bedroht, muss er wohl oder übel seine alten Tricks auspacken...

CARLSEN MANGA! www.carlsenmanga.de carlsen_manga carlsenmanga

MASHLE
MAGIC AND MUSCLES

Story and Art by
HAJIME KOMOTO

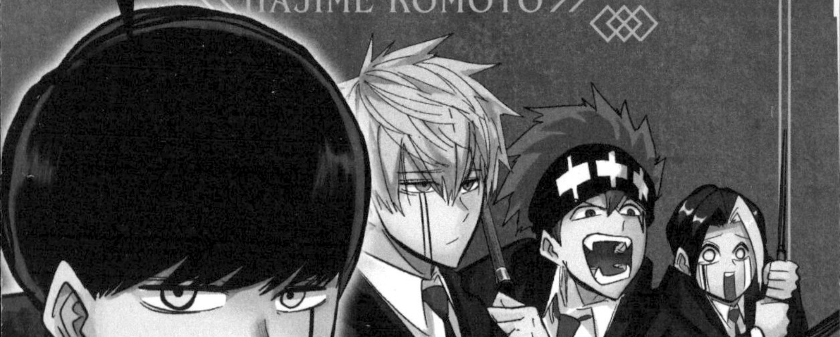

MAGIE IST GUT – MUSKELN SIND BESSER!

Im Reich der Magie wird der soziale Status durch die magischen Fähigkeiten bestimmt. Doch tief im Wald lebt Mash Burnedead, ein junger Mann, der seine gesamte Zeit damit verbringt, seinen Körper zu stählen. Er kann keine Magie benutzen, genießt jedoch ein friedliches Leben mit seinem Vater. Als das herauskommt, geraten beide in Gefahr. Die einzige Lösung: Mash wird in der Magieschule eingeschrieben, wo er die magische Konkurrenz schlagen muss! Wird sich Mash ohne einen Funken Magie und durch reine Muskelkraft einen Weg an die Spitze bahnen können?

CARLSEN MANGA!

www.carlsenmanga.de carlsen_manga carlsenmanga

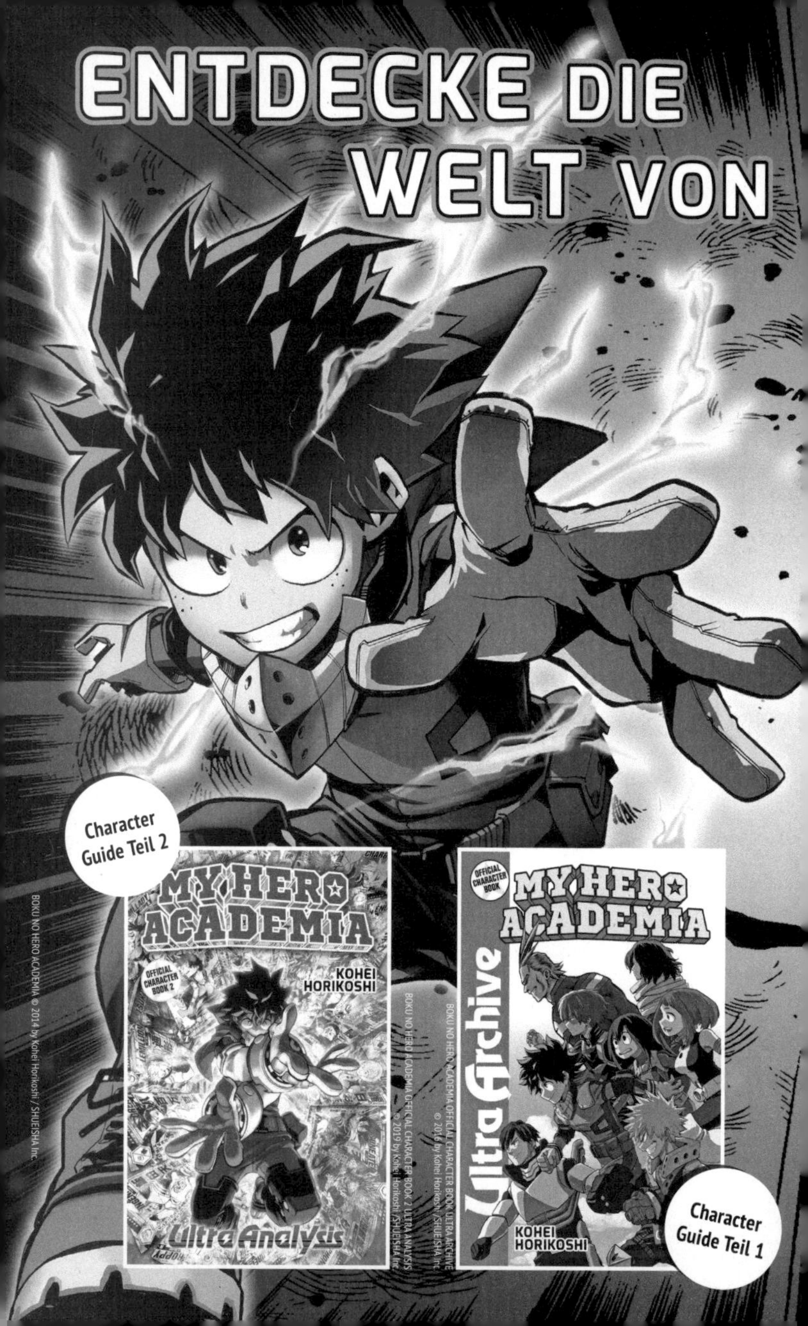
ENTDECKE DIE
WELT VON
Character Guide Teil 2
MY HERO ACADEMIA
OFFICIAL CHARACTER BOOK 2
KOHEI HORIKOSHI
Ultra Analysis
OFFICIAL CHARACTER BOOK
MY HERO ACADEMIA
Ultra Archive
KOHEI HORIKOSHI
Character Guide Teil 1
BOKU NO HERO ACADEMIA © 2014 by Kohei Horikoshi / SHUEISHA Inc.
BOKU NO HERO ACADEMIA OFFICIAL CHARACTER BOOK 2 ULTRA ANALYSIS © 2019 by Kohei Horikoshi /SHUEISHA Inc.
BOKU NO HERO ACADEMIA OFFICIAL CHARACTER BOOK ULTRA ARCHIVE © 2016 by Kohei Horikoshi /SHUEISHA Inc.

MISSION: Yozakura Family

To Do Mission

HALT!

Number	Mission Title
1	☑ Anhalten und Lage sondieren
2	☑ Japanische Serie identifiziert
3	☑ Anweisungen der abgebildeten Grafik befolgen
4	☑ Von »hinten« nach »vorne« lesen
5	☑ Von rechts nach links lesen
6	☑ Spannende Unterhaltung genießen

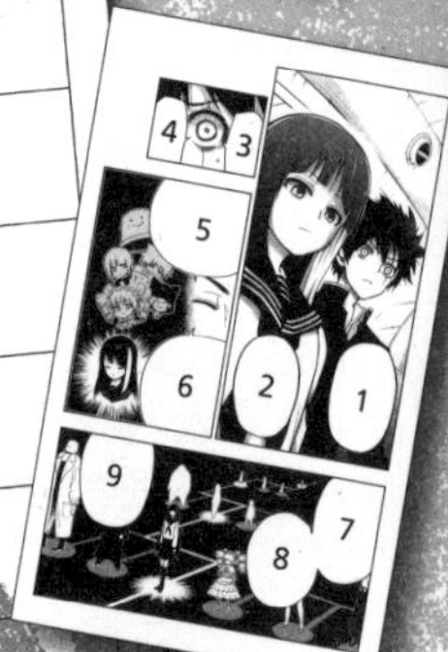

Carlsen Manga! News – jeden Monat neu per E-Mail!
www.carlsenmanga.de · www.carlsen.de

CARLSEN MANGA
Deutsche Ausgabe/German Edition

Völckersstraße 14-20 · 22765 Hamburg
Aus dem Japanischen von Nana Umino
YOZAKURA-SANCHI NO DAISAKUSEN

First published in Japan in 2019 by SHUEISHA Inc., Tokyo.
German translation rights in Germany, Austria,
Luxembourg and German-speaking Switzerland
arranged by SHUEISHA Inc. through VME PLB SAS, France.
Redaktion: Patricia Janzen
Textbearbeitung: Steffi Korda
Produktionsmanagement: Tobias Hametner
ISBN: 978-3-551-02977-5

Mission:
Yozakura Family